U0726184

品中国古代文人

魏晋名士小传

谢玩玩 著

长江出版传媒 长江文艺出版社

图书在版编目（ＣＩＰ）数据

魏晋名士小传 / 谢玩玩著. -- 武汉：长江文艺出
版社，2021.5
　（品中国古代文人）
　ISBN 978-7-5702-1604-8

Ⅰ．①魏… Ⅱ．①谢… Ⅲ．①名人－列传－中国－魏
晋南北朝时代 Ⅳ．①K820.35

中国版本图书馆 CIP 数据核字(2020)第 079073 号

责任编辑：张远林　朱　焱　　　　　责任校对：毛　娟
封面设计：颜森设计　　　　　　　　责任印制：邱　莉　杨　帆

出版：长江出版传媒　长江文艺出版社
地址：武汉市雄楚大街 268 号　　　邮编：430070
发行：长江文艺出版社
http://www.cjlap.com
印刷：武汉市首壹印务有限公司

开本：640 毫米×970 毫米　　　1/16　　印张：17.75　　插页：1 页
版次：2021 年 5 月第 1 版　　　　2021 年 5 月第 1 次印刷
字数：231 千字

定价：38.00 元

版权所有，盗版必究（举报电话：027—87679308　　87679310）
（图书出现印装问题，本社负责调换）

目　录

正始新声 »»»

竹林七贤 »»»

品中国古代文人

建安七子

陈　王
琳·粲

夜来重读建安骨，邺城风光老诗篇

王 粲

千金徒夸好，倏忽陌上尘 >>>>

要说建安七子，第一个要提的，就是王粲（177—217）。他被誉为"七子之冠冕"，字仲宣，山阳高平（今山东微山两城镇）人，祖上三代都是东汉高官。

一 少年成名

曾祖父王龚，从小聪颖，擅做学问，被州郡举为孝廉①，后因政绩卓越，逐渐升迁，做到汉代最尊显的官职——"三公"之一的司空。地位虽慢慢高上去，王龚却一直低调谦和。他刚直不阿，礼贤下士，为朝廷举荐了不少人才。

他的儿子，王粲的祖父王畅做人也谦逊，并不因父亲在朝中位高权重，就成为瞧不起人、奢侈放荡的纨绔子弟。他布衣蔬食，俭省度日，钻研学问也很认真；还精通吏事，不避豪贵，若有人犯法，"天子犯法，与庶民同罪"！一律严加处置。他在士人中声望很高，被列为"八俊"之一，人家赞他："天下楷模李元礼，不畏强御陈仲举，天下俊秀王叔茂（王畅）"，是天下最优秀的士人。王粲的父亲王谦，仕途虽比不上两位长辈，但谦和低调的性情，一脉相承。

---

① 汉代任命官员时的一种科目。

王粲和他们可不一样。

与长辈相似的是，他很早便涉猎诗书，熟悉律令典则，是个学识渊博的小少年；但他热衷政事，言行高调，求名也好名，生怕别人不知道他有多么早慧机灵。

他和朋友出去旅行，途中看到一块石碑，同行的少年大概不满王粲平时的傲气，便有些挑衅地问他："石碑上的字儿，你看一眼，就能背下来吗？"

王粲没有半分犹豫，读一遍，转过身背下来，一字不错——大概还要朝那挑衅的小少年龇牙一笑：区区小事，何足挂齿？不过，你能吗？

他看别人下棋，其中一人的阔袖扫上棋盘，棋子顿时东不东西不西，局全乱了！两人长叹一声，棋子一搁，正觉败兴，王粲突然出手，将棋局复原，让他们再下。两人惊得眼珠子都要落出来，把这小少年仔细打量一番后，生出些计较，将手帕盖在棋盘上，跟王粲说："现在这样，你还能复原？"王粲微笑，眼里流露几分得意，手起子落，一子不错。

史书上写王粲这两则故事，是想夸他颖慧绝伦，可天资以外，时势、性情、运气……岂非都是成就功名抱负的因素？若只看天资，那古往今来，就不会有这样多怀才不遇的聪明人了。不过，人在得意时，哪会有失意的打算？何况王粲还遇到了名扬四海的蔡邕。

蔡邕是东汉末年的大儒，仰慕他的人不计其数，因此初平元年（公元 190 年）被董卓任命为左中郎将后，每天有很多人来拜访他。人见得多了，再好客的人，也难免生出几分疲惫，热情稍减。可当仆从通报王粲来时，蔡邕一跃而起，鞋都没穿好，就急急忙忙出门迎接。

客人们一时呆了。蔡公自己学识博通，名满天下，所交所游，也多为俊杰人物，这"王粲"究竟是谁，竟能在盈门宾客里一枝独秀，叫蔡公迫不及待地出门相迎？大家都以为他是什么了不得的大人物，进门来一看，原来是个"年既幼弱"，才刚十四岁的少年！众人窃窃私语，都在猜测王粲的来历。

蔡邕善解人意地解释："这是王公（王畅）的孙子，才干非常，我嘛，这辈子是比不上了！将来有机会，我要把家里的书都送给他。"

连蔡邕都比不上？这是个什么样的少年英雄哪！众人顿时不敢因王粲年纪小便轻视他，董卓听说后，更是想辟王粲为黄门侍郎，让他替自己做事。

可董卓是什么人？他入洛阳后，纵容手下兵士烧杀劫掠，杀太后、杀皇帝、擅废立——这样的人，能是治天下的明君英主？王粲年纪虽小，对时局的认识却很清醒。他谢绝了董卓的邀请，后于初平三年（192年）前往荆州投奔刘表。

上路之前，王粲踌躇满志，他大概永远想不到，接下来的十余年，会是自己一生中最压抑、最苦闷的岁月。

二 荆州蹉跎

而在那之前，王粲深深震撼于旅途中的惨象。

他曾写过一首闻名后世的《七哀诗》，在诗里讲了一件旅途中发生的事。

路边有个妇人，面黄肌瘦，一看就知道已经很久没有吃过东西了。她弯下腰，颤颤巍巍地将自己的孩子轻轻放在草丛里，孩子顿时放声大哭。那妇人看着和她一样被乱世折磨得形销骨立的小孩儿，面露犹豫。但犹豫半晌，终究还是狠下心，掉头走了。她低着头，一边擦眼泪，一边小声说："我自己都不知道什么时候死，会死在什么地方，又哪里顾得上你的周全呢！"仿佛这样说一说，心里就会好受些似的。

那个时候，抛妻弃子，根本算不上什么。

史册记载，"长安老少，杀之悉尽，死者狼藉"，"时长安大饥，人相食，诸将归而吐肉以饴妻子"，"人民饥困，两年间相啖食略尽"天灾人祸，无数百姓因为战乱被杀，长安城里闹饥荒时，更是发生了人吃人的惨剧。

王粲饱读诗书，曾在字里行间无数次见过战乱的颠沛流离、苍生的艰难存活，然而此时此刻，那些冷冰冰的"杀""死"，那些没有情感的死亡数据，成为眼前喷着生气转眼便枯谢的活人，柔软的肉身在下一刻冰冷僵直……和自己在同一个地方下榻的人，今晚尚且能说句再见，到了明天，便已是生死两隔再也不见。每天都有人死去。死于病，死于兵，死于饥……谁能保全己身？谁不是活得战战兢兢？

生死见惯，王粲却无法视之等闲，可现在的他，能做什么？无权无势，无兵无粮，不过是个空负盛名的书生。他何尝不是和诗里那个妇人一样，未知身死处，自身也难保？

此时的王粲，尽管目睹惨象，心中沉痛，能做的不过是"驱马弃之去"，继续他前往荆州的旅程。但我相信，这些沿途的惨象，给予少年王粲的冲击，远远超过他之前经历的一切，他一定比以前更加迫切地希望建功立业，安定天下。

只可惜，希望注定落空。

听说王粲要来荆州，刘表开始很高兴，甚至还放出风声，有意让王粲做他的女婿。王粲出身官宦世家，小小年纪享有盛名，前途不可限量；更不必说他和刘表同乡，刘表还在王粲的祖父王畅门下求过学。这样"亲上加亲"，并不让人意外。

然而见到王粲本人后，刘表十分失望。这少年郎固然才高八斗，但他身形短小，长相也不大好看。刘表向来看重外表，所以最后将女儿嫁给了王粲的族兄王凯。

是不是真因为王粲样貌不佳，刘表才选了王凯？或许和王粲好卖弄的性格也有关。这件事的真实缘由，已无从考证，但这无疑是王粲来荆州后的第一次挫折，也是他人生中的第一次重大挫折。心高气傲的他，自然不会甘心，便想在仕途上做出一番成绩，好让刘表改变对自己的看法，甚至让刘表后悔于当初的轻视。

建安三年（198 年），王粲写了一篇《三辅论》，说刘表围攻叛将张羡，是发正义之师，除暴安良。这次战争后，刘表彻底控制了荆州，获胜因素固然很多，但王粲这篇文章造就的舆论支持，不可忽视。

建安八年（203 年），王粲写下《为刘荆州谏袁谭书》《为刘荆州与袁尚书》。袁谭和袁尚是袁绍的两个儿子，刘表之前和袁绍结盟，打算同抗曹操，谁知袁绍死后，他两个儿子争权夺利——这必定会给曹操可乘之机。要是曹操乘虚而入，收了二袁，刘表的荆州，必然也不大可能顶得住。于是劝和袁谭、袁尚，便成了大事。王粲代刘表写信，劝他们以大局为重，"先除曹操，以卒先公之恨，事定之后，乃议兄弟之怨"，不要鹬蚌相争，反使曹操这个渔翁得了好处。收到信后，二袁虽然仍彼此提防，但也有过一段共击曹操的时间。王粲的功劳，不能不算上一份。

他努力表现，希望有朝一日出人头地，然而十六年过去了，王粲依然只是一个依附刘表的普通幕僚，根本谈不上什么实际作为。他失意难堪，将心中郁积发泄于文章著述，最后竟有了"仲宣独步于汉南（即荆州）"的赞誉。

这对王粲而言，无疑是莫大的讽刺！讽刺他蹉跎多年，在政治上一事无成，居然只能凭借文采闻名天下！与少年时的际遇相比，王粲心中郁结，可想而知。

这样苦闷的情绪，终有满溢的一天。

那一天，王粲登上荆州①的一座高楼，俯瞰江水滔滔，东流不歇，仿佛人世光景，一去不复返。而自己所有的青壮岁月，都蹉跎在了这片异乡。眼看老之将至，我还有机会实现少年时立下的理想抱负吗？难道我王粲，此生只能在荆州做个普通幕僚了吗？或者应该选择离开荆州？毕竟天下尽乐土，又不是只有他荆州刘表一块去处！可是，那些所谓更好的机会，会不会依然是荆州境遇的重复和延续？我已经没有第二个十六年……能浪费了……

他再也不是那个心高气傲、意气风发的少年。十六年碌碌无为的官宦生活，一事无成的沮丧和绝望，让他犹豫、惶恐、不知所措，他不敢轻易做出选择。

好在，老天并没有放弃王粲，转机很快就来了。

三 建功曹魏

就在这一年，建安十三年（208年）的七月，曹操率精锐南征荆州；八月，刘表病逝，心思早不在荆州的王粲劝刘表次子刘琮归降曹操，因此被曹操辟为丞相掾，赐关内侯。

这是王粲好运的开始。

建安十五年（公元210年），王粲随曹操入邺（今河南安阳市北、河北临漳县西南等地），结识与自己志趣相投的曹丕、曹植。建安十六年（211年），王粲与建安六子入曹操诸子府，闲暇时宴饮，"酒酣耳热，仰而赋诗"，王粲文采，堪当其首。不过，王粲的重心，显而易见是在仕途。

他提倡儒法并重，屡次讲到刑法的重要。

譬如《难钟荀太平论》，王粲说，西周建立之初，一定有殷商

---

① 王粲登的什么楼，地点在哪里，历来说法不一。有当阳、麦城、江陵等不同说法，今从略，称"荆州"。

遗民想复国，起义无法避免。如果那些遗民犯罪，又不用刑法惩罚他们，一定会动摇西周的统治。在《务本论》里，王粲又说：如果耕作的方法用得不错，田野丰收，就应该给人家赏赐，反之，就要处罚。

在王粲的观点里，"法治"无处不在，这点和一贯推崇法治、赏罚分明的曹操一拍即合，所以王粲越发受到曹操重用，还担负重建朝廷礼仪制度。建安二十年（215 年），曹魏还全面推行了王粲建立的封爵制度①。

对王粲来说，构想得以实现，固然值得高兴，但更让他开心的是，秦有李斯定制，汉是萧何写律，这两人都是掌握国之重权的丞相，曹魏由他王粲再兴制度——思及至此，王粲春风得意，对曹操更是感恩戴德。

所以，建安十八年（213 年），朝廷封曹操做魏公，王粲与人联名劝进，并写下《太庙颂》《安世歌》等诗文，为曹操歌功颂德。不久，王粲被提拔为侍中，再定魏国朝仪制度，得以跟随曹操左右。

仕途平顺，理想得以实现，所以你很难再在王粲后来的诗文中，看到《七哀诗》里"未知身死处，何能两相完"的惶恐不安，《登楼赋》中不知何去何从的彷徨抑郁。有时候他也会为乱世心惊，但这心惊，已与从前不同。

譬如"悠悠涉荒路，靡靡我心愁；四望无烟火，但见林与丘"，王粲也说愁，说哀伤，可现在的他，再也无法对苍生的苦难感同身受。所以，在这首《从军诗》里，他平平淡淡地写完哀、写完痛

---

① 王粲认为，现在封爵制度已废，人们就算上战场，用命博来战功，也不能马上得到奖赏，只能把这些功勋一点点积累起来，达到某个程度时，才能封侯。这样做的弊端是，第一，行功没有马上封赏，激励不够还在其次，心中不满才是大事；第二，功勋积累到一定程度后，立刻封侯，地位跨度太大，恐怕别人说三道四。怎么解决？好说，每次论功行赏。

后，笔锋一转，"诗人美乐土，虽客犹愿留"——你们来邺城投奔曹公吧，在这里，你们可以找到你们想要的一切。

他发自内心地肯定曹操，并深为自己替曹魏作出的贡献感到骄傲自豪——"帝王虽贤，非良臣无以济天下"，没有我，曹魏会是这样的曹魏么？

因有这样的自得，王粲根本没办法容忍别人比自己优秀，也没办法接受有人比他更受曹操器重。

有人和曹操谈话到夜半，王粲焦躁难耐，忍不住对一起等候召见的和洽说："不知道曹公跟他说了些什么？"

和洽瞥他一眼，又笑笑："王仲宣，你白天就一直跟着曹公，这都到晚上了，还想占着？天下哪有这样的事！"

也不知道王粲听后，会是什么反应——大概会愤愤不平地瞪和洽一眼，从此见他不太顺眼吧。史书只说，"王粲性躁竞"。

这些不愉快的小插曲并没有影响王粲在曹操心中的地位，也不曾动摇他和曹植、曹丕的友谊，一切依然按照王粲希望的方向行进。直到建安二十二年（217 年）正月，一切戛然而止。

死亡来得猝不及防，出乎所有人的意料。尤其是王粲，他怎么也想不到，自己最后不是死于权谋算计，也非马革裹尸，更不是功成寿终，而是在回邺城的途中突然病逝。

他的好友曹丕、曹植都非常难过。这两个出身尊贵又才华横溢的男人，用他们自己的方式分别为王粲辞行。

曹植擅文赋，写下洋洋洒洒的《王仲宣诔》；而曹丕——与曹植相比，我更喜欢曹丕的方式。

他说，王仲宣生平好驴鸣，不如我们每人学一声驴叫，权当和他告别吧。

于是，王粲墓前，响起阵阵驴鸣，冲散了寒冬的萧瑟与落魄。

这样有趣到近乎可笑的方式，的确是曹丕惯有的方式——深情总被掩藏在漫不经心的背后，可这大概不是王粲想要的结局。

他没有曹丕的通达，无法像曹丕那样肆意甚至放诞，他想要的，一直都是仕途上的平步青云，是成为曹魏时代没有任何人可以取代的管仲，匡时济世，辅佐曹操成就千秋霸业，流芳百世。

但天道是公平的。

上天给了他别人难以企及的天分和出身，给了他十余年都难以磨灭的理想不死，还给了他后半生优厚的回报——建安七子，封侯者，唯粲一人。所以，也会在王粲期待更加轰轰烈烈的下半生时，蓦然宣告了这场绚烂的终结。

陈　琳

明知边地苦，贱妾何久全　≫≫≫

要说牙尖齿利，几个人比得上陈琳？

《三国演义》第二十二回，"袁曹各起马步三军，关张共擒王刘二将"里，陈琳写了篇《为袁绍檄豫州》，博古通今，将曹操祖孙三代一顿痛骂；气势雄壮，仿佛袁绍大军一到，曹军立刻灰飞烟灭，言辞激烈，咄咄逼人。檄文传到许都（今河南省许昌古城村），曹操惊出一身冷汗，头痛病立刻好了大半——比神医华佗的药还有效。

站在袁绍立场，陈琳这篇檄文写得极好，很灭了灭曹操的威风。曹操也深以为然，所以此后对陈琳念念不忘，希望有一天能将他纳入麾下，为自己效力。这梦想很快成了真，四年后，建安九年（204年），曹操攻破邺城，陈琳投降，后做了个司空军谋祭酒，专门负责起草文书。

既成曹操部属，陈琳立场一转，为曹操鞠躬尽瘁，在《檄吴将校部曲文》里极力抨击孙权，将曹操夸得天上有地下无，文治武功，天下第一。这可和他从前痛骂曹操的《为袁绍檄豫州》迥然不同！因此后世笑他，你帮袁绍骂曹操时，"则呼曹为豺狼"；帮曹操骂袁绍，就说袁绍凶残狠毒。立场摇摆，朝秦暮楚，真是个没骨气的软蛋！

我却不以为然。后来人读陈琳，大多站在后来人的角度思量，觉得陈琳"应该"存志气，有骨节，可东汉末年时局多变，死忠某人，从一而终，甚至赔上自己的身家性命——毕竟太难。

一 健笔文章

陈琳（？—217年），字孔璋，广陵射阳（今江苏淮安东南）人。他年轻时文章就写得好，被人赞为"州里才士"。这样的"才"，可不仅仅是文才。乱世当前，仅会写一手锦绣文章，人家只说花团锦簇，笑笑就罢了，不会真正将你视为才士。文笔之外，你还得有足够清醒的政治头脑，能正确估量局势，能做出透彻分析——这才是枭雄们费心谋求的真正人才。

陈琳显然是个真才士。他文章写得好，政治才能也不弱，所以后来得到大将军何进赏识，做了个主簿。不过，何进几会摆人，不会用人。那时宦官把持朝政，何进想召外兵入朝，胁迫太后诛杀宦官。陈琳认为不妥，写了篇《谏何进召外兵》陈说厉害：将军的打算，是借州郡外兵参与此事，可如果真这样做了，"倒持干戈，授人以柄，功必不成，只为乱阶"，无疑是把宝剑倒拿着送到别人手中，非但不能成功，还会祸及自身。不如依靠自己的力量，速战速决。

只可惜，何进"智不足而权有余"，根本听不进陈琳的劝说，没多久事情败露，何进果然死于宦官之手。群龙无首，董卓势强，陈琳不打算做无谓牺牲，便跟随大流，投靠董卓。谁知道董卓入朝后，滥杀无辜，纵容兵士在洛阳城里烧杀劫掠，陈琳知道他必成不了事，便在初平二年（公元191年）拂袖离去。

这时的陈琳，大概33岁。他经历过一些不那么好的事，遇见过一些不那么好的人，但他少年时声名鹊起，别人对他赞赏有加，所以依然对自己信心满满，觉得前方路途光明，对人生充满了昂扬的期待。

怀抱这份期待，陈琳去冀州投奔了袁绍。袁绍出身东汉名门汝南袁氏，从他曾祖父开始，世代位居高官，有"四世三公"的美誉。袁绍本人，更是从少年时便以清正能干闻名，又结交了许多为国为家的豪杰志士，在当时很有影响力。

陈琳对袁绍十分尊敬欣赏，觉得袁绍就是自己想要的"明公"，是可以帮自己实现修身齐家治国平天下理想的人。所以，他在袁绍府中兢兢业业，劝降过臧洪，篡改过公孙瓒给儿子的密信，为袁绍痛骂过曹操……哪怕其他人觉得袁绍"志大而智小，色厉而胆薄，忌克而少威"，追随袁绍的人来了又走，身边同僚换了不知几波，陈琳稳如泰山。

他写赋赞美袁绍的军队。《武军赋》是陈琳一生的赋文中，仅有的一篇浓墨重彩，虽然散佚严重，残缺不全，但还是能从零星段落中，看出陈琳的笔底烟霞。写这篇赋时，陈琳大概44岁，胸中豪情仍在，仍然渴望他的明主袁绍能平定天下，自己能跟着他建功立业。所以他说袁绍军队，出征前士气高昂，军乐震天，"荡心惧耳"；出征时不惧生死，以摧枯拉朽之势攻灭敌营，得胜后军容肃整，威慑四方。

这也许是他最后的高歌。

再往后，陈琳，准确地说，是归曹后的陈琳，再也没有这样的豪情壮志，再也没有这样的劲健骨鲠了。

二 归降曹魏

他的确还写过《檄吴将校部曲文》这样气势逼人的檄文，但大多时候，身在曹魏的陈琳，文笔平淡，写下的无非是些应制之作。譬如建安十二年（207 年），陈琳与《神武赋》，赞美曹操不战而屈人之兵，有平定天下的气度。美则美矣，但那些文字，仿佛一个人被抽去脊梁，只剩华美空壳，看似壮丽宏博，其实早已失去原有骨节。

文如其人。

陈琳归降曹操没多久，就见许攸被杀，再往后，崔琰死于非命，即便是曹操倚重半生的谋臣荀彧，在曹操称王的决心下，也未能幸免。这些人都曾在袁绍府中待过，陈琳还设法营救过崔琰，都是故人。兔死狐悲，物伤其类，见此境况，陈琳如何想？现在的他，已失却生活支柱，来去茫然，不知归途何处，又怎么写得出曾经那样波澜壮阔，叫人心震的气势长文呢？

更何况，陈琳原本就不认同曹操。和出身高门、清廉干练的袁绍比起来，曹操"赘阉遗丑，本无懿德，猨狡锋协，好乱乐祸"，要品德没品德，还喜欢无事生非。这样的人，能平定天下？——虽然这是《为袁绍檄豫州文》中陈琳替袁绍骂人的话，但未必不是他内心真实的想法。若非如此，为什么在许攸、崔琰、荀彧等人纷纷投奔曹操时，陈琳依然坚守在袁绍身边呢？对陈琳而言，曹操的出身始终算不上"正统"，他的能力也未必比得上袁绍。

当然，现在的陈琳，也可以选择离开曹魏。天下之大，难道只有他曹操一家？然而，虽然此时局势不够明朗，北方也没有完全平定，但曹操毕竟有汉献帝在手，挟天子以令诸侯，又有"破黄巾、擒吕布、灭袁术、收袁绍"的战功，有屯田兴农以安天下的治国才能，所以天下有识之士，很多都选择了投奔曹魏。对陈琳来说，想建功立业，曹魏恐怕依然是所有选择中，最好的那一个。

只是，建功立业——现在的陈琳，真的还有建功立业的机会么？且不说曹魏人才济济，现在的陈琳，已经四十八岁了。他曾经可以在袁绍府中耐心度过十五年，慢慢等待出人头地的机会，然而现在的他，哪里还有另一个十五年，继续蹉跎呢？

半生已过，功业难成，这，大概就是自己最后的归宿。

甘心吗？当然不甘心。可不甘心，又能怎么办呢？陈琳心绪难免郁郁不堪，晦暗低落。他曾写过一篇《大荒赋》，虽然别人称赞它"字学最深，几三千言，用韵极奇古"，但就文章本身而言，再见不到陈琳曾经"奋其怒气，词若江河"的昂然，也见不到宏大壮阔的凛然，所见所感，唯有孤独迷惘，苦闷伤心——

人生一世，究竟为何而来，为何而去？人活一生，功名利禄、富贵地位、为国为家、青史留名……究竟哪一个，才是人生意义所在？如果几十年来辛苦追寻的东西骤然成空；如果人勤奋努力，最后的结局是一无所有，那么所有的辛苦，所有的勤奋，到底算什么？

> 高会时不娱，羁客难为心。殷怀从中发，悲感激清音。投筹罢欢坐，逍遥步长林。萧萧山谷风，黯黯天路阴。惆怅忘旋反，歔欷涕沾襟。

心情持续抑郁，就算参加宴会，陈琳也根本高兴不起来。别人的快乐是别人的，他的孤独，是他自己的。即便宴会闹热，他也没有任何归属感，所以看到繁华佳处，自己反而泪流满面，要"歔欷涕沾襟"。

有时闲坐，他又想起半生旧事。陈琳曾在为袁绍辩护的《应讥》中说：太平盛世，当然要讲礼法，讲忠君爱国，但在乱世，就要用实际功绩来考察一个人了。讲究礼法也好，追求事功也罢，这两种做法没什么对错之分，只是使用的时机不同罢了。真正的俊杰，必定是能审时度势、顺势而为的人，能根据不同场景，自由切换这两种处世之道。

他曾以为自己就是那个审时度势、顺势而为、最后抢占先机的俊杰，然而何进、董卓、袁绍……陈琳几易其主，都没找到属于自己真正的归处，甚至现在，他还被困在了曹魏，走也走不得，留也不爽快。所以他写诗，"仲尼以圣德，行聘遍周流。遭斥厄陈蔡，归之命也夫"。孔子一代大儒，也曾有过被困陈蔡、束手无策的时候，何况是我？也许生死有命，富贵在天，我不该强求太多——这样的话，真的是那个曾经咄咄逼人的陈琳说出来的吗？让人不忍卒读。

三 郁郁而终

而更难堪的是，陈琳根本没办法融入曹魏的邺下文人圈。

他年纪太大了。建安七子中，陈琳比阮瑀、徐干大十岁有余，长王粲、应玚、刘桢近二十岁，比曹丕、曹植更是大了三十岁以上，这在古代，几乎是一辈人的差距。巨大的年龄差，让陈琳在很多观点上，和曹植等人迥然不同。

譬如文章审美，陈琳喜欢大赋，崇拜司马相如。他多次引用司马相如的原文，还极力模仿司马相如的文风。然而建安时代，人家开始偏好清新自然的咏物小赋，陈琳写大赋，人家嫌他用典太多。曹植曾不客气地批评过陈琳，"自谓能与司马长卿（相如）同风"，画虎不成，反类犬！

大家还觉得陈琳写文章，极其枯燥。观陈琳发现，他写文章，并不是叫你抒发个人情感，而是要你对皇帝、上司、同僚，甚至天下人，起一个劝导作用，让他们知道什么是仁义礼智信，温良恭俭让。既然是劝导，当然就要讲究规矩，文采这种东西只是锦上添花，没有那也无妨。所以陈琳笔下小赋，往好里说，是典雅沉稳，旷达自信；往坏里说，是没有风流文采，没有强烈情感，仿佛一位谆谆长者，不厌其烦地叮嘱你该做什么、不该做什么——这样的文字，除却道学先生，几个人能喜欢？

再说了，陈琳曾痛骂过曹操祖孙三代，即便曹操赏识他的才华，勉强站在陈琳立场上为他着想——当时你是袁绍的人嘛！但也忍不住耿耿于怀："你帮袁绍写檄文，骂我就可以了，为什么还要骂我的父亲和祖父？"父亲如此，作为曹操的儿子，曹丕曹植又怎么会真对陈琳心无芥蒂呢？

就这样，陈琳入曹后，虽然跟随曹操北征乌桓，南征刘表，赤壁之战时，陈琳也有参与，五十九岁时还从征张鲁，六十岁从征东吴，但他的表现，已很寂然平静，甚至可说是默默无闻了。

建安二十二年（217 年），北方瘟疫蔓延，"家家有僵尸之痛，室室有号泣之哀，或阖门而殪，或覆族而丧"。陈琳未能幸免，染疫去世，时年六十一。

后世说他朝秦暮楚，说他是四易其主的投机小人，然而纵观陈琳一生，他何尝没有自己的道。

乱世当前，即便诸葛亮这样的人中龙凤，最初志向也不过是"苟全性命于乱世，不求闻达于诸侯"，何况是没有任何背景，只能依靠自己文采政才的陈琳呢？他并不是真的没有骨气，譬如董卓执政，陈琳果断离开；他也想立德、立功、立言，也想"拯厄除难，功济于时"；他是儒生，但又不完全是那种愚忠的腐儒，他审时度势，注重现实，认为"垂三统，列三正，去无道，开有德。不私一姓，明天下乃天下之天下，非一人之天下"，跟随自己觉得可以平定天下的明主，何错之有？

只是，时局动荡，陈琳一介书生文人，能做些什么呢？即便在很多年前，他看到战乱流离，苍生受苦时，就已下定决心，要振衣而起，还天下一个太平，可理想虽好，现实毕竟残酷。也许就像陈琳在自己那篇著名的《饮马长城窟行》的结尾处所写，"明知边地苦，贱妾何能久自全"？

天下丧乱，时局纷纷，我又怎么可能，长久地保全自身呢？

孔 融

言多令事败，器漏苦不密 >>>>

孔融让梨的事，谁不知道？

还只是个四岁小童子，孔融便很知兄友弟恭了。与家中兄弟们一块儿吃梨，他总拿最小的那个。父亲觉得奇怪："你怎么专挑小的吃？"

小孔融一本正经："我是小孩儿，当然就该拿小的吃！"大家都觉得这小童子聪明，讲话稀奇。后来《三字经》把这事写进去，说"融四岁，能让梨"，赞他从小就明道理，懂谦让。

一 少有操行

孔融（153—208），字文举，鲁国（今山东曲阜）人。他的确生来聪明，刚十岁时，便去拜访士人领袖李膺。李膺名声传遍天下，轻易见不到他，孔融跟守门人说："我是李君的亲戚，能让我进去吗？"守门人见他一个小童子，哪会怀疑什么？便让孔融进去了。进门后，李膺将孔融仔细看了好一阵，实在想不起自己哪来这么个亲戚，便问他是谁，孔融面不改色："我的祖先孔子，向你的祖先老子①请教过问题，难道我们不算世交？"

满座顿时惊奇，唯一人不屑："小时候聪明，长大以后，可就

①　老子姓李。

未必。"话音未落，孔融立刻反唇相讥："这样说来，您小时候，一定非常聪明了?"惹得李膺抚掌大笑，连赞孔融聪慧，将来必成大器。

谁知还没等将来成大器，到孔融十六岁时，他摊上了一件大事。有个叫张俭的人，得罪当权的宦官，成了通缉犯。他四处逃亡，因和孔融哥哥孔褒有些交情，便想到孔家避避风头。当时孔褒不在，张俭觉得孔融年幼，不想把这少年郎拖下水，有些踌躇。孔融见他形容不堪，隐约猜到缘由，便主动开口，收留张俭。后来事情败露，孔家两兄弟被抓。朝廷本想治其死罪，谁知问罪时，孔融、孔褒，包括他们的母亲都争着认罪，临危不惧，一门争死，孔融"由是显名"。州郡官员纷纷征他为官，孔融一概不去。

他是孔子的第二十世孙，深受儒学影响，有澄清天下之志，所以十分爱惜羽毛，不愿轻易做官。

直到与自己志同道合、以刚正闻名的司徒杨赐相邀，孔融才下定决心踏上仕途。在任期内，他暗查贪官，尤其那些与宦官瓜葛不清的人，孔融绝不姑息。上司迫于宦官势力，指责孔融，孔融历数贪官罪行，掷地有声，一点情面都不留。

他亢直，是好事；可他也高傲，容不得别人半分怠慢。

中平元年（184 年），杨赐让孔融代替自己祝贺何进升任大将军，谁知到何府后，因何进下属通报不及时，孔融顿时大怒，一把将名帖夺过来，拂袖而去。这么小的一件事，值得发这么大火？何进咽不下这口气，打算派人刺杀孔融。幸好有人劝止："孔融这人天下闻名，您要是和他结怨，恐怕会失却人心，不如对他以礼相待，让天下人看看，您到底有多宽厚。"何进深以为然，所以非但没有追究此事，还给孔融升了官。然而，孔融没这官运，不多久便因和同僚不合，愤然离开了。

从这些事上，其实已能看到孔融后来的结局。

他太过清刚，又自负才华，不适宜官场那一套，得罪上司不过是迟早的事。

中平六年（189年），董卓入洛后，提拔了孔融等名士，以装点门面。谁知孔融十分不懂看人脸色，时常劝谏董卓，多有"匡正之言"，叫董卓十分厌烦——可孔文举这人，名声响亮，杀又杀不得！怎么办？董卓便将孔融派到黄巾军最猖獗的北海国（今山东昌乐西），打算借刀杀人。

然而，董卓要失望了。

孔融非但没死，到北海后，还"收合士民，起兵讲武"，他集结当地民众，共抗黄巾军。他重修城邑，建立学校，举荐贤良，推广儒学，施行教化。北海郡中，若有百姓去世后没人收敛尸首，或者游历到此不幸死亡的，孔融都会为他们准备棺木，好好下葬。

这些举措，改善了民生，取得了良好结果。譬如《三国演义》中说，孔融"在北海六年，甚得民心"。然而细考史书，孔融任用的大多是轻浮急躁之辈，那些通晓经典、真有才干的人，孔融虽然以礼相待，却从不跟他们谈论国事。这样做的结果，是北海"连年倾覆，事无所济"，贪官污吏当道，百姓道德败坏，治安更乱。北海名士如管宁、邴原、郑玄，都先后选择离开。

文治不行，孔融一介书生，在带兵打仗这些武事上，就更不擅长了。与黄巾军交战时，孔融屡战屡败，只好退避到朱虚县（今山东省临朐县临朐镇东南处），谁知后来又被人围困。若不是太史慈、刘备及时相救，孔融恐怕真要如董卓期望的那样，命丧北海了！——所以，后来郗虑指责孔融在北海"政散民流，其权安在"，不是没有道理的。

但孔融依然清高。他觉得公孙瓒、袁术、袁绍这些人，都想取汉室而代之，都不是汉之纯臣，若与他们合作，岂非失却臣节，成了不忠不义之人？因此，孔融选择在北海孤军奋战，并于兴平二年（195年）接受刘备推荐，担任青州刺史一职，势力范围从北海郡扩大到了整个青州。

可是，仅北海一郡，孔融就经营得那么艰难，何况一州①？建安元年（196 年），袁绍趁势而入，发兵攻打青州。孔融根本打不过，两三个月后，手中只剩数百兵士。然而，他不急不慌，虽然当时"流矢雨集，戈矛内接"，孔融面不改色，甚至还能谈笑自若地坐下看书，打算舍生取义。只是，孔融纵然有抛却生死的打算，但孔文举盛名累累，谁敢轻易杀他？所以，城陷之后，孔融独自逃亡，妻、子全被袁绍一方扣留。

事已至此，青州，是再待不了了。天下之大，纵然群雄割据，各有地盘，可自己究竟应该何去何从？

二 至情至性

就在孔融茫然之时，汉献帝的诏书到了。

此时的汉献帝，已在曹操协助下定都于许，并建立了宗庙社稷制度。对孔融来说，汉献帝代表正统，而且许都既建制度，那么自己平生所学，必定可以派上用场。所以，几乎没有任何犹豫，孔融立刻动身前往许都，投靠曹操。

他受到许都上下极为盛大的欢迎，皇帝称赞，同僚仰慕，孔融不免因此志得意满。他迫不及待地上疏朝廷，建议"依旧制，定王畿"，确立政权。那个时候，"天下草创，曹、袁之权未分"，曹操虽然挟天子在手，与袁绍分庭相抗，但袁绍依然打着"尊汉"的口号，人家可不算反贼！更何况，袁绍实力远胜曹操，态势逼人，曹操有时都不得不委曲求全。最后这天下，鹿死谁手，还未可知。孔融如今这般不识时务，立刻把袁绍得罪了。他强烈要求曹操杀掉孔融。

曹操顶住压力，跟袁绍讲事实摆道理："现在天下土崩瓦解，

---

① 汉朝地方行政建制，为州、郡（国）、县三级。

许多人各自为政，互相怀疑。即便你想坦诚相待，对方也可能先怀疑三分。这种情况下，要是因为一些小事贸然杀人，岂非人人自危？"他坚持保护孔融。曹操和袁绍原本就心存隔阂，此事过后，袁绍更认为曹操这人假模假样，"外托公义，内实离异"，对他十分怨恨。

但曹操觉得，这一切都是值得的。

孔融名声在外，对一些名士，从来不吝推荐。他虽然在政治上没什么建树，但"海内英俊皆信服之"，已然足够。

然而，曹操没想到的是，孔融好在爱护名士上，坏也坏在爱护名士上。

他极力向曹操推荐名士祢衡（173—198），觉得祢衡"忠果正直，志怀霜雪，见善若惊，疾恶若仇"，是个不可多得的仁人义士。可实际上，祢衡言行乖张，以蔑视侮辱权威为能事；恃才傲物，不如自己的人，祢衡绝不多跟人家讲一句话。以此来看放眼天下，谁比得上他祢衡？在祢衡看来，司马懿出身低贱，只能算作屠狗辈；被评为"王佐才"的荀彧，唯一张脸勉强可看。除了孔融，天底下谁能入他祢衡的眼？

所以，当孔融热情洋溢地推荐祢衡时，还没等曹操表态，祢衡自己便先称病不去，还屡对曹操出言不逊。曹操心中不悦，却又忌惮祢衡声望，不敢轻易杀他，只好罚他作鼓史，想羞辱羞辱祢衡。可曹操没料到的是，祢衡不怕他羞辱。祢衡岂止不怕他羞辱，还怕他不羞辱，不计较——如若不然，怎么表现自己傲立群雄、不为权贵折腰的气度？

祢衡千等万等，等的就是曹操发火这一刻。

于是，听到曹操让自己担任鼓史，祢衡①冷笑一声，蓦然起

---

① 曹操杀不了祢衡，便将他送去荆州牧刘表那里，祢衡与刘表不合，刘表又"请"他去了江夏太守黄祖处。后祢衡得罪黄祖被杀，年仅二十六。

身，将衣服一脱，在公共场所全裸上阵，击鼓骂曹。这么失礼的行为，深受儒门影响的孔融看了，作何感想？

他没觉得有何不妥，反而责备曹操没有容人之量——祢衡有才没有？有才！既然有才，你跟他计较什么？有才的人，不都这样恃才傲物么？高傲点怎么了？你不是唯才是举么？怎么突然斤斤计较起来了？不会是觉得人家驳你面子，心里不痛快吧？这可不是明主会做的事！

史书上说曹操"惭而赦之"，但真实想法如何，不难猜想——这件事，大概可算曹操和孔融嫌隙的开始。

建安四年（199 年），曹操与袁绍即将在官渡（今河南中牟东北）大战。袁绍兵力远胜曹操，因此曹操在战前召集谋士商量对策，座中一人，便是孔融。与荀彧、郭嘉等人的意见相反，孔融对战争结果极其悲观，觉得袁绍地广兵强，武将勇冠三军，文臣忠心耿耿，曹操想获胜，机会渺茫。

然而，这场战役最后以曹操的全面胜利为终结，奠定他一统北方的基础不说，还让许多俊杰前来投奔。这时的曹操，手下人才只多不少，不再需要孔融这样缺乏军政实才、徒负虚名的人了。

但孔融感觉不到任何危机，反而屡次向曹操发难。

建安九年（204 年）八月，曹操攻下邺城后，孔融给他写了封信："武王伐纣后，把妲己赏赐给了周公。"

这事在历史上从无记载，曹操莫名其妙，问孔融："你是从哪里看到的？我怎么不知道这事？"孔融冷笑作答："以今推古，想当然耳！"原来是讽刺曹操的儿子曹丕，私娶袁熙妻子甄氏一事。

祢衡违礼，孔融视而不见，现在却又讽刺曹丕不守礼法，可见在他心中，向来有一套自己衡量是非的标准。这标准是什么呢？是孔融喜不喜欢这个人。现在的孔融，极不喜欢曹操，因为曹操"作鼓吹，自称万岁，于马上舞"，已有了改朝换代的念头。孔融向来讲究礼法，对此岂能容忍？当然会抓住一切机会，对曹操冷嘲热讽。

这样任情任性，如果不是政治人物，或者不是一个声望极高的名士，曹操都可能一笑置之，懒得计较。可说这话的人，是极受士人推崇的孔融！今天他孔融这样刻薄讥讽曹丕，明天是不是许都所有名士，都要来骂他曹操不仁不义？曹操心里渐渐有了计较。

孔融依然无所察觉，依然我行我素。

当时战乱，粮食紧缺，曹操颁布禁酒令，以免浪费粮食。对孔融这种"长乐座上客常满，唯恐樽中酒不空"的名士来说，这还了得？因此他频频上疏，要求曹操取消禁令——您说喝酒亡国？夏桀和商纣可都是因为女人亡的国，也没见现在谁禁了婚姻啊？不禁酒，真能亡国？言辞十分轻慢。

乌桓趁乱雄踞一方，曾在幽州抢掠十多万户汉民。建安十二年（207 年），曹操征讨乌桓，希望能安定北方。孔融出言讽刺："您要远征了？西周时肃慎不向朝廷进贡，西汉时丁零从苏武那儿偷了牛羊，您怎么不新仇旧恨一起算，把这两个民族也顺便打了？"

这样的事多了，曹操按捺不住，亲自写信警告孔融："孤为人臣，进不能风化海内，退不能建德和人，然抚养战士，杀身为国，破浮华交会之徒，计有余矣。"我虽不能以德服人，但立马横刀，征战沙场，杀掉一些不谙政事、只知高谈阔论的人，能力还是绰绰有余的。孔融见信，眼皮子都懒得抬。

曹操终于忍无可忍，决定杀掉孔融。

这件事，史书上是这么记载的：孔融的上司郗虑揣摩操意，以蔑视国法为由，弹劾孔融。这事闹到汉献帝处，郗虑和孔融相互指责，都说对方不好。后来曹操写了封劝和信给孔融①，孔融回信，

---

① 曹操劝和这件事，《后汉书》孔融本传中说，其目的在于挑拨离间，显明仇怨，我却觉得未必。按《三国志·武帝纪》注引《续汉书》，孔融和郗虑闹到了汉献帝面前，双方还吵了起来，孔融显然知道是郗虑要收拾自己，哪里用得着曹操挑拨呢？

说郗虑是自己故交，自己还曾推举过他，误会一场！这事没什么好计较的，过就过了，自己一定会与郗虑和好如初。

若换了别人，"和好如初"几字，很有可能是阳奉阴违的套话。但孔融的政治敏感度太低了，直到这时，他都没察觉到曹操的杀心，所以退任闲职后，还天天请人登门做客，热闹非凡。

这更让曹操心紧。

宴会上，大家若是喝高，什么话都说得出来！孔融从来不掩饰自己对曹操的排斥，如果说些大逆不道的话煽动他人，如何是好？看来，这孔文举，是绝不能再留了。

建安十三年（208年），在曹操与郗虑的授意下，孔融再被弹劾。这一次，他的罪名是诽谤朝廷、企图谋反、不遵朝仪、不忠不孝。不遵朝仪，不守规矩就罢了，其他几个理由，未免太过荒唐。

且不说孔融一直对汉献帝忠心耿耿，常常与他谈论文学；光说一个"孝"，孔融十三岁丧父时，哀痛欲绝，泪流不止，如果不是有别人搀扶，连站都站不起来。这样的人，岂会不孝？

但欲加之罪，何患无辞，何况孔融言行举止都不太注意，很容易被人抓住把柄。他曾发表言论，说孩子不过是父亲发泄情欲的产物，所以孩子和父亲之间，哪有什么所谓的父子亲情？母亲呢，也和孩子没什么特殊关系。怀孕生子，就好像把一个东西寄存在某处，需要时，取出来而已——这些见解，严重违反了当时提倡的孝道伦常，所以被当作一项罪名，加到了孔融身上。

建安十三年（208年）八月，孔融被杀，时年五十六岁。

后世对他评价一直很高：有文才、有名士风范、宽容仁爱、很早便知孝悌，懂谦让。可是，作为一个政治人物，孔融少了政治人物该有的冷静与谨慎，凡事任情任性，恣意妄为。他出身儒学世家，却没能记住《论语》中的告诫："邦有道，危言危行；邦无道，危行言孙"，终于引来杀身之祸。然而他有什么错呢？孔融一生，俯仰无愧于心，无论时局如何危急，他都坚守住了自己的道。

也许正像范晔在《后汉书》中评价的那样，孔融"负有高气，志在靖难，而才疏意广，迄无成功"，他一生刚正，宁折不屈，可与昆玉秋霜同比，光明洁白——我以为，这是对孔融最好的评价了。

阮 瑀

良时忽一过，身体为土灰 >>>>

阮瑀的儿子很有名。

凡涉魏晋，必提嵇（康）阮（籍）——阮籍大名，谁不知道？
知道阮瑀的却不多。这个说法，其实不大确切，建安七子的名声，
够响亮吧？阮瑀是建安七子之一，但知道他的人，还是少。

一 守道归隐

阮瑀（约167—212），字元瑜，陈留尉氏（今河南开封尉氏
县）人。他早年的经历，史册阙记，只知道他十岁时在大儒蔡邕门
下学习，被蔡邕赞为"童子之才，朗朗无双"。

蔡邕是东汉末年的文坛领袖，在当时很有影响力。同为建安七
子的王粲，就因蔡邕的赏识声名大振。阮瑀是蔡邕学生，又得到
"无双"的称赞，名气自然也慢慢大了起来。

然而，乱世当前，享有盛名不见得是好事。

东汉中平六年（189年），董卓专政，听闻蔡邕盛名，请他做
了个左中郎将①。这份器重，给蔡邕带来了灭顶之灾。初平三年

---

① 汉代的中郎将，负责统帅皇帝侍卫或宫廷禁军，而且能随侍皇帝左
右，非皇帝、权臣亲近信任的人不能担任。董卓看重蔡邕，才叫他做这个左
中郎将。

（192 年），王允等人诛杀董卓，蔡邕受牵连而死。

这对阮瑀打击非常大。

他很小就没了父亲，蔡邕于他，亦师亦父，感情十分深厚。骤见蔡邕下场凄凉，阮瑀心中伤痛，可想而知①。何况汉末三国那个时代，宦官弄权，豪杰起义，今天拉旗杆子做权臣、皇帝的人，明天就成了一抔黄土，连带身边的人，也尽化作荒原白骨——董卓、蔡邕不就是最好的例子？所以隐居避祸的人不在少数。

阮瑀痛失师长，又顾惜性命，当然也不会例外，便在二十七岁时选择了隐居。他写过一首《隐士》，借老莱、颜回、伯夷②这些古时隐居的贤能，表明自己"邦无道，富且贵焉，耻也"的志向——时局固然艰难，但我可以选择不为虎作伥，不助纣为虐，即便贫苦，即便颠沛流离，"何患处贫苦，但当守明真"，人生在世，毕竟要有所坚持，毕竟要守住自己的道。

理想很美好，可阮瑀忘了，他是蔡邕的得意弟子，声名早已传开；各方争雄，都在抢夺人才，阮瑀声名远扬，怎么可能真的过上远庙堂的生活？就在他一心避祸、归隐山林的时候，曹操早就注意到了这个"少有俊才，应机捷丽"的年轻人。

---

① 按明嘉靖《尉氏县志》卷四，蔡邕去世后，阮瑀等人曾为他在县西四十里燕子陂立庙。

② 老莱是春秋末年楚国的隐士，住在蒙山之阳，同样不理俗务。他为人很孝顺，七十多岁的时候，还穿着彩色衣服，模仿婴儿模样逗父母开心。《二十四孝》中，"彩衣娱亲"说的就是老莱。颜回是孔子最得意的学生，"一箪食，一瓢饮，在陋巷，人不堪其忧，回也不改其乐"。伯夷和弟弟叔齐是殷商后裔，商被周灭掉后，他们觉得吃周朝的东西是种耻辱，便不食周粟，饿死在首阳山。阮瑀和他们缘分未了，后来途经首阳山时，还应制写过一篇《吊伯夷文》，说"求仁得仁……没而不朽"，说他们虽然身死，但守住了自己的道，这是丈夫立身处世的原则和底线，值得称赞。

二 被迫出仕

阮瑀出仕这件事，史书记载略有不同。

《文士传》中说，曹操听说阮瑀的名声，想征他做自己的幕僚。阮瑀不愿意，躲到山里，曹操放火烧山，把人给逼了出来。这简直是出强抢民男的把戏，曹操一世枭雄，应该不至于此。

《太平御览》里的记载就要可靠很多，说建安三年（198年），曹操的弟弟曹洪想征辟①阮瑀，阮瑀拒绝了。曹洪这个人，是典型的武将性格，见阮瑀拒绝应征，便把人抓起来，拿棍子一顿乱抽。可阮瑀这种人，从小接受儒家教育，以"富贵不能淫，贫贱不能移，威武不能屈"为人生信条，越是威逼，越不会屈服。

所以，曹洪和阮瑀硬杠了几日后，见他还是不从，便跑去跟曹操告状。曹操叫人传阮瑀，阮瑀战战兢兢过来，以为自己的小命就要交代在这里。谁知曹操笑如春风，跟他说："你不想跟曹洪，就来替我做事吧！"便将阮瑀辟为司空军谋祭酒。

裴松之给《三国志》写注时说，《文士传》里曹操烧山逼人的事，纯属无稽之谈，不足为信！这半截是对的。后半截说曹操征辟阮瑀时，阮瑀"投杖而起"，欣然为之，就是假话了。

阮瑀出仕，其实情非得已。他得罪曹洪事小，一个将军，那时候多的是！得罪曹操，事情可就大了。谁不知道曹操挟天子以令诸侯，权倾天下？要自己性命，眨眼间的事儿。阮瑀权衡利弊，只好

---

① 汉代人的入仕途径比较重要的有任子、纳赀、学官弟子、辟召、征召、选举（察举）诸途，而征辟、选举的科目则有贤良、方正、文学、直言、极谏、明经、博士、武猛、兵法、阴阳灾异、天文、历算、小学、方术、本草、敦朴、有道、高节、清白、孝廉、秀才（茂才）等科。这些入仕途径和选举科目，大致来说，在西汉初期是以任子和纳赀为主，中叶以后逐渐有经术、辟召、孝廉之选，东汉时期则是以岁举孝廉成为最主要的途径，其次是辟召和任子。（林富士《巫者的世界》）

不情不愿地出来做了官。

因有这份不情不愿，所以阮瑀和曹操的关系，并不融洽。

有次曹操设宴，气氛非常好，他环视四周，得意之余，却见一片歌舞升平的欢欣中，阮瑀神情漠然，左右跟他说话，他一概不理。这个破坏气氛的人！曹操顿时发怒，连声让阮瑀改坐到唱歌跳舞的伶人一席，想羞辱羞辱他。

谁知阮瑀容色不变，规规矩矩地坐过去，还神情自若地抚弦而歌道：

奕奕天门开，大魏应期运。青盖巡九州，在东西人怨。士为知己死，女为悦者玩。恩义苟敷畅，他人焉能乱？

当权者人多都爱听好话，这首歌"音声殊妙"，好听。又歌功颂德，把曹操狠狠称赞了一番——最关键的，这可是之前败兴的阮瑀唱的！见阮瑀服软，曹操转怒为喜，再没计较，仍让阮瑀做些起草文章、写军事檄文的事。

阮瑀的文章，现在流传不多，不能见其真正功底，但从当时大家对他的评价来看，应该相当了得。就连素来骄傲的王粲，也不得不甘拜下风，承认阮瑀写文章，又快又好——说快，有一次曹操让阮瑀写军事檄文，阮瑀信笔挥毫，连马都没下，立刻写成一篇。曹操想做些删减修改，捏着檄文仔细看了半天，发现居然无从下笔——这是快。

说好，阮瑀有篇《为曹公作书与孙权书》，代曹操跟孙权说话，文中说：虽然现在你我之间有了些隔阂，但我从没忘记和你交好的昔日光景。我的想法是这样的，你是否与我一样呢？文章读来温声一片，仿佛曹孙二人真是多年好友，杀气都被掩藏在最底下。

也难怪曹丕说他写公文尤其出色，"书记翩翩，致足乐也"。翩翩这个词，放在阮瑀身上，简直妙绝。文如其人，人如其文，翩翩君子，温润如玉，大概就是阮瑀这样了。

文章不错，心似乎也向着曹魏了，曹操自然会多看重阮瑀几分。这是多少人求之不得的事！但阮瑀并不觉得快乐。

三 疏离朝政

建安十六年（211 年），曹操西征马超，大胜归来路过三良冢时，让大家以三良①为题，写一首诗。

这个主题，在不同的人笔下，表达各有不同。王粲意气风发，说"生为百夫雄，死为壮士规"，虽然老百姓、亲朋好友都对三良殉葬表示哀痛，但人各有志，三良自己也知道殉葬痛苦，可他们为了人君，还是愿意抛弃自己的性命以全忠义。

反观阮瑀，他开篇便说，"误哉秦穆公，身没从三良"，点明了自己的看法。后来又写，"低头窥圹户②，仰视日月光"，低头看坟墓，这是生的终结，幽冥暗黑；仰头看日月，盈盈光明，这是生的欢畅；哪个更让人留恋，一目了然。三良并非不爱生，只是君要臣死，臣不得不死。这样的无法自主，终究是生命里无可奈何的悲凉。

从这个角度看，阮瑀写三良，未必不是借三良感慨自己的际遇，只是他比三良幸运，没有生死相逼的局促。可是人活一世，只求没有生死相逼吗？显然不止。所以，阮瑀依然不快乐。尽管他写

---

① 三良分别叫奄息、仲行、针虎，是三兄弟，也是春秋秦穆公（？—前621 年）时的贤臣。有一次秦穆公和群臣喝酒，喝到高兴处，跟三良说"生共此乐，死共此哀"，要和他们同生共死。那时酒酣耳热，三良的赤胆忠心被激发出来，毫不犹豫地答应了秦穆公。后来秦穆公去世时，就叫他们三人殉葬。老百姓对这件事十分不满，作了一首《黄鸟》，说"彼苍者天，歼我良人！如可赎兮，人百其身"，乞求上天开开眼，不要让这三个好人贤臣白白殉葬；甚至还赌咒发誓，如果能救下他们三个，就算赔上一百个人的性命，也在所不惜。

② 圹户，即坟墓。

过《谢曹公笺》，说自己"惟力是视，敢有二心"，一定尽全力效忠曹操，可内心深处，他始终不曾真正认可曹操，因此在建安文人中显得分外疏离。

明代张溥在《汉魏六朝百三家集》中说阮瑀"悲风凉日，明月三星，读其诸诗，每使人愁。然则元瑀俯首曹氏……不得已也"。因为不得已，所以笔下诗文，读来总使人愁。的确，克制有度，感怀悲伤，就是阮瑀诗文的主旋律。

他曾写过一组杂诗：

民生受天命，漂若河中尘。
虽称百龄寿，孰能应此身。
尤获婴凶祸，流落恒苦辛。

我行自凛秋，季冬乃来归。
置酒高堂上，友朋集光辉。
念当复离别，涉路险且夷。
思虑益惆怅，泪下沾裳衣。

白发随栉堕，未寒思厚衣。
四支易懈倦，行步益疏迟。
常恐时岁尽，魂魄忽高飞。
自知百年后，堂上生旅葵。

苦雨滋玄冬，引日弥且长。
丹墀自歼殄，深树尤沾裳。
客行易感悴，我心摧已伤。
登台望江沔，阳侯沛洋洋。

第一首"民生受天命",原本无题,后人叫它《怨诗》,哀痛凄怨,名副其实:当此世道,百姓流离失所,群雄草菅人命,也许今日一别,即成死别,谁能不伤?谁能不怨?

再看后面诗文:我曾想过归隐南山,也许还能得到善终,可这志向终究没能如愿。身在仕途,年岁倏忽,不知不觉便已老去,一梳头,大把白发落在地上。类似的话,杜甫也写过,"白头搔更短,浑欲不胜簪",但阮瑀这话,比杜甫的诗文更让人痛惜——他死的时候,不过四十七岁的壮年,何来老迈?却已霜发盈头。

人生难堪,莫过迟暮,可阮瑀未到迟暮,就已有了这样惨淡的心境。"白发随栉堕,未寒思厚衣,四支易懈倦,行步益疏迟",叫人痛觉悲哀。阮瑀偏又写"常恐时岁尽,魂魄忽高飞,自知百年后,堂上生旅葵",这四句极苍凉,却也极妙。妙就妙在一个"自知",人贵有自知之明,我知道自己终究要死,也知道自己终究会被人遗忘,古往今来,谁能逃过这样的命运?所以,除了"还坐长叹息",我还能做什么呢。

这样的哀戚,贯穿了阮瑀的后半生。而更颓丧的是,除了感慨哀戚颓丧,他还能做什么?什么都做不了。乱世当前,阮瑀见过太多身不由己,也经历过太多身不由己,所以只能在被选择的队伍中,努力做一个旁观者。

不积极,不消极,不参与,不放弃。

唯对自己的人生,漠然旁观。

这样的漠然,在《七哀诗》里,表现得更加明显。

丁年难再遇,富贵不重来。良时忽一过,身体为土灰。
冥冥九泉室,漫漫长夜台。身尽气力索,精魂靡所能。
嘉肴设不御,旨酒盈觞杯。出圹望故乡,但见蒿与莱。

关于死生的文章有很多,尤其魏晋南北朝,战乱频仍,朝不保夕，死亡的题材就更多了。

阮瑀的好友曹丕，就在给弟弟曹冲的诔文中说，"惟人之生，忽若朝露，役役百年，矗矗行暮"，人活一世，看上去有几十年光景，其实和早上的露水有什么区别呢？转瞬即逝罢了。他弟弟曹植，也有"生存华屋处，零落归山丘"的哀叹，觉得权势富贵，生不带来，死不带去。这些诗文，都是对生死的无可奈何。只是这些诗文，都没有阮瑀这句话来得心惊——

良时忽一过，身体为土灰。

你看，我们在世上的辰光，都是很好的，然而春光易逝，所有的华美终会凋零，目之所及，不过是注定的荒凉。

尘归尘，土归土。

这是你我，乃至所有人的归宿。

阵阵惊雷，炸破多少人的尘世美梦，可阮瑀偏偏淡然写就，仿佛这终途的萧瑟，是和他无关的事。

建安十七年（212年）十月，阮瑀感染瘟疫去世。

前一年，建安文人们还在南皮（今河北沧州南皮县）纵情高歌，赋诗饮酒，到了今年，阮瑀便去世了——他是邺下文人圈中，第一个去世的人。

曹丕非常悲伤，在怀念阮瑀的《寡妇赋》中说，"人皆处兮欢乐，我独怨兮无依"，人皆欢乐我独悲——这正是阮瑀一生最好的写照。

建安二十年（215年），这时离阮瑀去世，已过了整整三年。曹丕对他依然念念不忘，给其他人写信时说，阮瑀早已去世化为异物，与人世隔绝了。生命无常，光阴如斯，你我又何时能再见呢？

朋友殷殷思恋，但对阮瑀来说，他大概不太在乎。

"自知百年后，堂上生旅葵""良时忽一过，身体为土灰"，我知道你们终究会将我遗忘，无论此时多么深情绵邈，缅怀激荡。

所以。

良时已过，就此散了罢。

刘 桢

亭亭山上松，瑟瑟谷中风 >>>>

　　人说魏晋，大多说它风流，但我更喜欢风骨这个词，有种慷慨铮然、傲骨担当的气魄。曾见过一个关于魏晋风骨的形容，写得很妙，说魏晋风骨，是俊逸的风，有硬朗的骨。

　　要说这种魏晋硬骨，就不能不提刘桢。

一　喜逢明主

　　刘桢（？约 175 — 217），字公幹，东平（今山东宁阳）人。他是建安七子中的一位，才华横溢，在当时与曹植并称，可惜后世名声并不很显，很少被人单独提及。究其原因，大概是史册记录太少——生年缺载，家世不详①，这样一个人，你能说些什么？

　　只知道他是东汉尚书令刘梁的后代，遗传了刘梁文采上的天分，从小就有神童的美誉——五岁能读诗，八岁可诵《论语》《诗经》，写篇赋文，落笔就是数万字。他警悟辩捷，反应迅速，别人问他问题，对答如流不说，辞气激烈，字字刀锋，很少有人将他辩

---

　　① 刘桢去世后一百多年，裴松之注《三国志》，引《文士传》说刘桢的父亲是刘梁（公元？—181 年？），但比照《后汉书·刘梁传》里的说法，"孙（刘）桢，亦以文才知名"，刘桢又成了刘梁的孙子。哪个真哪个假？目前尚有争议。比较统一的说法是，两本书既都提到了刘梁，那两人之间的确有些渊源。

倒。这样的人，想默默无闻都不行，后来刘桢果然被曹操征辟，历任军事祭酒、丞相掾属等职。

建安七子中，有像阮瑀那样被逼做官的；也有如徐幹，超然外物，大隐于朝的；还有王粲这种，在其他地方怀才不遇，辗转投奔曹操的。刘桢和他们都不同，他一开始就想投身政治，而且从一开始，他就选了曹操。

他在很多诗文里表达过自己对现状的满意。譬如《遂志赋》，说自己梦寐以求的生活，就是跟着曹操南征北战。还有写于建安八年（203年）秋天的《黎阳山赋》，刘桢于黎阳山顶峰处观黄河滔滔，山势雄壮，心中生出几分慷慨。一转身，却见茂密丛林中的青坛祭碑，森森冷冷，便又有死生无常的萧瑟之慨。他思绪畅达，又想到故乡这样遥远，何时能归？毕竟归不得！再添几分乡愁。乡愁既来，又想到这所有的颠沛流离，岂非都是东汉末年战乱人祸造成的？

思及至此，刘桢不免心中郁郁，哀伤惨然。可再一回头，"睹众物之集华，退欣欣而乐康"，不远处黑压压一片军营——曹操军中，人才济济，何愁盛世不来？便又开心起来。这篇赋文一波三折，几经不同情绪，最后落在对曹操的期盼上，可见刘桢是真的相信，曹操是那个能让天下再度安定的人。

也因如此，刘桢在邺下参加宴会，赋文唱歌的时候，兴致最是高昂。就连公宴诗这种充满套话、堆砌辞藻的应酬之作，刘桢都写得异常真诚。

他说，宴会之后，大家一起在园中散步，见馆舍金碧辉煌，车辆盈道，花朵繁盛，又有珍禽出没于草木之间，十分热闹。我见此美景，真是要忍不住"投翰长叹息"！五字而已，我却能看见他写完诗文，将笔一甩，边笑边叹息的情景。这种发自内心的喜悦，若不是情之所至，断然写不出。

这份至情，在声色流光中呈现出一种清气，叫人不觉绮丽，反觉豁达明朗，一如刘桢的性格——他学不来那些唯唯诺诺的言不由衷，喜欢就是真喜欢，讨厌呢，也是真厌恶，高兴不快，都在脸上，坦坦荡荡。他是胸中思绪藏不得，有了就要拍案而起大喝一声的人，所以文存壮气，情可惊人。写《文心雕龙》的刘勰说他"气褊，故言壮而情骇"，就是这个意思。说直白点，不过性情中人写性情中文，"文如其人"而已。

和刘勰几近同时代的钟嵘，对刘桢评价也很高——刘桢落笔，文字虽没有太多修饰，但字句锋锐，傲骨凌霜。除了陈思王曹植，刘桢的文章堪称独步。曹植的文采向来为人称道，有"天下有才一石，曹子建（曹植）独占八斗"的美誉，钟嵘觉得刘桢文采仅次于他，可以说是很高的评价了。

评价虽高，我却不太认同钟嵘说刘桢言语雕琢不够、文采不足的观点。好的句子发乎心，关乎情，若是雕饰太过，反而失却本性。

譬如刘桢曾写过一首《赠从弟》，"亭亭山上松，瑟瑟谷中风。风声一何盛，松枝一何劲"，化用《论语》"岁寒，然后知松柏之后凋也"这句话，剖白心志——即使身处乱世，朝生夕死，我依然不会改变自己的本性，要做那昂然挺立在风雪之中的松柏，不惧艰险，不惧磨难。

诗文格调劲健，豪迈凌厉，颇具清刚之气，心志高昂阔达，何须更多言语填补。

曹丕也深知刘桢的好处，说他笔下有逸气，"壮而不密"，气势雄壮而不绵密，形容妙极！刘桢就是有这样坦白的慷慨，这样激烈的壮怀——唯有这样的壮怀激烈，坦白慷慨，才会有那样雄壮的高歌。

只是，刘桢壮怀激烈，性格又急，难免在仕途上惹祸。

二 仕途受挫

建安十三年（208 年）春，曹操初置军事祭酒，让刘桢担任此职，同年夏天，曹操升任丞相，又拜刘桢为丞相掾属。就任期间，刘桢谏言献策，切中时弊，曹操对他赞赏有加。可无论军事祭酒，还是丞相掾属，都只是依附于曹操的幕僚，与刘桢心中"一扫寰宇烟尘净"——作为一个独立臣属建功立业的理想，相去甚远。

他开始觉得不满，曾写诗抒怀，抱怨非常直白：我的公务实在太多了！事情接连不断，有时连饭都来不及吃！但忙来忙去，都是瞎忙！让我写的好多文章，要么不太实用，要么就是奉承上司的应制文章，我觉得好烦！唉，不如出去散散心好了。我到处闲逛，走到一处方塘，见里面凫雁游弋，神情闲适，安于现状。哈，我怎么能像它们一样，甘心收敛锋芒，从此随波逐流呢？

刘桢的诗文散佚很多，以他直率的性格，这样的怨诗，恐怕不止一首。诗文之外，平时口头上的抱怨，必然只多不少，时间久了，难免让曹操介怀。

刘桢犹自不觉，依然我行我素，很快便出事了。

建安十六年（211年），曹丕设宴款待众人，酒到酣处，他兴致高昂，让夫人甄氏出来为大家助兴。说是助兴，甄氏毕竟身份特殊，众人纷纷趴在地上行礼，唯刘桢一个挺直腰板，愣愣与甄氏平视①。这可违背了臣面君当伏拜的古礼！

---

① 很多人觉得，直视甄氏这件事，是刘桢"刚直不阿，不畏权贵"的表现。譬如明代张之象说"见甄后而不伏，固刘桢之守正"，刘桢看到甄氏不仅不拜，还敢于正视她，是因为刘桢觉得甄氏本是袁熙的妻子，后为自保，才不得不嫁给曹丕，不合礼数。既然甄氏嫁人不合礼数，那他刘桢平视甄氏，也不该合乎礼数。其实不然。后世解读前朝故事，有时会用后世的价值观衡量前朝的人物言行，解读太过。譬如明代讲究礼法，讲究守节，会觉得甄氏改嫁有失体统。然而，对魏晋南北朝时的人来说，游于物而不沉浸其中，万事万物，经历而已，并没有那么讲究礼法。所以不但甄氏，其他改嫁的女人，也不在少数。人们并不认为她们有什么错。若能活下去，甚至是好好地活下去，为什么不可以选择另外一人？因此刘桢平视甄氏，并不是因为他以"不合礼法"回应"不合礼法"，刚正不阿，可能仅仅是因为，他觉得自己和曹丕关系好，所以举动随意罢了。

曹丕与刘桢素来要好①，知道他向来直率随便，没作计较。谁知这事传到曹操耳朵里，曹操顿时大怒——刘桢对仕途黯淡的抱怨已经太多，本就让曹操十分不满，更让曹操生气的是，刘桢根本没意识到问题到底出在哪里。

他的确文采出众，可能也不缺政才，但人在官场，仅有才华是不够的。很多时候，仕途走向，其实是由性格、人情世故决定的。这一点，刘桢显然做得不是太好，他太直白，不够沉稳，这大概也是曹操没让他做幕僚以外的工作的原因之一。

平视甄氏这事，正好给了曹操处置刘桢的借口。刘桢被关了起来，若不是曹丕苦苦求情，恐怕还难逃一死。只是死罪可免，活罪难逃，曹操赦免了刘桢的死罪，却换了种方式折磨他——去采石场服役。

_____

① 有一次曹丕送给刘桢一条腰带，后来觉得舍不得，想要回来，就给刘桢写了封《嘲刘桢书》，一本正经地胡说八道："东西其实没什么贵贱之分，只是因为拥有者不同，就有了贵贱。你还记得我之前给你的那条腰带吧？那条腰带实在很好，现在却落入了低贱者的手中，我觉得不太合适，所以想把它拿回来。你不会介意吧？"刘桢当然不会不介意。他不止介意，还非常介意。所以他认认真真地引经据典，借曹丕之前的言论，与他"认真"地讨论了一番贵贱问题。刘桢说，你要讨论贵贱是吧？那我就和你好好讨论一下贵贱。你仔细想想，至尊天子，王侯公卿这些所谓的"贵者"，手上拥有的东西，最开始，哪一件不是经由"贱卑者"的？你吃的饭，还不是先让人家贫贱的农夫尝过熟没熟，才能送到你桌上来。仔细想想，是不是这个道理？至于你之前给我的那条腰带嘛，我呢，勉强接受你的礼物吧。我可不是觉得你比我低一等哦，只是确实没其他比较好的饰物了。对了，最后说一句，我从来没听过，尊贵的人赐给别人东西，还要要回去的事儿呢！这种言论，放在任何一个君制的时代，都算大不敬了。但曹丕看了后一点儿都不生气，反而笑说："刘公幹这人，聪明！敏捷！厉害！"腰带是不敢再要回来了。这种不拘小节的事在他们身上应该不少，只是史册散佚，很多已不可考。

三 意气消磨

比起死来，羞辱和怠慢，恐怕才是刘桢最不可忍受的吧。

他在采石场服役，起初满怀愤恨，后来渐至无措，给自己的好友徐干写信说：我们相距不远，从西苑园到北寺的景色依然很好，可是我被拘禁了，我根本没办法和你见面。他在诗里提到了细柳、清源、轻叶随风、飞鸟翩跹……都是轻盈翻飞的意象。然而举重若轻，莫过于此——景致轻盈，刚好衬出刘桢此时的心情沉重。所以，景致虽好，刘桢却忍不住"涕下与衿连"，婉转凄恻，跃然纸上。

历代文人骚客，心绪敏感、动辄涕下的事并不少见，更遑论魏晋午间死亡常见，悲伤哀叹的诗文就更多了。

可是，落笔写下这首诗的人，是刘桢啊，是那个以松柏自喻，一身硬气的刘桢啊。

一年多后，曹操惦记刘桢的情况，跑去采石场看他。刘桢心绪不平，又做了和平视甄氏相似的事——其他人匍匐在地，不敢仰视曹操，唯刘桢神情自若，照常劳作。

曹操自然又被他气到，刘桢一翻白眼，振振有词："常闻魏王教诲，做事当竭尽力，事成则王自喜，事败则王亦辱，桢现为苦力，专研石料，研石是对魏王的敬忠，所以桢不敢辍手中活"，用曹操说过的话来堵曹操，弄得曹操有些讪讪，换话题问他："这石头材质怎么样？"

刘桢话里有话："这石头的本性浑然天成，不可动摇，无论后来发生过什么，经历过什么，它原有的禀气坚贞，始终没办法改变。"这是以石自喻，表明自己虽历苦难，但绝不会轻易向曹操低头的坚决。

因为这份坚决，曹操反被刘桢触动，将他放了出来，让他辅佐曹植。

然而,这段采石场的争锋故事,正史并没有记载。我更愿意相信,这是后人给刘桢加注的传说。因为在经历了这场劫难之后,刘桢的棱角锐气,其实是像曹操期望的那样,消磨得差不多了。这个曾经性格豪迈、狂放不羁的男人,写下的诗文慢慢含有苍凉的味道。

他曾写过四首《赠五官中郎将诗》,三首是在赦免后写的,与第一首的意气风发完全不同。建安十四年(209年)的刘桢,目之所见,是又光明又美好的前景,所以要"欢悦诚未央",要翩翩起舞,翱翔于天地之间。再看后面三首,再没有了"昔我从元后"的昂扬意气,只有无穷无尽的荒凉,仿佛一个耄耋老人,独立于秋风之中,黯然萧瑟。

刘桢,也开始像其他人一样感慨起来。

他说"四节相推斥,岁月忽已殚"——这句话和第一首中的句子十分相似,"四节相推斥,季冬风且凉。众宾会广坐,明镫熺炎光",却全然没了往昔的色彩。尤其第三首最后两句,刘桢自称"小臣",说自己庸常,说我就算再努力、再拼命,也很难跟上你曹丕的步伐了——这样的话,是出自那个不拘礼法,与曹丕互怼并以此为乐的刘桢吗?

这样的人生,到底带了几分凄凉味道。

年少时候,谁没有几多慷慨,几多激昂?面对这个世间时,谁不是充满了坚贞与勇气,畅想着光耀未来。然而在经历挫折与沧桑后,大多数人选择了向规则屈服,向权力臣服,向我们曾不屑一顾、曾藐视过的一切弯腰屈膝。

这是我们,也是刘桢。

磨难之后,他身上那些目无千古、踔厉奋发的气概,渐渐消失在时光之中,成为无法抵达的过去,竟至无闻了。

徐　幹

振衣千仞岗，濯足万里流 »»»

建安七子中，我本不打算单独写徐幹，史料太少，能写的似乎不多，想和应瑒归在一块。但后来读了徐幹的《中论》，心里突然生了兴致，便有了这单独的一篇。

一　隐居存志

徐幹（171—217），字伟长，北海郡剧县（今山东省寿光市）人。《三国志》对他的记载不到百字，只说徐幹曾在曹操手下做过军事祭酒和五官将文学，但他"轻官忽禄，不耽世荣"，志向不在仕途，所以常常借病辞职。建安二十二年（217年），徐幹在一场瘟疫中去世，时年四十七。

曹丕在《与朝哥令吴质书》中也提到过徐幹，说他和上古时的贤人许由一样，都有隐逸之志。这封信与《三国志》凑在一起读，难免让人觉得，徐幹心思根本不在仕途，为什么出来做官？大概"又是"曹操逼的！

我最初也这样以为，但仔细读过徐幹写的《中论》，发现事情其实没那么简单。

《中论》是徐幹写的一部政论性著作，后世散佚很多，但从留存的篇幅看，主要是讲徐幹心中的"圣贤之道"，也有一些徐幹身世的简单介绍。

徐幹在序里说，我的先祖做事公允持正，褒贬有当，进退有度，颇具儒者之风，在当时备受称赞——由此可知，徐幹出身于饱读诗书的儒学世家。

他从小就能见到许多书籍，自己也爱读书，常常废寝忘食，以至于父亲非常担忧，害怕这小童子身体孱弱，却又用功太猛，累出病来，劝他不要太过努力。（这可和其他长辈不同！）不过，也正是因为刻苦努力，不到二十岁，徐幹就能出口成章、下笔立成了。

若按东汉末年大多数士人的路子，徐幹应该想办法扩大自己的名声，让朝廷知道有我这么一个才俊，进而朝廷征辟，推辞几次后，从容入仕。可徐幹却不。

初平三年（192年），董卓之乱平定后，州郡牧守听闻徐幹的名声，希望他出仕为官。徐幹觉得时局不稳——乱世中，连孔子那样的先贤也无法施展自己的才华，何况自己？所以他认为避居山林，专心读书，才更合适，便推辞了。

建安元年（196年），曹操挟天子以令诸侯，曾两次征辟徐幹，徐幹也都委婉推辞，继续闭门谢客，在家中专心读书，“以六籍①娱心”——这些，都是后世认为徐幹有隐逸之志的重要原因。

然而，建安十二年（207年），曹操第三次征辟徐幹时，徐幹同意出仕了。许多人第一想法，便是他为曹操所逼，但细究起来，此时的徐幹，未必没有自愿的意思了。

这要从徐幹的治国理念说起。

他曾在《中论》中谈到自己理想的明君：不能短视逐利，要懂得区分轻重缓急，从长远角度为国家考虑。但一个国家，仅有明君不够，还得有贤臣。有贤臣辅佐，便会社稷安宁，民生受惠。

---

① 六籍，即《诗经》《尚书》《礼记》《周易》《乐经》《春秋》，又称六经，是孔子晚年整理的六部书，历来被奉为儒家经典。

不过，贤臣要怎么选？这就很考验明君的眼光了。有些人君，听到大家对某个人一致称赞，便觉得这个人是贤能。但实际上，名声响亮的，未必有真才实学；默默无闻的，有时反而是饱学之士。如果人君太看重名气，反而会让天下人以名为先，忽略实际才能——这一条，无疑是徐幹对东汉末年，士人交游求名好名①的驳斥。

徒负虚名的人，当然不配称作贤臣，可什么样的人，才叫作贤臣呢？

徐幹说，有真才实学，能安民定邦的人，就算贤能。而且，人君在征辟臣子的时候，对才干的考量必须大于道德。有德无才之人，可能会导致社稷颠覆，越在高位，越是如此。反观那些貌似道德有亏的人，譬如管仲②，虽然道德有亏，可没有这样的人，齐国的霸业也终究难成。

话说得轻松，可你怎么知道哪些人是真有才干，而不是一时伪装呢？他又说"事莫贵乎有验，言莫弃乎无证"，从多方面验证，再根据实际情况调整对这个人的预期，以确保他是真正的贤能之士。

徐幹能有这等见识，十分不易。

———————————

① 东汉末年士人重名好名，固然有政治原因在，但更多是由于当时的选举制度。入仕几乎都是通过举荐，想要人家举荐，无论才华几何，总归得有些名气，因此造成了士人学子求名胜过求才的境况。针对这种现象，有一首著名的童谣讽刺说，"举秀才，不知书。举孝廉，父别居。寒素清白浊如泥，高第良将怯如鸡"，明明被推荐为秀才，却不识字；因为有孝行被举为孝廉，实际上根本不赡养双亲；所谓寒门，所谓清白，其实像泥一样污浊；所谓的良将，上战场后见腥风血雨，吓得两股战战，浑身发抖。名盛者很多都没有真才实学，而有真才实学的人，就算步入仕途，也会因为名气没有前者大，不能施展才华，甚至会囿于官场是非，日日周旋于琐碎之中。

② 管仲早年生活困苦，与鲍叔牙一起做生意，两人分钱的时候他总是拿多的一份；上战场多次逃跑；跟随公子纠落败后，他没有自杀殉主，反而投靠了敌人公子小白（即齐桓公）。

儒家学说，稍不注意就会陷入理想主义，它以孔孟之道为基础，构想出一个完美得无法实现的乌托邦。乌托邦当然不存于世，所以陷入理想主义的儒生，看这世间总有缺陷，动辄抱怨朝政，却提不出任何有针对性、真能实践的建议措施。这也是为什么许多理想主义者，注定只能在现实面前碰得灰头土脸的原因——乱世尤甚。好在徐幹虽然自幼接受儒门教育，但并不迂腐，反而非常推崇务实变通。

这大概得归功于他在家中反复阅读儒家经典，又冷眼观世，才慢慢形成这么一套非常实用的治国理论。也因此可知，徐幹从来不是一心归隐、不问政事苍生的人——若他真想归隐，笔下诗文该是"采菊东篱下，悠然见南山"。然而仔细读过《中论》，除了明君贤臣论，徐幹还提出了贵重爵禄，赏罚分明、清查户口、限养奴婢等政见，全是针对东汉末年人君无能、外戚宦官专政、州牧军权在握等时弊，跟隐逸没有半分关系。

所以，与其说他屡征不起，是想归隐，不如说徐幹一直密切关注政治动向，以期在恰当的时机，遇到属于自己的明君。

不过，他一点都不焦躁，甚至反对急功近利。在徐幹看来，盲目追求名利，反而会落得身败名裂的下场。如果此生有幸，能遇明君，自当辅佐；若是不得，闭门读书也不失一种选择——儒家"危邦不入，乱邦不居；天下有道则见，无道则隐"，穷则独善其身，达则兼济天下的思想，徐幹贯彻始终。

所以，冷眼观局十余年后，徐幹终于觉得，曹操也许会是自己认定的明君。

尽管《三国演义》将曹操写成大奸臣，让后世误会百年，但曹操挟天子以令诸侯，以汉献帝的名义定都许昌，很多俊杰都愿意归附他。执政以来，曹操"摧袁氏于官渡，驱孙权于江外，逐刘备于陇右，破乌丸于白登，其余枭夷荡定者，往往如神，不可胜计"，渐成一统天下之势。

在征辟臣属方面，曹操和徐幹一样，提倡实用，提倡唯才是举，不拘一格。

譬如曹操在建安年间颁布的三次求贤令，观点统一：我要贤能，有才就可以来，道德如何，我管不了。曹操这个做法，后世褒贬不一，有人觉得曹操这样罔顾道德而开取士先河，是造成后来魏晋南北朝四百年动乱的祸源；但曹操唯才是举，在某种程度上剔除了那些徒负虚名的人，何错之有呢？

至少在徐幹看来，曹操岂止没错，还很符合自己心中对"明君"的定义，也给了自己天下可能安定的希望。

于是，建安十二年（207 年），再度被征辟时，三十七岁的徐幹不顾身体多病，动身归附曹操。

二 自愿归曹

徐幹最初担任的职位是军事祭酒①。

通常来说，曹操会先让征辟之人做个祭酒，再在平时观察他的表现，验证这人是否真有才干，以及这种才干是否是自己需要的，确认为是后，曹操才会给此人授予相应职务。或提拔重用，或者，就这样默默无闻了。

徐幹入仕，走的也是这个流程。他担任军事祭酒后，在邺下度过了一段快乐的时光，并结识了一生的好友——刘桢。刘桢当时因

---

① 祭酒一职早在先秦两汉时就已存在，最初是以尊号使用。据学者考证，最早得到祭酒一职的，是荀子。西汉末年，王莽改制，设九"祭酒"，祭酒从此成了东汉官爵中一个重要部分，涉及军政多个方面。曹操沿袭东汉习俗，但又因身在乱世，根据实际情形，被其征辟为"军事祭酒""司空军祭酒""丞相军祭酒"等职的人不可胜数。建安七子归附曹操，最初得到的职位几乎都是军事祭酒，从担任祭酒职务的人的数量来看，军事祭酒可能是曹操求才的一块敲门砖，是幕僚中不算太低，讲出去比较有面子，但又不算特别重要的职务。

为平视甄氏，被曹操关在北寺狱时，写诗给徐幹表达过苦闷。徐幹的赠答十分深情，说：我和你分别还不到十天，可已感觉过了很多年，用咫尺天涯这个词形容我们，恐怕不算过分吧！夏日草木繁盛，生机勃勃，我心中却充满了对你的思念，因此倍感忧愁。

朋友相交，在于意气，性情迥异不要紧，关键是三观一致。

刘桢虽然性情亢直，看似与徐幹的沉静退让南辕北辙，但其实两人三观非常相似。刘桢曾在《处士国文甫碑》中盛赞国文甫君子端方，自有道义坚持，又能安于贫困，潜心读书，不为世间名利所动——这一切，岂非正是徐幹的写照？也难怪《晋书·阎缵传》中说，"昔魏文帝之在东宫，徐幹、刘桢为友，文学相接之道并如气类"，意思是他二人性情投契，是至交。

除了交了个知己，徐幹还很受曹丕赏识。作为建安七子之一，徐幹的文采当然毋庸置疑，曹丕认为他"时有齐气"，刘勰觉得他"时逢壮采"。一篇《齐都赋》，"北朝沧渊，惊波沛厉，浮沫扬奔"，壮采非常，宏大气派，跃然眼前。但紧接着，在这宏大的气派中，徐幹又轻轻巧巧地扫出一片轻盈，说"竦长袖以合节，纷翩翩其轻迅，往如飞鸿，来如降燕"——五光十色的华丽，看多难免会让人觉得太过光耀，若时不时来一股清气，叫人心中沉静，便很好了。这是徐幹的难得之处，固然有建安文风的影响，但也是由写赋者本身的特质决定的。

徐幹性格温和沉稳，笔下文章自然也是娓娓道来，如流水般隽永绵长。譬如他有一首《与妻别》，笔墨清婉。

与君结新婚，宿昔当别离。

凉风动秋草，蟋蟀鸣相随。

冽冽寒蝉吟，蝉吟抱枯枝。

枯枝时飞扬，身体忽迁移。

不悲身迁移，但惜岁月驰。

岁月无穷极，会合安可知。

愿为双黄鹄，比翼戏清池。

古时交通不便，一次生离，可能就是永远的死别。魏晋南北朝时更是如此，战乱纷纷，也许下一刻，两人便已阴阳两隔，所以很多赋文都带着死生无常的感慨、时光流逝的怅然。

徐幹在这首诗里也有类似的惆怅。他说，即便是枯枝，有时也会因为外在因素离开原来的地方，何况是人？总会因为种种际遇离开家乡，离开妻子好友。不过，我并不因为这些迁徙伤心，而是觉得时光流转，你我会面实在难得。谁知道下次相见，会是什么时候呢？

虽有惆怅，但徐幹细细写来，滋味便很是不同。他先写凉风秋草，又有寒蝉枯枝，一派凄清；后写枯枝飞扬，身体迁徙，岁月无穷，见面难知，竟有了些安然沉着的恬淡；最末两句，"愿为双黄鹄，比翼戏清池"，又让人生出一些见面的希望来。起笔郁郁，收尾破局，读来非常漂亮。

然而可惜的是，在曹操手下做事，徐幹的文采虽然一次次受到肯定，但在政事上，他始终没能得到重用。这和徐幹当初归曹时的设想出入很大。他慢慢觉得，这个地方，可能并不是自己能够久留的地方，也渐渐有了些牢骚。

三 政见不合

譬如建安十六年（211 年），徐幹随曹操西征马超时，写过一篇《西征赋》。原该是歌功颂德的文章，徐幹却在里面说：我跟着曹公四处征战，俸禄不算低，可是年岁过去，没做出什么实际的成绩，"虽身安而心危"，心里不大快活。

而另一组《室思》，更是将徐幹这种苦闷表露得淋漓尽致。尤其第四首，"自恨志不遂，泣涕如涌泉"，我壮志未酬，心中愀然，但细细想来，能怪谁？只能怪自己。可我要怪自己什么呢？生不逢时？遇人不淑？才华不够？似乎哪一个都不对，哪一个都无解。既然不对、无解，我能做的，只不过是默然流泪而已。本以为稍微几滴眼泪便罢，但人生至此，越想越伤心，终于忍不住泪如泉涌。

男儿有泪不轻弹，只因未到伤心处。

关于建安七子为什么少有人能得到曹操重用，我曾揣测过原因。

孔融是因为公开不合作。陈琳一是年岁较大，与众人思想格格不入，第二大约是因为他前事袁绍，写檄文时将曹操骂了个狗血淋头。曹操表面不计较，但说重用，必然不可能了。阮瑀一直是旁观的疏离态度，久而久之，曹操当然也不会太看重他了。刘桢性情亢直，不拘小节，虽然有才，但也不算大才，曹操府中人才济济，多他一人不多，少他一人不少。所以七子之中，真正被曹操委以重任的，唯有精通吏法实务，愿意为曹操做事的王粲。

就此看来，曹操求贤，才学是一方面考量——我相信建安七子都是既有文才、又有政才的人①，但态度立场、与曹操为政的理念是否一致，也是曹操考虑要不要重用此人的关键因素。

徐幹与曹操的政见，往大处说，的确非常一致，但落实到细节，就有很多不同了。譬如当时战乱频仍，死伤许多，加上军队开销大，曹操便主张薄葬。徐幹认为不妥，认为要按儒家传统，恢复三年之丧。治国方面，徐幹提倡以仁治天下，可乱世当前，你仁我不义，对当时的曹操而言，绝对不可能采纳这样的观点。

的确，徐幹在《中论》里表达的观点，务本务实，但他毕竟深受儒学影响，想在乱世中恢复礼教，因此与以法治天下的曹操的理

---

① 自古文政不分家，曹操在乱世求贤，求的当然不会是舞文弄墨的纯文才，而是能经世治国的政才。建安七子能被征辟，不仅因为有文名，他们在政治上的见解必然也十分深刻。

想相悖，也因此，无法得到重用。

徐幹最初深觉失望。可在经过无数个夜晚的挣扎后，他终于明白，自己与曹操之间，没有对错，只是双方政见不合而已。他曾以为曹操会是自己理想中的明主，会让自己有施展才华的机会，然而近身相处多年后，才发现最初对曹操的期望，不过是远观的幻象。

他和曹操想要的，从来就不同。

想明白这点后，徐幹反倒坦然。建安二十一年（216年），曹操称魏王后，徐幹以随征五六年，身体越发不好为借口，再次归隐。他没有如阮瑀一般，即便不快乐，也要咬紧牙关，在曹魏度过最后的岁月；也不像刘桢，遭受磨难后忍辱含垢，委曲求全。

对徐幹来说，仕途顺畅，我便作为，仕途不畅，那我退而求其次，回家著述，也没什么不好。从容来去，这样坦坦荡荡的月白风清，叫人想起古人所谓"君子绝交，不出恶声。忠臣去国，不累其名"。

曹操或许留过他，但没留住；或许也和对待徐幹一样，知道两人为政理念不同，不必强留。总之，徐幹顺利辞官，回到家中。他原本以为岁月仍长，还有许多时间读书写字，钻研学问，然而两年后，也就是建安二十三年（218年）春天，洛阳瘟疫爆发，徐幹染病而亡，年仅四十八岁。

我向来不喜欢儒家，甚至写过"儒家多出伪君子，道法如何不丈夫"这样的话，然而读罢徐幹这寥寥数言的传记，才发现原来真的有人能经历理想破灭的挫折后，不抱怨、不失望，以豁达的心胸成全彼此的不同，而后退隐山中，安贫乐道。

也许正像元代郝经评价的那样：徐幹不慕名利，坚持志向，用一生时间，身体力行地贯彻了儒学思想——

先生之风，山高水长。

应 玚

悠悠涉千里，未知何时旋 ≫≫≫

一 简单人生

建安七子，应玚名声实在太小，后世对他的研究也少。我最初愁于资料稀缺，本想越过不提，但读过他仅存的几篇诗文，又觉得不得不写写这个应玚应德琏。

应玚（177—217），字德琏，出身以文采称于当时的汝南①应氏。因东汉末年汝南战乱，应玚从少年时便被迫背井离乡，四处逃难，直到建安年间归附曹操，才总算有了个相对安稳的地方。

应玚最初被辟为丞相掾属，随侍曹操府，建安十六年（211年），转平原侯庶子，侍奉曹植。两人交情不错，曹植曾写过两首《送应氏》。建安十六年（211年），曹丕任五官中郎将，应玚转授五官中郎将文学，追随曹丕。六年后，建安二十二年（217年），应玚死于一场弥漫全国的瘟疫，年仅四十三岁。

这样看来，应玚一生，乏善可陈。没担任过什么显要官职，也没什么传奇经历，似乎就这样简简单单地来，简简单单地去，平淡

---

① 汝南郡，汉晋时期的辖境，大致在今河南颍河、淮河之间，辖区在今河南驻马店地区、信阳地区北部、周口地区西南部、漯河市南部以及安徽太和、阜阳等地，历来为兵家所争之地。

至极。大概因为这样的平淡，有人对应玚作品评价不高，觉得他位列"建安七子"，乃是徒负虚名。

其实不然。

二 文采非常

应玚一生固然平庸，他的才华却是有目共睹。与他交游甚深的曹丕，曾赞应玚"才学足以著书"，明代张溥在《汉魏六朝百三家集》中提到，晋代著名文人陆机陆云的风流，其实始于应玚与他的弟弟应璩。

我最初觉得不可不写应玚，也是被他的文采惊动。譬如《报赵淑丽诗》：

> 朝云不归，夕结成阴。离群犹宿，永思长吟。
> 有鸟孤栖，哀鸣北林。嗟我怀矣，感物伤心。

赵淑丽是应玚的妻子，两人分离很久，应玚十分想她，便写了这篇诗文。开篇朝云成阴，让人十分压抑，后又说窗外有鸟，但只有孤零零一只，落在树枝上不断哀鸣，声音凄清，回荡在整个空荡荡的林间。整首诗，应玚都不写自己的难过，只在末梢略点一句，"感物伤心"。看似平淡，其实哀婉温柔，几笔轻描淡写，便勾出绵绵不绝的伤心。

应玚最擅长在戛然而止处勾勒这样绵延不尽的伤心，以淡句写浓情，正如清代诗论家陈祚明评价，"浅浅语，自然入情"。

他还有二首《别诗》，我也非常喜欢。

一

朝云浮四海，日暮归故山。

行役怀旧土，悲思不能言。

悠悠涉千里，未知何时旋。

二

浩浩长河水，九折东北流。

晨夜赴沧海，海流亦何抽。

远适万里道，归来未有由。

临河累太息，五内怀伤忧。

通篇都好，"悠悠涉千里，未知何时旋"两句，极好。我辗转世间，跋涉千里，不知什么时候才能回归故里。"悠悠"既说路途绵长，也说孤身飘零的哀伤，怎么也望不到头。我读第一眼时，心中一跳一刺，便难过起来，以为还有下文，却没料到诗文竟断在此处。

可应玚的未尽之言，谁不明白？悠悠千里，艰难跋涉，最开始我心里还有那么点盼头，总觉得有一天能重归故里。可时间越久，经过的地方越多，见千里无鸡鸣，白骨蔽平原，我即使能够回到家乡，所见所闻，恐怕也是这样的光景：断垣残壁，焦土荒田，故交亲友不是早成白骨，就是离散四方了。所以，应玚才会在第二首诗里，说"远适万里道，归来未有由"，归期何期？遥遥无期！更显颓丧。

《报赵淑丽诗》和《别诗》，都是个人作品，哀伤抒怀，不算什么；可就连本该欢欣鼓舞的应酬之作，在应玚笔下，也带着丝丝缕缕、不可断绝的哀伤。譬如《侍五官中郎将建章台诗》——这是应玚评价最高的作品，清代沈德潜还有"篇中代雁为词，音调悲切，异于众作，存此以备一格"的美称。

朝雁鸣云中，音响一何哀。问子游何乡？戢翼正徘徊。
言我寒门来，将就衡阳栖。往春翔北土，今冬客南淮。
远行蒙霜雪，毛羽日摧颓。常恐伤肌骨，身陨沉黄泥。
蕳珠堕沙石，何能中自谐？欲因云雨会，濯翼陵高梯。
良遇不可值，伸眉路何阶？公子敬爱客，乐饮不知疲。
和颜既以畅，乃肯顾细微。赠诗见存慰，小子非所宜。
为且及欢情，不醉其无归。凡百敬尔位，以副饥渴怀。

开篇便是应玚惯有的惊痛。大雁敛翅徘徊，彷徨不去，我见它凄鸣哀切，便问它去往何方。谁知这大雁正是因为不知该往何方，才悲鸣，才彷徨。北土南淮，它早已去过很多地方，路途迢迢，未曾休歇，冬日里，霜雪覆满刭翅，它却仍要忍住疼痛，继续飞翔。它想求一个可以栖息的地方，可这地方究竟在哪？也许不等抵达，它早已"身陨沉黄泥"，埋骨他乡了——应玚写大雁，岂非是借大雁写他自己？他空负才华，漂泊半生，功未建，名未成，还随时生活在死生无常的恐惧之中，不知什么时候，人生就完了。

我读这首诗时，深为"远行蒙霜雪，毛羽日摧颓。常恐伤肌骨，身陨沉黄泥"几句话惊痛。下面的诗文，应玚虽有"蕳珠堕沙石，何能中自谐"的自强，有"公子敬爱客，乐饮不知疲"——对曹丕知遇的感激，可有了前面这样郁结的伤心，这些自强，这些与曹丕他们宴饮的快乐，都成了浮光掠影，无法抚平时代与际遇带给应玚的深切惶恐。

所以他总在写哀，写夫妻分离，写颠沛流离，写抑郁不得志。曹丕说他的诗文，"和而不壮"，即是此意。中正顺和，文采出众，但大多时候，应玚只说个人际遇，没有时代呼声，也没有建安年间的慷慨激昂，没有一抒胸襟的壮志豪情，仿佛一个人在墨色暗夜中踽踽独行，青山绿水都带着凄凉色彩，没有任何暖意。

三 死生平常

有人怒其不争，骂他的诗文"内容狭隘，缺乏气骨"。天下丧乱，难道只有你一人受苦？为什么不能振袖奋起，偏要这样颓然放弃，没有任何对抗地绝望呢？

是，无论命运给予几多挫折，我命由我不由天，这的确是一种人生的选择。然而，我们毕竟不是应场。

他一生曲折，不是没有过自己的政治主张，不是不想在曹操手下施展抱负胸襟。

譬如他和阮瑀曾就"文质①"进行辩论。阮瑀认为"文虚质实"，要重质轻文。应场却觉得文质应该并重。"建天下者，非一士之术"，想成就霸业，就必须提拔重用拥有不同才能的人，并且让他们人尽其才，物尽其用。如果非要在文质中间选择，那么，"质者之不足，文者之有余"，应该重文轻质。

为什么？宇宙之道，文质并重，而圣人合德，是以天地自然之文为模范。如果只考虑所谓本质，那么礼仪言辞，是否就不再需要了？孟僖子（？—前518年）曾和鲁昭公拜访楚国，楚国在郊外迎接他们，孟僖子却因缺乏礼仪方面的知识不能言行周到，失却国家气度，以至事后懊悔。这样看来，文教礼仪，难道不该被推崇吗？

政治上，阮瑀重质轻文，提倡无为宽简之治，应场反对。他说，这样的为政方法，只适用于太平盛世。乱世当前，一定要建立制度，推崇礼法，弘扬儒教，否则无规矩不成方圆，天下更难

---

① 文质论中的文，是指礼乐射御书数等外在能力；质，则是仁义忠恕等内在德行。文质彬彬，就是赞这个人内外兼修，这种人是孔子心目中的君子。后来文质还被用在政事上，"虞夏之文，不胜其质；殷周之质，不胜其文"，文质在这里，就对应为政教上的繁简了。文质论应用很广，譬如评价文章，文是文采，质则是作者想表达的观点内容，还有社会生活、品评人物，都可以用到文质论。

太平。

很明显，应玚崇尚的是儒家思想，知礼仪，明道德，才能定天下。他讲究文、讲究艺，心里抱有学以致用、济世弘道的理想，只可惜，他提出不拘一格用人才的理念，和曹操想法一致，崇尚儒家的主张，就和曹操格格不入了①。

主张不同，重用自然就成了不可能的事。应玚辗转飘零，好不容易来到曹操麾下，原本以为能在这乱世中一展所能，然而这青云之志，终究成空。

他当然会感到失望。失望之余，想想自己半生颠沛，路途所见，尽是无常。和死亡比起来，名利富贵、功名成败，似乎又都成了不值一提的事。

那么，就这样吧！

时局如此，际遇如此，颠沛流离，壮志未酬，谁没有经历过这些？生而为人，不过历史洪荒中的一粒小小尘埃，人微言轻，又能做些什么呢？挺过生死的，继续过着波澜不惊的日子，或者也有短暂的喜悦与长久的痛苦；挺不过的，也就这样了。

---

① 汉代儒家思想过分强调正统与规矩，甚至到了压抑人性的地步，所以建安年间，很多人崇尚自然本色，并不偏重儒学思想。曹操即是如此，他崇尚黄老，崇尚法家，一切以结果为导向，三次发布《求贤令》，不管对方品行如何，只求有能力成就他曹操的宏图霸业。在这种情况下，曹操怎么可能花费过多心思弘扬儒家礼法？

品中国古代文人

正始新声

傅玄 何晏 钟会

何有金戈平天下，悔教今生觅封侯

傅 玄

萧艾纵横怒披荆 ≫≫≫

关于魏文帝曹丕的为政风格，有个说法，叫"魏文慕通达，天下贱守节"，说曹丕为人通脱放达，即使做了皇帝，也比较提倡个性自由，不太遵循礼教、以法行事。

上行下效，皇帝怎么做，天下人当然都会跟着了。结果呢？朝纲不振，法治不行，士人关注的重点，不再是有利于国家的政治举措，而是虚无放诞的个人言论。笼罩在这样的政治风气下，天下岂能长久？所以"亡秦之病复发于今"，曹魏霸业，注定很快会被别人代替。

曹魏最后的结局，后来人读史都知道——从曹丕建国到灭亡，区区五十年时间而已。而作出这个切中时弊的判断、言辞犀利的人叫傅玄（217—278），字休奕，北地郡泥阳县（今陕西铜川耀州区东南）人。

一 少时艰难

北地傅氏是两汉时北方一大望族，往上可以追溯到西汉名将傅介子。他两次出使西域，并在元凤四年（公元前77年），率很少人马刺杀了楼兰王，叫楼兰从此归附西汉，由此声名大振。这份胆勇，后来成为北地傅氏一大家风。

譬如傅玄的祖父傅燮，于东汉末年直言上疏，要求朝廷"速行谗佞之诛"，杀掉宦官，还天下一个太平。他也因此得罪宦官，没有得到应有的封赏。天下纷纷为他鸣不平，傅燮却说："遇与不遇，命也；有功不论，时也。傅燮岂求私赏哉！"言语铿锵，掷地有声。凉州反叛，司徒崔烈建议放弃这块土地，傅燮与他激烈相争，并语出惊人——"斩司徒，天下乃安！"他得罪的人太多，后来被外放到汉阳（今甘肃甘谷县）担任太守。中平四年（187年），汉阳城破，傅玄从容托孤，死守殉国。

那时候，他的幼子傅幹，年仅十三岁。亲见父亲殉国，傅幹哽咽不能言，也不由多了层反思：为这样的朝廷殉国，值得吗？

答案是否定的。

所以，后来的傅幹审时度势，选择依附曹操，提了许多极富远见的建议。比如建安十九年（214年），曹操打算讨孙权。傅幹认为，天下三分，格局已定，此时出兵并不明智，兴学校，教化百姓，才是头等大事。曹操不听，坚持出兵，最后的确像傅幹预测的那样，"军遂无功"。

尽管傅幹去世时傅玄只有三岁，但祖、父二人对他影响极大。祖父的刚直不阿，父亲的机谋权变，这两个看似矛盾的特点，后来在傅玄身上得到了奇异的统一。

魏明帝太和五年（231年），十五岁的傅玄进入洛阳太学，同时，也进入一个小型社会。

太学里派系分明，每个人都有自己的打算。高门士族，大多交游结党，将学业放在了第二位；而如傅玄这样的寒门士子，则是埋头苦读，以学问为本。但就算再刻苦，在魏晋南北朝那个时代，没有家族的庇佑、其他世家的推荐，想出人头地，也是很难。所以直到魏明帝去世，齐王曹芳登基的第三年（239年），傅玄才初次步入仕途，参与《魏书》的编纂。

这一编，就是十年。

二 性情亢直

尽管《晋书》对傅玄这十年只有"撰集魏书"四字的概括，但傅玄当时的处境，远没那么简单。

魏明帝曹叡去世时，让宗室曹爽与司马懿一起辅政。曹爽政治才能有限，十分依赖自己少年时的好友——被曹叡当年贬黜过的浮华一党。这些人与司马懿理念不同，所以冲突不断，最后竟到了浮华党①把持朝政，司马懿称病不理事的地步。

纵然对方炙手可热，纵然自己位卑言轻，傅玄依然毫不避讳自己对浮华党人的轻视，经常出言嘲讽，言辞还十分激烈。譬如他批评浮华党"高层"何晏：夏朝时，妺嬉经常戴男人的帽子，所以桀亡了天下，现在呢，诸公看看！我们何晏也穿起了女人的衣服！曹魏怕不是要亡国了？

平心而论，就算男人穿女人的衣服很难被世俗接受，但傅玄这番言语，未免有点过于刻薄，平常人哪里受得了？何况当时何晏位高权重，哪能忍受他的出言不逊？所以，傅玄和浮华党人关系相当紧张，甚至可能随时性命不保，以至于没人敢跟他来往、通婚。

两方争权，傅玄既然和浮华党相看两厌，那么他会选择司马懿，自然就不让人感到意外了。这个选择，在当时可算得上是大逆不道。曹爽再怎么不堪，也是皇亲国戚，司马懿如何厉害，说到底，也只是臣子。选择司马懿，便是选了别家天下，傅玄不是不知道，然而——曹魏宗室不能让我施展才华，我也不认同他们的为政理念，良禽择良木而栖，有何不妥？

他和父亲傅干一样，紧要关头，总能机谋权变，而非愚忠守节。

---

① 浮华案及浮华党人，详见"何晏篇"。

毫无疑问，傅玄押对了宝。

高平陵事变（249 年）后，司马氏掌握大权，傅玄进入司马昭军府担任参军，先后随司马昭入关中、到许昌、进洛阳，目睹了司马懿和司马师的死，经历过淮南三叛的平定、齐王芳被废、高贵乡公曹髦登基为帝，也见识了司马氏镇压浮华余党的残酷。

短短六年，司马氏代魏，已成定局。对傅玄来说，他当然感到庆幸。

但这样的庆幸，并不仅仅如历代史家所说，是"站对了队"而已。对傅玄而言，他秉持的理念，与崇尚儒学、反对清谈玄学的司马氏很像，司马氏上台，意味着傅玄有机会实现自己的政治理想了。

这对任何一个渴望建功立业、有所作为的人来说，都是值得庆幸的事。所以，从司马昭执政开始（约公元 255 年），傅玄就迫不及待地上疏，提了很多有益国家的建议。

心怀家国，沉寂多年，他太想表达些什么了。

三 匡正时弊

傅玄说，东汉末年战乱频仍，很多人流离失所，远离家乡，朝廷应该把他们按照行业分置，"士思其训，农思其务，工思其用，贾思其常"，如此一来，天下稳定，百姓也能安居乐业了。

这项措施的特殊之处在于，傅玄把有商业才干的人也归于人才的一种，叫"商才"，和德行、理才、政才、学才、武才、农才、工才、辩才并称九才。他曾记载过河南郡商业发达的盛况，"都有专市之贾，邑有倾世之商，商贾富乎公室"，商人比王孙贵族有钱，但他们带给社会的好处也显而易见。所以国家应该同时重视士农工商，不可偏废。

这在重农抑商的古代，非常难得。

赋税方面，傅玄也有创见。古代的税赋制度，很多执政者都主张轻徭薄赋，认为这样才能减轻百姓的负担，利于政事。但傅玄觉得，非常时期，赋税加重，未必不是件好事。在什么时候加多少税、怎么收税，关键还是要因地制宜，设立一套可行的税赋方案，而且方案一旦确定，就不能朝令夕改，以免地方总"进非常之贡"。

　　征税要建立合理的制度，治国更要制定适宜的治国方针。什么是适宜的治国方针？减少人君的欲望，彰明制度，依法治国。不过，光有法律制度作保还不行，人君自己也得至公无私。如果人君平时总是亲小人、远贤臣，制度再好，也不过虚设……

　　这些建议，都不是凭空造就，而是傅玄根据曹魏时弊，认真思考出来的，是具有很强针对性的解决方案。

　　譬如他说人君要至公，为什么要至公？因为曹丕做皇帝时，不按规章制度做事，员罚不明，造成了消极影响。

　　有个叫鲍勋的人，屡次直言上疏，让曹丕很没面子，后来他竟把人抓了起来。朝臣觉得鲍勋无辜，纷纷求情。谁知这一举动无异于火上浇油，曹丕更加不满，他居然绕过正常的执法程序，把鲍勋杀了。

　　人君亲厚之人，被屡屡纵容；正直之臣，却反遭屠戮，天下人怎么想？也难怪傅玄不无讽刺地说："魏文慕通达，天下贱守节"，你曹丕倒是通达自由了，这江山没了规矩，可就要乱了！

　　曹魏是前朝，直言不讳，不算什么，面对西晋存在的弊端，傅玄也不怕得罪谁，照说不误。当时很多高门子弟凭借家世，便能担任一官半职，本已很不公平，他们还白领俸禄不做事——傅玄极其不满，提出置官分职、选用课考等措施，想匡正这股歪风邪气。

　　这项建议牵扯面很广，会触怒许多人，所以傅玄奏报时，有关部门想搁置了事，但又怕傅玄不依不饶，正觉得为难时，晋武帝司马炎发话了。他对傅玄的上疏赞许有加——不过，也只是赞许有加，此后便没了下文，也不会再有下文。因为考校政绩，的确会得罪许多人，甚至可能动摇西晋根本，司马炎并不打算较真，口头上给傅玄一颗甜枣，就罢了。

傅玄对这件事心怀不满。

他性情刚直，不能容人之短，看到自己认为不合时宜的举动，总要发声抗议；加上早年仕途不顺，如今得逢明主，恨不得满腔抱负马上化为现实，施行下去。司马炎这般敷衍，他怎么能忍？但身为臣子，傅玄即便不能忍，也必须强忍，只是背地里难免有所抱怨——我做的一切，都是为了国家！难道还能有什么私心？我都这么无私了，你怎么能，怎么可以不采纳我的意见？

牢骚发久了，见天下事物，当然就会哪儿都不顺眼，没一处好。

于是，泰始三年（267 年），傅玄和同僚发生争执，在公共场合大肆喧哗，触犯规章制度，因此被免官。虽然第二年（泰始四年，公元 268 年），傅玄复职，后来还升了职，但都已不是重要职位，不是补缺，就是司马炎特别优待给傅玄的。

傅玄心中更加怨怼。

这时的他，已经六十二岁了。人生已快到头，他终于明白，自己的一生，不会有什么更大作为了。这对傅玄来说，是个难以接受的事实和打击。而他所有的愤懑，最后都在司马师的遗孀，景献皇后羊徽瑜的葬礼上爆发了。

起因是位次安排不当。

按西晋制度，傅玄作为司隶校尉，如果在宫廷外，座次是要高于其他大臣的；如果在宫里，座次就要在其他大臣之下。景献皇后葬礼，属"宫内事"，朝廷将傅玄座次排在其他大臣之下，其实是按规矩办事，但傅玄非常不满，竟然在灵堂上破口大骂。罔顾制度争位次，这是错一。

错二，傅玄把不能骂的尚书也给骂了。西晋制度，作为司隶校尉，能弹劾包括皇太子在内的所有官员，唯独不能弹劾尚书。傅玄这次大骂，明显是无差别攻击，在场诸位，无一幸免。

错三，死者为尊，傅玄在灵堂上高声喧哗，即便死者不是景献皇后羊徽瑜，这样的举动，也很难让人接受。

所以，傅玄毫无意外地被弹劾免官了。

我最开始注意到傅玄，是他本传里的两篇上疏，全然颠覆了我对魏晋的印象——那时我以为的魏晋，是人人都爱清谈玄学，在务实的政事上用心不多。但傅玄显然是个异类。他说"魏文慕通达"，就算放到现在，也是对曹魏政治风气毫不过时的评价。再看他提出的种种措施及他的政治能力，皆令人赞许。

然而后来细读，我慢慢觉得，傅玄的性格令人畏惧。他是典型的"心非其好，王公不能屈"，自己不赞同的，无论对方有理没理，有何考量，一定会加以批评贬斥。魏晋交替之时，朝廷的确存在许多弊端，傅玄这份直言，后来人读史，会称赞他刚正，称赞他不畏强权。

然而和傅玄朝夕相处的人，他的同僚、上司，甚至家人，恐怕就不会那么认为了。

谁会喜欢一个不考虑听众感受，只管自己说话的人呢？谁又会采纳一个接受不了别人意见的人提出的意见呢？

这份"刚直不阿"，固然在某种程度上成全了傅玄，但也成为他仕途走得不那么顺畅的绊脚石。更何况，晚年的傅玄在仕途受挫的打击下，那份刚直早已变味，不再仅是针对朝政弊端，而是扩大范围，关乎个人意气了。

就像他不满位次安排不当这件事，本来可以通过更温和的手段解决，傅玄却选择了"是可忍孰不可忍"的正面相抗，大闹灵堂，喧哗失礼。被弹劾免官以后，他更是既怨且气，心中难平，不久以后，便生病去世了。

去世前，傅玄写了一首《龟鹤篇》，想排遣自己的哀愁。文章早已失传，但刘宋诗人鲍照曾读过。鲍照说，我病重很久，早知道自己将不久于人世，再读傅玄这篇《龟鹤篇》，也是他临终前的遗言片段，不由想到我这一生，碌碌如此，失意如此——岂非也是傅玄最好的写照？

这样的结局，无可奈何却又在情理之中，只是对傅玄来说，的确称得上凄凉至极了。

何　晏

造化弄我皆有意　>>>

我最早知道何晏，是宋代欧阳修那首《望江南》：

> 江南蝶，斜日一双双。身似何郎全傅粉，心如韩寿爱偷香。天赋与轻狂。

轻佻中带着好看，想来这何郎，必是个美男子。认真读过史书后，再见这何郎何晏，果然是个美男子。

一　仕途受挫

何晏（？—249），字平叔，南阳郡宛县（今河南南阳）人。他长得非常漂亮，又白，以至于皇帝怀疑他在脸上搽了很多粉，所以盛夏时赐他一碗热汤饼，想看何晏落粉的模样。谁知一碗汤饼吃到尾，何晏不断擦拭汗珠，脸依然是俏生生的白——原来人家是天生白！

这样漂亮的容止，已很让人心折，何况何晏还是个贵公子。他母亲尹氏在战乱中被曹操看中，纳为小妾，于是何晏摇身一变，成了曹操养子，跟魏文帝曹丕等人一块儿长大。

但曹丕很讨厌何晏。

因为曹操爱宠何晏，对他跟亲生儿子似的。何晏呢，就此恃宠而骄，衣着打扮都比照着曹丕，曹丕心里该有多烦？所以每次看到何晏，都不叫他名字，唤人家"假子"，提醒何晏注意身份：衣着打扮和我再像也没用，你是尹夫人前夫的儿子，和我曹丕到底不同。

两人关系不好，所以曹丕登基（220年）后整整七年，何晏都"无所事任"，没得到一官半职。直到曹丕儿子，魏明帝曹叡即位（226年），何晏才总算有了个驸马都尉的职务。可这个职务，只是虚衔，很多皇亲国戚都能得到；平时"工作"也不甚紧要，陪曹叡参加宴会，赋诗作歌，调节调节宴会上的气氛罢了。

这对何晏来说，简直是煎熬。

他从小聪明伶俐，七八岁时就能和曹操谈论兵法，曹操想不明白的地方，有时还要请教何晏。这么一个人，七年仕途断绝，现在虽有官职，却是这种类似文学侍从，甚至高级倡优的驸马都尉！怎能忍？

于是，何晏抓住一切可能的机会，向曹叡委婉表达自己的政治理念，希望能得到重用。

魏明帝太和六年（232年），何晏奉命写《景福殿赋》，本是歌功颂德的应制文章，但他硬是见缝插针，强行植入"人君要顺应自然，无为而治"的看法。

他先称赞魏明帝是集名教与自然为一体的理想人君，为政方针既顺应了宇宙变化的自然规律，又符合人的自然本性——这是玄学中名教本于自然的最早表述。

理想的人君，通常都会无为而治。怎么才能无为而治呢？当然是重用贤能。可真正的贤能，并不多见，怎么才能找到他们？四个字，多见多闻。不过，多见多闻固然能增长智慧，但也会因为获取的信息量太大，干扰一个人的判断，所以，人君要时刻保持理智与清醒。怎么才能保持清醒理智？自然是效仿古时圣贤，重用那些以仁待人、不为自己谋私获利的贤能了。一句话，人才选拔，非常重要。

既然人才选拔重要，那么选拔机制，也就异常紧要了。介绍景福殿南的承光前殿时，何晏再次借题，建议施行改革，把不做事、白领俸禄的官员统统裁掉，留下真正有用的人才。

这种无为而治、顺其自然的政治理念没错，但对曹叡这种平鲜卑、收辽东，积极进取，有一统天下之志的皇帝来说，不啻一个天真的笑话。何晏这篇《景福殿赋》，的确花了很多心思，可政见与曹叡不同，含义再深，也只能成为一篇看过就罢了的应制文。

从少年时被枭雄曹操称赞，到七年无所事事，再到曹叡一朝的不被重用，何晏心里充满了失落与不满。好在老天尚且眷顾，让他很快找到了与自己志同道合的人。

二 浮华党争

这些人与何晏年纪相仿，经历类似，都是在政治上没得到重用，认为自己受到不公正待遇的青年子弟。他们经常聚在一起发泄对朝廷的不满，还互相品评，通过舆论为对方打出名气，形成一个密切的政治关系网。

这种结社交游的风气，很容易让人联想到东汉末年的党锢之祸①。

曹魏的开国大臣，几乎都经历过党锢之祸，甚至很多人还是汉末党人的后裔。正因为他们亲身经历过，知道那些士大夫的言行举止、交游品评能带来多么巨大的影响，所以当立场互换，他们成为执政方时，难免就会有所忌讳。

---

① 东汉末年的名士也是互相品评，为对方提高名气，譬如"三君""八俊""八顾""八及""八厨"，他们"上议执政，下讥卿士"，通过控制社会舆论，达到影响国家政策的目的。

建安老臣董昭最先坐不住，于太和六年（232 年）上疏朝廷：现在这些年轻人，心思不在学习上，只知道交游清议，互相吹捧。和他们关系好的，他们就极力称赞吹捧，把这个人说得天上有地下无；不跟他们来往的，他们就极尽诋毁之能事，把人家说得十分不堪。国家不能任由这种事发生，希望皇上对他们严加惩处。

其实早在太和四年（230 年），曹叡就注意到了这个现象。那时他下过一道诏书，警告这些议论朝廷、结党交游的青年士人，要他们以六经①为本，认真学习切实务本的为官之道。

很显然，两年前的诏书没有起到什么作用。以何晏为首的这些青年才俊，行事照旧，甚至声势还远盛于前。于是，董昭上疏后，曹叡顺势而为，把何晏等人统统免官，不准他们再入官场——这就是魏明帝时著名的"浮华案"。

罢黜之后，曹叡依然担心他们声望太高，容易卷土重来，所以接下来的七年，一直对浮华党人保持高度警惕，不准负责选拔的官员拔擢名气大的才俊。名气这种东西，听起来好听，但这个人，可能根本不是一个做官的好材料。这等于断了何晏他们的后路。

史书上没有记载，何晏是怀着什么样心情，度过了又一个无所事事的七年，但这并不难猜。

人生苦短，眨眼而立就已过去，曾经备受宠爱、踌躇满志的自己，到现在竟还只是一介白衣。过往履历，不过"驸马都尉"这样一个毫无价值的虚衔；放眼未来，浮华党人不得入仕，也再没了出头之日。也许终其一生，只能这样碌碌无为地度过，籍籍无名地死去了。

现实和理想落差实在太大，难免让人绝望到崩溃。

幸好，老天依然没有放弃何晏。否极泰来，一个人倒霉到了极

---

① 六经，即《诗经》《尚书》《礼记》《周易》《乐经》《春秋》，又称六籍，是孔子晚年整理的六部书，历来被奉为儒家经典。

点，也许就是转运的时候了。

三 改革失败

景初三年（239 年），魏明帝曹叡去世，由司马懿和宗室曹爽一起辅佐年仅八岁的小皇帝曹芳。和三朝老臣司马懿比起来，曹爽一没政才，二没威信，三没党羽，他能依靠的，只有少年时的朋友。这些朋友，恰巧就是当初曹叡一心抑制、严加提防的浮华党人。

很快，何晏被提拔为吏部尚书，手握任免官员的大权。与此同时，同为浮华党人的夏侯玄，担任中护军一职，负责武官选拔。一文一武，浮华党人渐渐掌控了朝政。

在屡经沉浮、殷切期盼了十多年后，何晏施展抱负的机会，终于来了。

他迫不及待地开始改革。

先是九品中正制。九品中正制是曹丕时期提出的政策，让各州郡推举大中正一名，按人才调查表上的品级，填写推荐表，然后提交给吏部。吏部根据这张表，对人才进行升迁、罢黜。

曹丕本意，是想避免汉末"举秀才，不知书；举孝廉，父别居"那样的舞弊现象，但可惜的是，各州郡的中正，往往由当地世家大族担任，他们推举的，不是族中子弟，就是和自己门第相当的其他世家大族。所谓人才调查表，早成一纸空言，反而造成魏晋时"上品无寒士，下品无势族"的著名现象。

何晏他们觉得，之所以出现这种现象，是因为吏部和中正的权职范围太过模糊。中正应该只负责人才分类，不能编排等级；那些确定人才高低等级的事，应该交给吏部。只有划分清楚吏部和中正的职责，才能避免地方上关系牵扯，徇私舞弊的现象屡屡发生。

九品中正制以外，第二步，何晏他们想改革行政机构。九品中正制存在的弊端，使很多贵族子弟能凭借家世、裙带关系轻松入仕。官僚数量庞大不说，很多人也不具备为政爱民的真才实学。所以，何晏他们认为，应该精简机构，把州、郡、县三级政府，合并为州、县两级。这样不但可以节省朝廷财政开支，还会大大缩短办事流程。

这些改革方案，正是何晏之前在《景福殿赋》中多次提到的选择贤能、无为而治的具体体现，某种程度上，也的确精准切中了时弊。如果他们的改革真能得以实行，也许魏晋南北朝专由世家大族把持仕途的问题，在这时就能得到解决。很多有识之士，也不会因为没人举荐而一生碌碌，没有任何施展才华的机会了。

只可惜，历史永远没有"如果"。

何晏他们的改革，让以司马懿为首的儒学党人深感不满①。改革九品中正制，削弱中正力量，精简行政机构，每一项，都损害了世家大族的利益，更不必说何晏他们打算裁掉一万名官吏了——裁掉的，全是世家大族举荐的无能之辈。当时很多人被降职、罢免，就连司马懿，也被架空。

何晏他们行为太过激进，终于惹怒了世家大族，纷纷联合起来，推司马懿为首，反对曹爽一党。

这些世家大族，基本都是曹魏建国的参与者。几十年政治生涯，跟随曹操南征北战，他们关系网之复杂，势力之雄厚，政治经验之丰富，远非何晏这些青年士人所能比。

一方面，他们以退为进，纷纷上疏辞职，或者干脆称病在家，不问世事；另一方面，却在暗中蓄养死士，伺机行事，并散播谣

---

① 因为司马氏篡了曹魏天下，所以史论大多认为司马懿从归附曹操开始，就有不臣之心。这种说法，基本上是后来人给予的片面评价。其实这个时候，司马懿依然忠于曹魏社稷，甚至他和皇帝曹芳的关系相当不错，曹芳极其依赖他。只是何晏他们提出的措施，损害了司马懿等人的利益，所以司马懿不会任其发展。

书，在舆论上攻击曹爽一党。当时有个说法，"台中有三狗，二狗崖柴不可当，一狗凭默作疟囊"，三狗之一，说的就是何晏。

外界局势已很紧张，更要命的是，何晏他们内部也出现了问题。

不可否认，这群热血青年的确有心改革，但一来，他们很多细节都没思考到位。二来，因为经验不足，设定规章制度时太过理想主义，和实际情况差距甚大，根本执行不了，因此朝令夕改，没个统一常法，让人们深觉不满。

政治上已让人怨声载道，私生活中，这群年轻人也给别人留了许多把柄。曹爽执政后，新娶了不少小妾，其中居然还有曹叡的妃嫔！他还修了豪华地下室，经常和何晏他们在里面宴饮取乐。何晏呢，他也好不到哪里去，强占公田，强取公物，胡作非为。

他们嘴巴上说要无为而治，清俭节约，但行动上又是另外一套。这么言行不一，以至于不用司马懿他们怎么费心，何晏他们在朝中的威信，就已一落千丈了。

时日渐久，何晏敏锐地感觉到了不对。

也许很快会发生一场政变，赢的一方，应该不会是自己；然而，何晏也清楚地知道，走到今天这步，他已经没有任何退路了——

> 鸿鹄比翼游，群飞戏太清。常畏大网罗，忧祸一旦并。
> 岂若集五湖，从流唼浮萍。永宁旷中怀，何为怵惕惊？

这是何晏写的一首诗。在诗里，他把自己比作在空中飞翔的鸿鹄，看上去身处高位，毫无束缚，其实每天都在害怕，害怕突然跌落到罗网之中，被人抓捕。这种战战兢兢的生活，貌似光鲜，实则还不如在池塘里吃浮萍的游鱼，虽然位卑，但至少怡然自得，没有性命之忧。其内心惶恐悲凉，可见一斑。

然而，东门犬叹，华亭鹤唳，追逐名利富贵的人，往往只有在被名利富贵反噬时，才会悔不当初，哀叹不如归隐山水，渔樵扁舟，了此一生。到那时，悔之晚矣。

何晏也是如此，并且，他的预感很快就成了真。

十多天后，正始十年（249 年）正月初六，司马懿趁曹爽等人陪曹芳祭拜高平陵①时，发动政变，"同日斩戮，名士减半"。何晏为了活命，对曾经的同志，曹爽一党严刑拷打，只求将功赎罪，让司马懿网开一面，放过自己。在杀掉七户人家后，何晏以为此事已了，谁知司马懿盯着他，慢悠悠地开了口："不够，还少一户。"

何晏抓耳挠腮，冥思苦想，都不知道这少的一户到底是哪家？最后急了，脱口而出："难道还有我家吗？"司马懿微微一笑，点头称是。就这样，何晏下狱，四天后被杀，并夷三族。

这样的记载，总让我心生疑惑。

何晏一直被说成"蔑弃典文、不遵礼度""口谈浮虚、不遵礼法"，然而仔细读过史书，却很难看到他不守礼法、行为放荡的记载。恰恰相反，何晏从小便知道尊卑礼节，从来不和曹丕这些王子们一起就座，因为尊卑不同，座次有别。曹芳做皇帝时，何晏写过一篇《奏请大臣侍从游幸》，劝曹芳遵循儒家礼法，不可太过放纵。他主编的《论语集解》，是儒家经典著作，在唐朝时被定为《论语》的标准注释版本……

这样的何晏，和《三国志》中那个为了活命，宁可杀戮同党的真小人太不一样了。更何况，司马懿政变之前，何晏就已预感到了自己的结局，以他的聪明才智，应该不会抱有那样侥幸的心理。

正如鲁迅先生《魏晋风度及文章与药及酒之关系》中所说，"何晏的名声很大，位置也很高……因为他是曹氏一派的人，司马氏很讨厌他，所以他们的记载对何晏大不满"。从史书中初看何晏，

———————————

① 高平陵，是曹叡的陵寝。

大概真的会觉得，他像欧阳修《望江南》里的形容的"天赋与轻狂"。然而真正的他，或许更像钱穆先生《国史大纲》中的评价："尚务实干，人格自高，所存自正。"

钟 会

深恩负尽，死生师友 >>>>

《世说新语·简傲》中有则记载，很有意思。

说钟会仰慕嵇康，便带着自己的作品，《四本论①·论合》，登门拜访。本以为会有一番畅谈，谁知嵇康在大树下打铁，根本对他视而不见。钟会待了一阵，自觉没趣，正准备离开，却听嵇康缓缓开口："何所闻而来？何所见而去？"

钟会一愣，下意识答了句："闻所闻而来，见所见而去。"便走了。

后世许多人觉得这件事是嵇康冤死的原因之一——要不是他当时轻慢钟会，钟会能在司马昭面前进谗，嵇康能被杀？②

是非不论，单说嵇、钟见面这事，问何处来，对何处去，不仅是讲两人相遇时的情景，还讲到了人生至理——人活一世，意义何在？怎样才算圆满过完一生？也许只是"闻所闻，见所见"，一场经历而已。所以，正如宋代学者陈善在《扪虱新话》里的评价，两

---

① 魏志记载，"四本者：言才性同，才性异，才性合，才性离也。尚书傅报论同，中书令李丰论异，侍郎钟会论合，屯骑校尉王广论离"，也就是所谓的《才性四本论》。这是魏晋清谈非常重要的一个辩题。一直到南北朝，萧齐的司空工僧虔都还告诫自己的子孙，一定要阅读《四本论》，"清谈之重四本论如此，殆如儒佛之经典矣"。钟会论"合"，即强调选拔官员时，才干和品行同样重要。

② 嵇康之死，详见"嵇康篇"。

人见面，颇具玄风，"便是会禅矣"。

一 才华早显

钟会（225—264），字士季，出身名门世家，长社（今河南长葛东）钟氏①。其高祖钟皓是汉末名士，父亲钟繇深受朝廷器重，去世时魏明帝还亲自穿丧服吊唁。后世称道的"钟王小楷"，王是东晋的王羲之，钟就是指钟繇。

世家出身，钟会从小交游的，自然都是身份相近的贵族子弟，譬如司马昭、陈骞、陈泰等人。有一次，他们几个找钟会玩，但故意捉弄钟会，在钟会准备出发时，他们便乘车离去。等钟会到场，司马昭几人又故意问他，为什么迟到啊？——"与人期行，何以迟迟！望卿遥遥不至"。一语双关，既开了钟会玩笑，又提到钟会父亲钟繇（音"遥"）的名讳。

钟会何其聪明，立刻反唇相讥："矫然懿实，何必同群。"字面上的意思是，我比你们品格高尚，所以不屑与你们为伍。但这句话，其实又暗合司马昭父亲司马懿，陈骞父亲陈矫，陈泰父亲陈群，两人祖父陈寔（音"实"）的名讳。

都是少年人，司马昭被钟会一刺，落了下风，当然不甘示弱，马上又问："皋繇何如人？"皋繇是什么人？直接提起钟繇的名讳。

钟会依然对答如流："上不及尧、舜，下不逮周、孔，亦一时之懿士。"虽比不上尧舜、周公和孔子，但也算一个有美德的人了，回答同样直指司马懿。

这只是朋友间打趣的小事，但可以看出钟会何其机敏，且他和司马氏的公子们关系上佳，开玩笑时竟然可以直呼父、祖名讳。虽然私交不错，初入仕途那几年，钟会并没有在政治上选择司马氏。

---

① 即颍川钟氏。

当时在位的，是齐王曹芳。曹芳年幼，所以魏明帝曹叡去世时，遗诏司马懿和曹爽辅政。但司马懿与曹爽政见不同，两方明争暗斗，后来曹爽一党渐占上风，司马懿称病在家，不在明面上过问政事了。

钟会并不看好曹爽一党的前途，"乐则乐矣，然难久也"，倒台是迟早的事。不过，曹爽一党现在毕竟势大，以钟会的机敏谨慎，绝不会贸然得罪他们。所以，他谁也不投靠。从正始五年（245年）开始，规规矩矩按名门子弟惯常路线入仕为官，空闲时潜心学术，撰写玄学著述。他想拿给嵇康看的《才性四本论·论同》，就是在这时候完成的。

二 效忠司马

钟会是安然做了个是非不相干的局外人，但当时朝中局势一天比一天紧张。正始十年（249年），司马懿谋划成熟，发动高平陵事变①，将权力尽纳手中。钟会应时而变，果断投靠。但一来，他没有早早表明立场，与司马氏的关系已然疏远；二来，司马懿去世，现在掌权的，是疑心极重的司马师，要取得他的信任，十分困难。

但钟会并不着急。

他聪明，能在危急中反应迅捷。可他也谨慎，局势不利的时候，沉得住气，知道有些事，只能慢慢来。就这样，时间在静候中过去，嘉平六年（254年），三十岁的钟会终于等来属于他的机会。

当时司马师让人写表文，可无论怎么修改，司马师都觉得不妥。就在对方快改到崩溃时，钟会"恰好"出现，帮他改了五个字。这一次，司马师终于满意了。但他疑心甚重，觉得这样的改动，并非出自此人之手。便问："这次怎么改出来的，还改得这么

---

① 高平陵事变，详见"何晏篇"。

好?"这人不敢隐瞒,赶紧老实交代:"有枪手!是钟会!"

司马师沉吟片刻,下令召见钟会。

高平陵事变后,司马氏代魏,已成定局,所以这个机会非常难得,如果失去,恐怕再难有翻身之日。钟会谢绝宾客,在家中把司马师可能提到的问题,全部翻来覆去仔细考虑了很多遍,确保万无一失后,才去觐见。

这份谨慎非常值得。钟会"平旦入见,至鼓二乃出",和司马师整整聊了一天不说,司马师拊手激赏,认为钟会是"真王佐材",从此对他委以重用。

正元元年(254年),曹芳不满司马师干政,密谋夺权,可惜事泄被废。司马师迫于压力,改迎高贵乡公曹髦为帝。曹髦个性强势,更不会甘心成为傀儡皇帝,司马师便让钟会去探探,想找机会废了他。钟会仔细探查之后,如实禀告:"才同陈思,武类太祖",文如曹植,武如曹操,曹髦此人,是个才俊。

这可真是个让人堵心的事实!

司马师暗吞下不满,脸上一片笑意:"皇上如此,那我们的社稷,可就有福了!"转头就叫钟会继续密切监视曹髦,一举一动都不得漏。

不过,还不等曹髦与司马师的矛盾正式爆发,正元二年(255年),镇东将军毋丘俭等人便起兵讨伐司马师了。征战过程中,司马师受到惊吓,加上一直有眼疾,不久便在许昌去世。

事发突然,是个夺军权的好机会!曹髦立刻下诏,让司马师的弟弟司马昭留在许昌,尚书傅嘏率主力军队回洛阳。可他千算万算,还是低估了朝中司马氏的势力。

作为司马氏成员之一,傅嘏接到命令后,立刻找钟会商议对策。两人的结论是,皇帝下诏,让他下,我们可以不理嘛!司马昭仍和傅嘏一块儿率军出发。精兵在手,料他曹髦也不敢有什么大动作。果然,眼看大军逼近,曹髦只能选择让司马昭代司马师辅政,继续掌握朝中大权。

这件事钟会出力不小，回朝之后便加官晋爵，封了侯。他很是自得，同样立下大功的傅嘏不得不告诫他：钟士季！你志大才疏，这辈子恐怕很难真正建功立业，平时难道还不谨慎些，非要这么张狂，叫人家都恨你吗！——对照钟会的最后结局，傅嘏这个评价，可谓一语成谶。

钟会很不以为然。

他从小机谋权变，谨慎隐忍，想要的东西，有什么得不到？何况司马昭掌权后，他依然备受重用，在甘露二年（257年）再次立下大功。

当时镇东将军诸葛诞发动兵变，钟会提前结束母丧期，追随司马昭一起去淮南，镇压叛军。诸葛诞请来东吴援兵，本想和司马昭慢慢耗，谁知时间一久，诸葛诞虽做足准备，还是经不起战事消耗，城中粮食渐渐不够了，加上此时他军中起了内讧①，钟会趁机落井下石，用离间计②，给了诸葛诞致命一击。

---

① 诸葛诞的幕僚蒋班、焦彝认为东吴出兵只是走个过场，想坐收渔人之利；文钦却认为战争持续了近一年，曹魏军民都很疲惫，很快就会生出内乱，应该再坚守一段时间。双方意见不统一，谁都说服不了谁，文钦更是动了杀心，想除掉蒋班。于是蒋班和焦彝干脆投靠了曹魏。

② 关于钟会的离间计，史书上有两种说法。一是当时东吴派右大司马全琮之子全怿等人援助诸葛诞，但此时全怿的侄儿全辉、全仪在东吴的建业和人起了纷争，携带家眷部曲投靠了司马昭。另一说，是全怿的母亲孙鲁班"得罪于吴，全端兄子祎及仪奉其母来奔"。两种说法其实都对。孙鲁班是孙权与步夫人的长女，最开始嫁的是周瑜的儿子周循，后改嫁全琮。孙权在世时，孙鲁班一度炙手可热，甚至干预了太子孙和的废立，劝孙权改立孙亮，让全琮的侄孙女做太子妃。但孙亮即位后，和权臣孙綝之间矛盾重重，在东吴太平三年（258年），和孙鲁班等人密谋，打算诛杀孙綝。然而事情败露，孙綝先发制人，率兵包围了皇宫，废孙亮为会稽王，改立孙休为皇帝，又把孙鲁班赶去了豫章。可以说，孙鲁班"得罪于吴"，全家奔逃，其实是东吴内部政治倾轧的结果。他们投靠司马昭，是在情理之中的事，只是好巧不巧，这时候全怿刚好在前线对抗司马昭，天然就给司马昭制造了一个乘虚而入的机会。

他以全家人的名义写了封信，派全家亲信送给全怿：阿怿！你作为东吴援军去支援诸葛诞，可过了这么久，都没打赢。朝廷说你战事未克，要把我们全家人统统杀光！我们为了活命，只好逃到北方，投靠曹魏了！

送信人是全家人，又是全家人的口吻，全怿没有丝毫怀疑，直接开东城门投降了。投降后，他很受优待，司马昭赏赐不断，叫诸葛诞手下许多将士眼红不已，军心更加涣散。

此计甚好！后来诸葛诞方再有投降的，司马昭统统加官晋爵，给予重赏，就连间接害死司马师的凶手文鸯，他也不计前嫌，擢他为将军不说，还赐爵关内侯。他就是要给诸葛诞军，给天下人看——害死兄长的人，我都能优待，何况你们？所以，最后司马昭出兵时，"城内无敢动者"。诸葛诞单骑出逃，后被追上，斩首夷三族。

司马昭原本已做好打持久战的准备，后来行进顺利，多亏钟会的离间计。事后他十分高兴，觉得钟会"典综军事，参同计策，料敌制胜，有谋谟之勋"，对钟会加以提拔，越发器重，许多机密要事，都会与钟会商量。

钟会越发自得，逐渐膨胀。却不知月满则亏，水满则溢，权势攀至最高点时，其实衰败的日子，也就近了。

甘露三年（258年），曹髦忍无可忍，发动政变，却因部署不周，事泄被杀，司马昭改立常道乡公曹奂为帝。他本以为高平陵事变（249年）后，代魏早已成为公开的秘密，却没料到弑君这件事，对自己名望造成了极大的消极影响，朝中大臣分成"保魏派"和"拥晋派"，争执不断。要想稳固权力，顺利代魏，这时的司马昭，必须建立更多功勋。

最好的办法，就是伐蜀。

此事一提，朝中几乎所有人反对。虽然曹魏国力比蜀汉强，司马懿等人也曾出兵讨伐过，但蜀汉凭借天险与曹魏对峙多年，始终没让曹魏占到便宜，所以后来曹魏上下便对伐蜀不太热衷了。

但这次伐蜀，司马昭是为登基做铺垫①，无论群臣反对多么激烈，他都势在必得。钟会对司马昭的算盘心知肚明，因此，在一片反对声中，"惟会亦以为蜀可取"，他再次坚定地站在了司马昭这边，担任伐蜀主将——这么一来，非议更多了。

三 功成身败

有人说，钟会单身无子，如果重兵在手，恐怕后患无穷。就连钟会的哥哥钟毓，也觉得弟弟虽有才干，但野心勃勃，让他伐蜀，将来就没人能制住他了。

实际上，这些都是后来人写史添上去的"预知"罢了②。当时很多人反对钟会伐蜀，一是质疑他人品不好——以钟会的狂妄，得罪过许多人，如今被人否定，也是情理之中的事。第二，众人其实想反对司马昭伐蜀，可司马昭重权在手，谁敢真的得罪他？既然对司马昭敢怒不敢言，众人只好将怒气发泄到钟会身上，说他极其不堪。

既然醉翁之意不在酒，无论大家有多么不满，司马昭伐蜀，势在必行。景元三年（262 年），曹魏发兵，大举伐蜀。出征之前，司马昭对钟会充满了信心，觉得以钟士季的才智，灭蜀一事，成败瞬间。

---

① 伐蜀之前，曹奂以司马昭为相国，封晋公，增十郡，加九锡如初，群从子弟未侯者封亭侯，赐钱千万，帛万匹，司马昭坚决推辞；第二年八月，授相国印绶，致茅土九锡，又辞；景元四年春二月，"天子复命帝如前"，继续推辞。但伐蜀初战告捷，司马昭就立刻接受了相国、晋公、九锡之命，定蜀国后，更是接受晋王封号，追封司马懿为晋宣王、司马师为晋景王，立法度，建五等爵制，可见伐蜀的确是为登基做铺垫。

② 钟会后来的确在灭蜀后反叛，但此时真实情况是，司马昭并没料到钟会后来会反叛。《晋书·荀勖传》里记载，"钟会谋反，审问未至，而外人先告之，帝待会素厚，未之信也"，司马昭根本不相信钟会居然会谋反，应该才是实情。

然而，这份厚望在不经意间起到了反作用。于钟会来说，这次伐蜀，群臣纷纷反对，司马昭是他唯一的支持者；但这个支持者，为自己的大业考虑，只许他成功不许他失败——钟会心里的压力，可想而知。

　　所以，这时候的钟会，早已失去一贯的谨慎冷静，情绪极其焦虑狂躁，一点小事，就能触动他敏感的神经。

　　譬如行军途中，有人在前开道，仅仅因为马蹄陷入泥中这样一个小小的、非人为的过失，钟会就杀了他，"诸军闻之，莫不震竦"。这个举动，固然有给自己立威的考虑，但钟会心里的焦虑，也是不能忽视的因素。

　　令钟会焦虑的，显然不止这么一件小事。有将领在路上耽搁，晚到一天，导致钟会之前的部署完全失去意义。钟会极其愤怒，秘密向朝廷告状，说刘为畏懦不进，延误军机。事关伐蜀能否成功，非同小可！于是，朝廷把这人抓起来，槛车徵还。

　　史书评价，说钟会"欲专军势"。可从军事任命上来说，钟会本就是军务统帅，并不需要刻意除掉一个原本就听命于他的人。最大可能，还是钟会此时神经非常敏感，根本受不得任何刺激。只要有一件事、一个人没有按他的安排行事，这场仗都可能会输——要知道，这是一场不能输的战役。

　　好在，虽有波折，最后伐蜀还是成功了。但这是曹魏的成功，并不是钟会的——抢到头功的，是之前激烈反对伐蜀的邓艾。群臣纷纷反对之时，只有他钟会一人表示支持，如今伐蜀胜利，再怎么看，也该是我钟会立下头功吧？现在居然被邓艾给抢先了。

　　钟会内心大概十分崩溃。

　　更让他崩溃的是，邓艾兴高采烈，在绵竹把敌人的尸首堆成京观①，以彰战功。又擅自安排蜀汉的天子朝臣，建议司马昭给刘禅

---

　　① 京观，古代为炫耀武功，聚集敌尸，封土而成的高冢。

封王，让他继续留在蜀地——每一样，似乎都是抢头功的胜利者，是对钟会的炫耀与刺激。但他还不至于像史书中所说，由此陷害邓艾。

司马昭对邓艾伐蜀之后的举动，早有不满，还派人委婉警告过他：你想做什么，先跟朝廷说一声，不要自己贸然行动。谁知邓艾非但不听，还说出"春秋之义，大夫出疆，有可以安社稷，利国家，专之可也"这样大逆不道的话。政治觉悟之低，实属罕见，得到一个槛车徵还、击杀而死的结局，并不让人感觉意外①。

邓艾已除，按理说，钟会应该觉得高兴。然而史书记载，钟会觉得自己功名盖世，不该仅为臣子，因此打算联合蜀将姜维，反叛曹魏。可就在他打算反叛时，司马昭的文书来了——我怕邓艾不肯屈服，所以亲自带领十万部众，屯兵长安，以作防范。我们很快就能见面了②。

写下这封信时，司马昭的心情应该是非常愉悦的——蜀汉已破，邓艾已死，自己要和久未逢面的好友相见了。然而，和司马昭的愉悦相反，钟会读完信后，大惊失色。他觉得司马昭拥兵前来，一定是因为他察觉到了自己打算反叛，所以"便当速发，事成，可得天下；不成，退保蜀汉，不失作刘备也"。

这时的钟会，已完全乱了阵脚，只能用惊惶二字形容。司马昭还未抵达，钟会军中便已流言四起，居然还有人说，钟会打算把部

———————————

① 《三国志》钟会本传里，说邓艾被杀，是因钟会跟朝廷告密，说邓艾想叛变。但检点《三国志·邓艾传》，会发现"钟会、胡烈、师纂等皆白艾所作悖逆，变衅以结。诏书槛车徵艾"，师纂、胡烈等人对此均有表态。更何况，邓艾之前的所为，已让司马昭相当不悦，击杀邓艾，与其说是众人陷害，不如说是司马昭的意思。

② 到目前为止，司马昭依然相信钟会。之前就认为钟会不可信的邵悌再次向司马昭进谏，司马昭说，"我自当以信义待人，但人不当负我，我岂可先人生心哉"！并以贾充为例，"贾充之前问我是不是怀疑钟会，我问他，我现在让你奔赴前方，难道也要怀疑你吗？"他没有听从邵悌的劝告。

将投入大坑，统统乱棍打死。这还了得！一团乱中，大家纷纷起兵反抗。

钟会起初以为失火，后来才知道是兵士集体反叛。他更加惶惑，竟然不知所措地问姜维："现在怎么办才好？"

姜维看他一眼，低声回答："事已至此，不如全部杀掉。"

这显然又是一出臭棋。军心已散，他们还准备赶尽杀绝——到这个时候，即便支持钟会的人，也打算反了。所以，钟会最后的结局，是突围未果，在箭矢齐飞的熊熊火光中，被众人杀掉，年仅四十岁。

钟会反叛一事，历来有许多看法。

有人说，钟会野心勃勃，不甘人下，因此叛魏。但钟会从嘉平六年（254 年）到他身死的景元五年（264 年），整整十年，他对司马氏忠心耿耿，绝无二心。难道一次伐蜀，就将他所有野心激发出来了吗？

也有人说，这是司马昭借刀杀人，策反钟会，他一直有害才之心。一是钟会能力出色；二来，他知道司马氏很多隐秘；第三，现在伐蜀立功，手上握有重兵，司马昭怎么放心得下？所以钟会必须死。可是，种种迹象表明，司马昭一直对钟会信任有加。灭蜀又是大功，如果钟会回朝，司马昭必定加官晋爵；一旦司马昭称帝，钟会在朝中的地位，也必然不会太低。反观钟会选择合作的姜维，对钟会其实一直抱有敌意。当初钟会写信示好，姜维非但不理，还驻扎营帐，严加防范。后来即便双方合作，细考史书，也没记载姜维对钟会有什么信任或者示好的举动。

那么，究竟是什么原因，让素来以机敏著称的钟会，做出这么愚蠢的举动？

我们不妨大胆猜测一下。

这次伐蜀，钟会原本就承受着巨大压力，神经十分敏感；蜀汉灭后，他看到的，又是立下头功的邓艾被冤杀；再想司马氏执政以来，无论之前与司马氏关系是好是坏的，只要反对司马氏执政，一概被杀，毫不留情。

这些人的下场，难免会让钟会心生恐惧，他害怕自己也会像他们一样，被司马昭猜防，最后得到的，非但不是高官厚禄，反而是身首异处，死无葬身之地。

既然如此，"今亡亦死，举大计亦死，等死，死国可乎"？

也许，正是这种臆想中的绝望，才让钟会做出了错误决定。不过，真相究竟如何，史册含糊，已经无法探知，索性不再计较。毕竟，于我而言，千百年后读钟会传记，脑中浮现的，还是那个言笑晏晏、无论何事都对答如流的翩翩佳公子；还是那个怀揣《四本论》，在树下遇见嵇康，受到冷遇后从容来去的钟会钟士季——即便白首相知犹按剑，即便倾盖如故，到底没能抵过权势名利。即便所有种种，都掩盖在历史的尘埃之下，再也看不分明。

品中国古代文人

竹林七贤

嵇康
阮籍
......

竹林游，视之近，渺若山河矣

嵇　康

自负终南澄清志　》》》

写嵇康的人实在是太多了。

凡提魏晋，必提竹林七贤。虽有阮籍穷途当哭，叹时无英雄、竖子成名的憾恨；刘伶醉酒，死便埋我的狂放；阮咸与猪争酒的任诞……但提起魏晋风骨，对大多数人而言，第一个想到的总是嵇康。

后世人眼中的嵇康形象，无外乎刚直、不畏强权、不拘礼法、隐逸山水竹林这几种。可是，当一个人被定型成某种模样，难免就让人怀疑起他的真假。我总有些好奇，剥离后世评论的嵇康，真是一个刚直又不拘的隐者吗？

一　仕还是隐

嵇康（223—262），字叔夜，谯郡铚县（今安徽宿县西南）人。他父亲早逝，靠兄长嵇喜照顾长大。《晋书》上说，嵇康性好老庄，无师自通。他博览群籍，涉猎音乐、养生、玄学很多领域。幼年丧父，却能在魏晋南北朝那个一书难求的动乱年代阅读到大量书籍，并集中精力钻研学问，不为生计忧愁，不能不归功于嵇喜①对弟弟的悉心关照。

嵇康对这个哥哥眷慕非常，不但写过《五言赠秀才诗》《四言赠兄秀才入军诗十八首》等诗与嵇喜唱和，还多次在其他诗文里提到自己对哥哥的依恋。按理说，兄弟情深，嵇康应该会受嵇喜影响，选择与他相似的道路，入仕为官；但纵观嵇康一生，哪怕后来成为曹魏驸马，他似乎一直都是远离仕途、逃避政治的态度。

中国古代大部分男人的追求，无非建功立业，修身齐家治国平天下。和主流价值观相悖，选择隐士生活的那群人，不是没有过这样的志向，只是他们对现实太过失望，不得已才选了隐逸。嵇康归隐的部分原因，即在于此。

从东汉末年黄巾之乱（184 年），到嵇康生活的年代，战乱已持续五十多年。这半个世纪中，江淮尽空，街陌荒残，百官披荆，饥死壁间。王粲写诗，"千里无所见，白骨蔽平原"，一片惨象。更不必说魏蜀吴三足鼎立，曹魏内部司马懿与曹爽针锋相对，各自较劲——战乱什么时候才能结束？一眼望不到头。如此局势下，很多人为了保命，都选择回避政治，嵇康当然也不例外。

只是，这时候的他，没有入仕之举，却未必没有入仕之心。

他曾在著名的《与山巨源绝交书》里提到，"又读《庄》《老》，重增其放，故使荣进之心日颓，任实之情转笃……"荣进之心日颓，可见嵇康也曾有过荣进之心，也曾考虑过入仕为官，只是政局严峻，他不得不慎重考虑自己的处世方式——究竟是仕，还是隐？

《卜疑》这篇文章，就是嵇康对这个问题的探索。

---

① 史书上说嵇喜"有当世才"，他曾做过齐王司马攸的幕僚。晋文帝司马昭去世后，司马攸哀毁过礼，形容消瘦，嵇喜劝他："圣人曾说，哀伤但不要泯灭性情，何况齐王你担任辅佐帝室的大任，更应该爱惜自己。如今因为哀丧损伤自己，岂不是让贤者嘲笑，愚人庆幸吗？"司马攸这才愿意吃饭，还跟别人称赞嵇喜，说幸好有嵇喜，我才没有损坏身体。后来嵇喜还屡次带兵平叛，的确不负"当世才"之名。

这篇文章的主角叫弘达先生。他"机心不存，泊然纯素；从容纵肆，遗忘好恶"，已超脱于很多人之上，但对以什么样的方式度过一生，弘达先生依然心存疑惑。于是他去拜访一个叫太史贞父的人，提出了二十八种处世态度——我是做一个不畏权威的忠臣，直言进谏，还是听从执政者的旨意，从来不做反抗？我应该追名逐利，还是不问世事？我是掩饰自己本性，博取虚名，还是坚守自己心中的道德规范，宁折不屈？……

纵然嵇康心存犹豫，但文中"卑儒""虚名""苟容偷合"，其实已表明了他的态度。他深深厌恶一切矫饰，将二十八种处世态度层层剥离以后，最后所得，不过是"宁作我、任自然"。

所以文章结尾，嵇康借太史贞父说出了自己的观点：最好的处世方式，是和人交往时，不以利益为目的；出仕为官，也不要总想着名利地位；做事俯仰无愧于心，但也不要刻意违背习俗规范。

这和后世对嵇康的看法，略有不同。

二　名教自然

后世看嵇康，大多赞他"非汤武而薄周孔，越名教而任自然"，赞他反对名教，讲求抒发本性。实际上，嵇康的确声称"越名教"，可他越的，是汉末经学，而不是儒家老祖宗孔子提出的儒家学问。

这两种儒学有什么区别呢？

汉末经学，表现形式是名教。名教不仅在理论上要求人们必须遵守道德规范，还会把这些道德规范当作选拔官员的标准。按当时说法，名教是老天爷的旨意，用名教的道德标准选出来的人，就是好官，就是顺应天意。

事实上，怎么可能？

人是万万经不起考验与试探的，把道德理念与谋求仕进联系起来——当时有几个人过得了这一关？所以当时奇怪的事很多。

有人被土匪抢劫，非但不报官、不喊冤，反而反追土匪，请人家收下自己剩下的钱，只为表明自己是个仁义之士。还有些人，母亲去世，他要服丧二十年，便搬到墓道里守孝去了。不知道的，说他特别孝顺，结果呢？孩子整整生了五个。更有甚者，见妻子摘了把伸进自家院内的枣子，便将她休了。

所谓的道德教化，反而成了摧毁道德良心的工具，久而久之，自然遭人厌弃。所以到汉末时，人们纷纷反对名教的虚伪，开始追求自然、简单、真诚。嵇康提倡的"越名教而任自然"，便是在这种时代基础上，意欲突破礼教对人性的束缚，达到随心自在的状态，而不是偏激片面地全盘否定礼教。他反对的，只是汉代畸形的儒学，而不是真正的儒家学说——甚至恰好相反，嵇康内心深处，其实非常推崇儒家礼教。

比如他写《家诫》教导自己的孩子：你们一定要注意和人交往的礼节。不要强迫人家喝酒，别人请你们喝酒，也不要坚决拒绝，给彼此留些余地。不要经常到领导住的地方去，更不要留宿。如果领导送人，你不要跟在后面，不然以后领导惩办坏人，你就有暗中告密的嫌疑……

看这些谆谆告诫孩子们遵礼守法的话，你很难相信这是号称"非汤武而薄周孔，越名教而任自然"的嵇康所写①。

但这也是意料中的事，不是吗？正因为嵇康骨子里极其推崇儒家礼教，所以才会痛恨汉末名教扭曲儒家原本含义，才会提出"越名教，任自然"，并且身体力行。

---

① 后来嵇康的儿子嵇绍也的确没有辜负父亲的期待，长大后在宫里侍奉晋惠帝司马衷。司马衷是个傻皇帝，镇不住天下，所以当时的宗王都想取而代之，一个接一个起兵，战乱不断。当时有一场仗，是在荡阴，朝廷战败，晋惠帝脸上中了三箭，身边的人基本全部跑光，只有嵇绍还守在旁边保护他。敌方当时只想抢回晋惠帝，挟天子以令诸侯，身边的人格杀勿论，所以晋惠帝跟人求情说"这是忠臣，不要杀他"！敌方还是把嵇绍杀了。鲜血溅在晋惠帝的身上，晋惠帝一直保留着这件血衣，不准别人洗掉上面的血迹。

嵇喜不是没有劝过他，说人生短短几十年光景，最后都要归于死亡，为什么不趁现在奋力而为，为天下苍生贡献一点自己的力量呢？只可惜，嵇康并不认同兄长的观点。

他说"鸟尽良弓藏，谋极身必危"，自古谋臣，哪怕一时半会儿权倾天下，人人畏惧，可有几个能逃脱"飞鸟尽，弹弓藏，狡兔死，良狗烹"的宿命？所以，人生苦短，我想选的是像庄生那样，在人间逍遥游。

这时候的嵇康，在兄长的庇佑下，还能按照自己的理想有所选择。他在山阳县（今河南焦作市东南）认识了阮籍、山涛、向秀、吕安兄弟等人，交游往来，弹琴放歌，过着远离权力是非的快意人生。

这段生活一直被后人津津乐道——《世说新语·任诞》记载："陈留阮籍、谯国嵇康、河内山涛，三人年皆相比，康年少亚之。预此契者，沛国刘伶、陈留阮咸、河内向秀、琅邪王戎。七人常集于竹林之下，肆意酣畅，故世谓竹林七贤。"

只可惜，这样优游的生活并没有持续很长时间。

正始十年（249 年），高平陵事变①发生了。

三 拒绝出仕

事变之后，朝臣们的态度分作两类。一类，当然是选择跟随司马氏，或积极谋划，或默认现状；而另一类，则是起兵反抗司马氏。高平陵事变后，几乎每隔一二年，就有人在不同地方叛变②。

---

① 高平陵事变，详见"何晏篇"。

② 譬如嘉平六年（254 年），中书令李丰、光禄大夫张辑、太常夏侯玄欲反，事发被杀；正元二年（255 年），镇东将军毌丘俭、扬州刺史文钦反，司马师出兵讨伐，毌丘俭兵败被杀，文钦奔吴。甘露二年（257 年），征东大将军诸葛诞反，第二年，司马昭斩之。乱世军阀无常主，这些反抗司马氏的人，未必是曹魏的忠臣，或许司马氏的独大让他们看到了另一种可能——曹魏不继，强者为尊。如果能起兵击败司马氏，天下尽囊，称霸九州，未必是虚话。

这让司马氏的神经相当紧绷。他们亟需众人表态，证明自己对司马氏别无二心。在这样的政治高压下，嵇康的朋友阮籍、山涛、向秀相继妥协，纷纷出来做官。嵇康呢？

他选择了推辞。

深谙官场之道的山涛觉得不妙，想劝嵇康出仕。嵇康给予的回应，是愤愤然地写下那封著名的《与山巨源绝交书》：我以前一直以为我们是知己，没想到，您还是对我不够了解啊！您特别善于见机行事，对人也很有容让之心，跟我这种心胸狭隘的人，迥然不同。我们两个能做朋友，真是机缘巧合！新近听说您做官，我心里就在想，您大概会不好意思一个人显达，要来拉我当助手了。可您这样做，不就像一个厨师不好意思自己做菜，非拉着祭师帮忙，让人家祭师手上，全沾上腥臊吗？

客观来说，后世虽然屡赞嵇康高洁，说他避世不就，守住了自己的志向，然而从另一方面看，嵇康审视时局的眼光，的确不够深远。

他只看到了世路多崄巇，害怕鸟尽良弓藏，却不知道人生在世，有时不得不做出选择。哪怕已经穷途末路，已经遍地荆棘，但你只能勉强挑拣一个可以落脚的地方，鲜血淋漓地走下去。

司马昭原本希望名士们表态支持，谁知嵇康却以一篇《与山巨源绝交书》，高调宣布不与他合作；加上嵇康早年因《养生论》成名，朝野影响甚广；后来还娶了沛穆王曹林的孙女为妻，算是曹魏的皇亲国戚——这样的人，司马昭能留？

嵇康淡然政治的愿景，注定成为奢望。

景元三年（262年），祸事终于避无可避。

关于起因，史书上有两则记载，一是钟会进谗，二是吕安事件。

钟会和嵇康一样，对玄理有很深的见解。他仰慕嵇康才学，曾登门拜访，谁知嵇康根本不理。钟会心生怨恨，污蔑他"上不臣天子，下不事王侯，轻时傲世，不为物用，无益于今，有败于俗"，最后导致嵇康被杀。

这种说法有一定道理，但真正想杀嵇康的，其实是司马昭。哪怕钟会真的作了那诬蔑之事，也只能算推手和帮凶，不能将主要原因归在他的身上①。

钟会的诬蔑是这样，吕安事件也是如此，都只能算嵇康被杀的导火索。

吕安是嵇康的好友，他妻子徐氏很漂亮，竟引起哥哥吕巽的邪念，想强奸她，以至兄弟失和。嵇康和吕巽原本也有交情，开始想从中调和，谁知吕巽居然反咬一口，污蔑吕安不孝。

汉魏以来，群雄逐鹿，政局不稳，忠君思想渐渐淡化，司马氏想取魏代之，便避开"忠"，提倡以孝治天下。所以在当时，一个人不孝不悌，便等于犯了不可饶恕的大罪。于是司马昭下令，将吕安抓了起来。

嵇康气得根本不知道该说什么，只好写了封《与吕长悌②绝交书》，憎恶之情，溢于言表。结尾更是表示："若此，无心复与足下交矣！古之君子，绝交不出丑言，从此别矣！临书恨恨！"

如果没有王权介入，这件事，其实只是再普通不过的"道不同不相为谋"，朋友决裂而已。但吕安是司马昭下令关起来的人，嵇康言辞激烈地宣布与吕巽绝交，想表示自己对吕安无条件地支持，司马昭听了，作何感想？

新闻旧事加在一起，司马昭终于不再容忍嵇康，让人把他抓了起来，问斩于东市。

临刑那一幕，无论《世说新语》还是《晋书》，都有极美的描述。

---

① 详情见"钟会篇"。

② 吕巽字长悌。

康将刑东市，太学生三千人请以为师，弗许。康顾视日影，索琴弹之，曰："昔袁孝尼尝从吾学《广陵散》，吾每靳固之，《广陵散》于今绝矣！"时年四十。

可叹吗？嵇康不想选择政治，政治却选择了他；他崇尚老庄，却不懂老子说的以柔克刚，偏选择与政治死磕。在这死磕的过程中，他终于用自己的性命，守住了自己想要守住的道。

不必问他最后是否感到后悔。

《广陵散》罢，那个从容拂袖归的挺拔脊梁，已经告诉了我们一切。

阮 籍

哪处清风吹我襟 »»»

　　《世说新语》里阮籍的故事，我最喜欢他访苏门真人那则。

　　故事说阮籍听说苏门山里有个得道的真人，生出兴致前去拜访。爬到山顶上，见一人抱膝，独坐在山岩上，想必就是那传说中的真人了！阮籍走去与人家谈古论今，儒家、道家都讲了一遍，谁知那人敦敦沉默，一个字儿都不说。阮籍无法，只得叹口气，对这寡言真人长啸——他吹啸很好，能传一两里远。啸声清脆，那人终于一笑，漫声作答："可以再吹。"

　　阮籍一个人说了半天闲话，现在终于得到回应，心中欣喜，意兴又起，便按他的意思，再啸了一次。啸声清远，复绕山林，渐至无闻。阮籍兴致到此也尽，便告辞下山。走到半山，忽闻山顶乐声阵阵，仿佛许多乐器合奏，霎时鸟雀腾飞，林木婉转，声音在这山谷中回响万千，绵绵不绝。阮籍倏然回头，却见刚才那道人仍立山岩，只是神情不同，他正在撮口长啸。

　　我总以为阮籍拜访真人，先说古今，再说儒道，未必没有炫耀自己学识的意思；见人家不理，又拿最擅长的啸声出动，终于得到几分颜色，心中自然惬意万分，便欣欣然下山归去。谁知顶峰长啸，才是人家真人本色。《世说新语》最后只说"顾看，乃向人啸也"，大段留白，谁知他阮籍如何反应？

　　我喜欢这则故事，是觉得它有拨扫俗尘的清气，是阮籍生命里难得的明快亮色——终阮籍一生，尽管许多人羡慕他酣饮纵放，说他是不拘礼法的"命世大贤"，是仅次于老子的贤人，但阮籍一生，这样真正肆意的放达，落落不拘的自在，其实屈指可数。

一 嗜酒狂放

阮籍（210—263），字嗣宗，陈留尉氏（今河南开封尉氏县）人。后世提起他阮籍阮嗣宗，都用猖狂两字形容。

邻居开了家小酒馆，平时媳妇当垆，左右招徕生意。阮籍经常到人家那儿喝酒，醉了便睡在人家媳妇身边——"男女授受不亲"几个字，知道怎么写的吗？嫂子要回娘家，饯行就算了，阮籍他还亲自送其回家——《曲礼》有言，"叔嫂不相问"，学过吗？步兵校尉的厨房里存了几百斛酒，阮籍爱酒，听到消息后，便跟朝廷要了步兵校尉这个职位，施施然上任去了。这上任故事太过潇洒，后人可做不来，因此便称他一句"阮步兵"，表示求而不得的羡慕。但儒家又要吹胡子瞪眼睛骂他了——修身齐家治国平天下，这等大事，岂容你阮籍如此游戏！

儒门俊杰对阮籍"疾之如雠"，可阮籍根本不在乎！白眼一翻：礼岂为我辈设也？又说儒家那些礼法，都是"残贼乱危死亡之术"，有什么意思！这可是公开的挑衅！人家更讨厌他了。

类似的故事，《世说新语》里不少，正史《晋书》也说阮籍"嗜酒能啸""傲然独得，任性不羁"，不为世俗纷争所困，自在遨游于天地之中，多让人羡慕！许多人都学他。譬如王隐版本的《晋书》说，"魏末，阮籍嗜酒荒放，露头散发，裸袒箕踞。其后，贵游子弟阮瞻、王澄、谢鲲、胡毋辅之之徒"——这还只是学阮籍的一小部分人。后来，这"一手持蟹螯，一手持酒杯，拍浮酒池中，便足了一生"的肆意酣畅的生活方式，成了魏晋时期衡量名士的标准。要是你专心俗务，埋头政事，人家都要笑你不够放达，配不上

"名士"二字。

然而，专心俗物政事，就一定是局促于琐碎，饱受束缚吗？嗜酒求醉，沉浸在精神世界里不可自拔，就一定拓落不羁、自在逍遥吗？未必吧。真正的通透，难道不该是尽人事、顺天命的顺其自然吗？手底但做人间事，心中只藏无一物，这样，才是真正的自在通透。

阮籍根本做不到这一点。

尽管史册记载了许多他疏放的言行，但真正的阮籍，掩藏在"别人记录"光环之下的阮籍，其实痛苦局促，郁郁寡欢，一如东晋王忱（？—392）评价——"阮籍胸中垒块，故须酒浇之"。

字字入心，句句刻骨，堪称阮籍百年后的知己。

二 不遂人愿

但像王忱这样的人很少。无论阮籍生活的当世，还是他去世后的千百年，无数人对他产生误解，根本不明白他阮籍阮嗣宗，究竟有何垒块，需要以酒浇之？

第一块垒，便是身世。阮籍的父亲是建安七子之一的阮瑀，名气很大，可阮瑀在阮籍两岁时便去世了，阮籍跟着寡母——在魏晋南北朝那个人命危浅的动乱年代，一个寡妇，无依无靠地养育一个孩子，该是一件多么艰难的事。穷还是次要，更重要的是，父亲角色的缺失，母亲日夜操劳于生计，让阮籍更愿意待在自己的精神世界里。

他"闭户视书，累月不出；或登临山水，经日忘归"，《晋书》里的这些描述，字句美好，也符合阮籍"志气宏放"的形容。然而细读下去，你会发现，这些事，都是"一个人"的事。

读书、旅行，这些都可以一个人完成，不需要任何"别人"参与。而且阮籍读书，要闭户关门，可以累月不出；他旅行，会一走很多天，甚至忘了还有"回家"这件事——由此可见，在做这些事的时候，阮籍也不想有"别人"参与。

你可以说他自在，但我更倾向说，这是一种主动隔绝人群的孤独。

时间越久，年岁越大，这种孤独就越强烈，阮籍也越发不想和人接触。他和叔父一块儿去东郡，兖州刺史王昶请为一见。谁知两人终日相对，阮籍始终都没开口说出一句话。这其实已是十分孤僻的表现，然而王昶也许是受阮瑀名声的影响，觉得虎父无犬子，认为阮籍年纪虽小，但城府胸襟，深不可测。

王昶被称为"国之良臣，时之彦士"，得他称赞，加上又是名士阮瑀的儿子，阮籍名声自然慢慢扩扬出去。曹魏正始年间（240—249），辅政大臣曹爽想提拔阮籍，请他入自己军府做幕僚。阮籍声称自己有病在身，没去。十年后，高平陵事变①，曹爽被杀这事原本与阮籍无关，但天下人都赞阮籍，说他甚有远见，当时没有跟随曹爽。

天下人依然高看了他。

这是阮籍的一贯作风。曹爽之前，朝廷就多次征辟过阮籍，他都以生病为借口，没去。曹爽事件，也不例外，只是后来司马氏坐了天下，要把政敌曹爽往不好处写，阮籍拒绝过他，当然就会得到褒扬。

不过，司马氏的褒扬，对阮籍来说，无可无不可。他拒绝曹爽的征辟，未必表示愿意接受司马氏的任命。可惜政治固然没有绝对的非黑即白，但政治站队上，一直都是泾渭分明的。更何况，当时局势十分凶险，但凡反抗司马氏的，统统没有好下场——

正始十年（249年）高平陵之变，司马氏杀曹爽一党，朝中许多名士被夷三族，凋零几半。

---

① 高平陵事变，见"何晏篇"。

嘉平三年（251 年），太尉王凌起兵，事败被杀，夷三族。

嘉平六年（254 年），因为打算从司马氏手中夺权，备受士人推崇的名士夏侯玄被杀，夷三族。皇帝曹芳被废，司马氏迎高贵乡公曹髦为帝。

正元二年（255 年），镇东将军毌丘俭等人在淮南起兵，毌丘俭兵败被杀，夷三族。这一年，司马师去世，他弟弟司马昭掌朝中大权。

甘露二年（257 年），司马昭平定淮南第三叛，杀诸葛诞，夷其三族，手下"愿为诸葛公死"的数百将士，全部被杀。

甘露五年（260 年），高贵乡公曹髦不满"司马昭之心，路人皆知"，密谋宫廷政变——这一次，作为皇帝的曹髦，居然被司马昭的人活活刺死。

景元三年（262 年），在士人中拥有相当号召力、阮籍的好友嵇康，因为高调反对司马氏被杀，三千太学生为之请命，司马昭不许……

十三年间，目之所及，唯有杀戮。阮籍不能不感到胆战心惊。

更何况，他父亲阮瑀曾是曹操的幕僚，和曹丕、曹植关系很好。即便阮瑀早亡，但名声仍在，故交也有，作为他的儿子，阮籍从出生开始，就已站了队。哪怕他再怎么逃避，也注定和政治脱不开干系。

曹魏和司马氏，阮籍注定只能二选一，没有归隐田园、独善其身这所谓的第三条路可走。

三　抑郁而终

阮籍心知肚明，只好出来做官，但他内心毕竟有极深的厌恶和挣扎，便成天糊弄，敷衍了事。

比如他跟司马昭说，我以前到东平旅行，特别喜欢那里的风土人情，能不能让我到那儿去做官？司马昭根本无所谓阮籍做什么官、怎么做官、做得好不好，他要的，只是阮籍"我愿意为司马氏出仕"这样一个配合态度，于是爽快答应，让阮籍做了东平相。

阮籍去那儿待了十多天，打穿了一堵墙。史书对他赞赏有加，说阮籍虽只做了打墙这件事，但从此"内外相望，法令清简"。法令是不是真的清简，这要打个问号，但可以肯定的是，阮籍内心非清也非简，只要看看他写的《东平赋》就知道了——"垢污多私""原壤芜荒""荆棘不治"……哪有半分好话？

不过，就算东平不荒芜，不多荆棘，阮籍恐怕也讲不出什么好话。他心中的理想世界，应该是"老吾老，以及人之老；幼吾幼，以及人之幼"，是老有所终，壮有所用，幼有所长，鳏寡孤独废疾者皆有所养，路不拾遗，没有盗窃乱贼的天下大同。

然而，这样的世界，无论在人类哪一个文明时代，都是一个永不可实现的乌托邦，何况是"千里无所见，白骨蔽平原"，战乱纷纷的魏晋南北朝？

所以，阮籍注定要失望，且注定要失望透顶。他登广武城，观楚汉古战场，恨恨抱怨："时无英雄、使竖子成名！"他写《咏怀诗》，说"昔年十四五，志尚好《书》《诗》。被褐怀珠玉，颜闵相与期①"。我十四五岁时，喜欢读《尚书》《诗经》这些儒学经典，榜样是颜回、闵子骞那样有德行的圣贤。如果可以，我希望能像他

---

① 被褐怀珠玉，出自《孔子家语》："子路问于孔子曰：'有人于此，被褐而怀玉，何如？'子曰：'国无道，可也；国有道，则衮冕而执玉也'。"子路问孔子，如果一个人身穿粗布衣服，他身上却有玉一样的宝物，你觉得这个人怎么样？即是说一个人胸怀大志，但没人赏识，怎么办？孔子的回答是，如果你处在一个乱世，或者国家已经很衰亡了，那你应该把这分大志才能藏起来，甘心过贫穷的生活，因为无论你多有才华，都不会有人赏识你，愿意重用你。但如果你生在一个盛世，那么你就不该归隐田园，而要争取居庙堂之高，为天下人做一分贡献。颜和闵，一个是颜回，另一个是闵子骞，都以德行著称，位列孔门七十二贤之中。

们那样，心怀大志，邦有道则出，无道则隐——天意弄人，阮籍的确生在了"名士少有全者"的无道之邦，但隐居，对后来的他而言，已然是奢侈。

所以，在《咏怀诗》下半部分，阮籍话锋一转：我少年时仰慕那些圣贤，但后来我发现，"丘墓蔽山冈，万代同一时。千秋万岁后，荣名安所之"，那些所谓的圣贤，最后都没逃过死亡的宿命，这样看来，愚者贤者、有德行的人和道德尽丧的人，有什么区别呢？就算死后能得一个"圣贤"的美名，但那已是身后名，和死去那个人本身又有什么关系？

既然如此，那么所谓理想、德行、天下大志，其实不过一场注定的空。既然是空，我为什么还要去追求？"乃悟羡门子，噭噭令自蚩"，唉，现在回首十四五岁那时，把颜回和闵子骞当作榜样的我，实在太傻！人活一辈子，应该像羡门子那样，追求道法神仙术，把这些所谓圣贤统统抛在脑后才对！

这是阮籍的真心话吗？如果是，他这一生，也许就不会那么痛苦了。

爱之深，责之切，正因为信奉的儒家道德被践踏，理想中的儒家天下以一种全然相反的姿态呈现于世，阮籍才会失望，才会愤懑，才会怀抱着深切的痛苦，用隔绝世俗来回避，用征辟不就来躲避，用喝酒喝到人事不省来逃避——钟会让他评论时局，阮籍"口不臧否人物""口不论人过"，用大醉避开钟会一次又一次的试探；司马昭向他求亲，阮籍大醉六十余日，每天稀里糊涂，谈不了正事，司马昭只得放弃。

唯有在人事不省恒常的糊涂中，阮籍才能逃离现实的压迫，才有那么一丝自由的感觉——所以王忱说，"阮籍胸中块垒，故须酒浇之"。

可这样以酒浇块垒、模棱两可的态度，逃得了一时，毕竟躲不了一世。

景元四年（263 年），曹魏以司马昭为相国，晋爵为公，加九锡，"司空郑冲率群官劝进"，希望司马昭能取曹魏而代之，登基为帝。

这篇劝进文，是阮籍写的。

《世说新语·文学》以一种惊叹赞美的笔调，写下了这件事：司空郑冲派人疾驰到阮籍那里求文。谁知阮籍前一天喝了很多酒，还在宿醉，四肢瘫软。情势紧急，大家只好把他扶起来，将笔塞到他的手里。阮籍半眯着眼，将饱含浓墨的笔尖往纸上一按，文不加点，一气呵成，"落落有宏致，至转说徐而摄之也"，竟没有任何需要改动的地方，时人以为神笔。

别人的称赞是别人的，对阮籍来说，这篇劝进文，是对他内心所有坚持最彻底的一次背离。

他当然不想放弃气节，尽量在劝进文里表达了自己的观点：你司马昭再权倾天下，功劳赫赫，也只能算辅佐人君的贤臣。所以，最好的做法，是帮皇上成就一番霸业后，功成身退——这样的观点，对万事俱备、只欠东风的司马昭来说，一笑置之而已。

阮籍也知道，这样隐晦的劝谏，于局势而言，不过徒劳，自己所有的挣扎，也不过徒劳。可他怎么都没想到，最后的结局，竟是他阮籍成了青史中那劝贼篡位的真小人！半生逃避，终于避无可避！

景元四年（263 年）冬，在写完这篇劝进文后没多久，阮籍去世。这急速的亡故，让我们约莫窥见他一生的徘徊，还有隐藏至深的反抗。

软弱吗？或许吧。

可谁又能保证，自己在面对人生困境时，能够真正豁然放达？更多时候，我们选择和阮籍一样，隐忍，避让。只是，阮籍和大多数人不同，他始终过不了自己那一关，在以酒恒醉的现实里，坚持着清醒的绝望。

许多人不懂他这种绝望。他们热切赞美着他的潇洒——母亲下葬时，阮籍蒸了好大一头肥猪，痛快饮下二斗美酒，酒足饭饱后，同母亲诀别。棺木前，他只说了一句"完了"！大哭一声，便口吐鲜血，晕厥过去，很久之后，才慢慢苏醒。

人生在世，岂非就该像他阮嗣宗！母亲去世，酒照喝，肉照吃，笑看生死！然而，又有多少人知道，他那句"完了"背后，剜心的伤痛？他两岁丧父，全靠寡母切切关怀，才能平安长大，如今母亲去世，世间从此就真的只剩他一人，茕茕孑立，形影相吊。这样的孤独，难道不算完了？再后来阮籍听人断案，说有儿子杀了母亲，他说："杀父还行，杀母，那就不能容忍了。"大家依然只说他不守礼法，却看不到他言语之下，对寡母的殷殷深情。

所以，后来的阮籍，就像他自己诗里形容的，"千秋万岁后，荣名安所之"，名声种种，早已和"阮籍"本人没太大关系了。

后来的"阮籍"，更像一个"不守礼法，敢和世俗抗争"的标签。这个标签，给了多少人希望：原来一个人，可以这样漫不经心地冲破规则，任情任性，逍遥自在！所以，《晋书》中的阮籍《世说新语》中的阮籍，是阮籍，但又都不是阮籍。这些"阮籍"，收获了和阮籍不甚相关的赞誉，投射出一代又一代人的理想。而真正的阮籍，这个人本来的生活，他原有的郁塞、痛苦，早已化作史册中的一缕烟尘，不再为人重视——

人生至此，岂非尽是荒凉？

向 秀

怀旧空吟闻笛赋 »»»

很多人知道向秀，应该都是因为《思旧赋》。

《思旧赋》是向秀怀念好友嵇康的作品。嵇康被杀后，向秀回到曾与他同游的山阳（今河南焦作市东南），抵达时恰逢傍晚，薄暮之中，忽然听到有人吹笛。笛声清亮，然而日影疏斜，水面结出一层薄冰，岸边唯有枯草飘摇，景致萧索。向秀见状，不由想起旧时故友——他早已化作一抔黄土，从前居所也再没人踏入，以至床榻蒙尘……

聚散苦匆匆，此恨无穷。今年花胜去年红，可惜明年花更好，知与谁同？向秀心中感慨万千，提笔写下这只有 150 多字的《思旧赋》：嵇康临刑时，眼看日影西斜，时辰将至，便要来一张琴，从从容容弹毕，了却生死。赋中不过数言，嵇康风骨已跃然纸上——只可惜，这些都成了物是人非的往事。

后来唐代刘禹锡用这个典写了首著名的诗，诗中有两句，"怀旧空吟闻笛赋，到乡翻似烂柯人"，也有感慨物是人非的意思。

然而撇开《思旧赋》不提，撕掉"嵇康好友"的标签，"向秀"这个人，对后世来说，形象模糊，常被忘记。

一 归隐不得

向秀（227？—272），字子期，竹林七贤之一。他是河内怀

（今河南武陟）人，从小捷悟，很有远见，很得同乡山涛赏识，后来山涛把他介绍给了嵇康认识。两人果然意气相投，加上住得又近，很快就成了好朋友。

嵇康打铁，向秀便在一旁帮忙，"相对欣然，傍若无人"，唯有风箱①嗡呼！他们还一起研讨学问，互相促进。有向秀启发，嵇康养生方面的理论逐渐完善；而向秀解庄子——见向秀解《庄子》，嵇康撇嘴："《庄子》只可意会，不可言传，有必要写注？你别写着写着，就妨碍人家读书的乐趣了！"

向秀不理他，写完后给嵇康看，追问他："怎么样？不错吧？评价评价？"脸上的得意，几乎要溢出来了！也不知道嵇康是什么反应。但我想，他读罢这部《庄子注》，大概也要击节称赞，说自己当初结论下早了。

这是第一部系统注释《庄子》的作品。向秀之前，不是没人解读过《庄子》，但很多人不能完全理解《庄子》要义，所以注解算不上好。而向秀的解析，义理精妙，奇趣非常，读后让人心中开阔，颇感超然，由此引发了一番"解庄"风潮。

不过，向秀并不太在乎这些外界流行的评价。对他和嵇康来说，良朋满座，秉烛夜游，河山万里，诗书论酒的田园生活，足以了此一生。

只是魏晋之交，这个想法，显然只是一个天真的奢望。

更何况嵇康看似远离政治，但他肝胆未冷，意气犹在，并不愿意屈就时局，很容易惹祸上身。果然，在写下《与山巨源绝交书》《太师箴》等文章，高调宣布不与朝廷合作后，景元四年（263年），嵇康被杀。之后，三十六岁的向秀被迫出仕。

他去了洛阳，按例要拜见权臣司马昭。司马昭不无讽刺地说："向子期！你不是一贯不想做官么？怎么现在就愿意踏上仕途了

---

① 风箱是一种打铁的工具。

呢?"隐隐有要他服软的意思。

向秀从善如流，回答道："巢父、许由这些人，是大家交口称赞的隐士，我却觉得，他们清高到迂腐，根本没办法理解帝尧的伟大。那样的隐居生活，有什么好羡慕的?"被喻为"五帝"之一的司马昭听了，当然高兴，便没再与向秀计较。

对此，陈寅恪先生有过评价："向秀在嵇康被杀后，完全改革失图，弃老庄之自然，遵周孔之名教。"似乎向秀放弃了原有的坚持与气节，选择了屈服。

但事实上，向秀并没有屈服。

二 何者为道

早在竹林之游的时候，向秀就在《难<养生论>》里表达过自己和嵇康的不同：如果一个人能通过正道获得名利富贵，处高位却谦逊待人，持千金但能节制贪欲，那这样的富贵，无损于人，也无损于道德。我们不能因为看到富贵名利引起许多恶事，就全盘否定这个客观的存在。

而在如今这个隐居不得、被迫出仕的人生转折点，向秀思量很久，又有了新的领悟。这些领悟的发端，就在《思旧赋》中。

历来史家评价，都说向秀是借《思旧赋》怀念嵇康这些旧友，并隐晦抨击司马昭把持大权，将反对自己的名士全部逼杀的霸道。然而细读下去，《思旧赋》中，还有第三层意思。

向秀先在序言里写：嵇康和吕安才能都很出众，可嵇康志向高远，在人情上稍欠了些功夫；吕安心性旷达，常常游离于世俗之外。后来他们两个都得罪了朝廷，被诬下狱，死于非命。

在这里，向秀未尽的话语是：在山阳同游的我们，阮籍做了从事中郎，山涛担任郎中，王戎做了吏部侍郎，我自己也才到洛阳见了司马昭，并且把他比作圣王。某种意义上说，为了保全性命，我们都失了节。可是，选择世俗人情的我们，真的做错了吗？出仕与入仕，真的完全无法调和吗？司马氏固然罔顾忠义，废立皇帝，甚至杀了高贵乡公曹髦，但真的就不能在他们手下做官吗？儒家有言，舍生取义，但舍生取义，真的就是个正确选择吗？

尽管魏晋在后世以风流放达闻名，但真正放达不拘的，依然是少部分人。绝大多数人趋利避害，和别的时代没有什么不同，可能更甚：战乱频仍，改朝换代来得太快，所以他们抛却了儒家提倡的忠君思想，只为自家打算，以至后世有"六朝何事，只成门户私计"的讽刺。可另一方面，这些自保行为，和很多人从小接受的儒门教育相悖，又让他们生出良心上的自我责备。

那么，究竟要如何面对这样的人生悖论？很多人感到茫然、彷徨，向秀当然也不例外。

所以他借缅怀故人的机会，在《思旧赋》里继续思考：秦朝的丞相李斯，失势被杀的时候，哀叹权力地位带来的快乐，还比不上曾经跟儿子一起牵黄犬出东门打猎开心。嵇康临刑前抚琴长叹，说《广陵散》今日绝矣，他是为音乐无法流传下去深感惋惜。

李斯是追名逐利的人，最后因名利而死；嵇康不在乎荣华富贵，却死于这份"不在乎"。由此看来，被名利束缚，固然不能得到自由，但不在乎名利、放达山林，带来的自由依然有限，甚至称得上短暂。

由此看来，面对历史的滚滚洪流，个人力量，其实微不足道。哪怕像嵇康那样拼死一搏，虽然守住了自己的"道"，赢得了生前身后名，但依然挡不住事态应有的发展趋势。那么，这样的死，究竟有什么意义呢？活，意味着"有"；死，代表一切消散的"无"。如果连生、连有都没了，那名利、自由，还有你在世间留恋的一切，都将成为虚无泡影。由此可见，生，其实十分可贵。

既然生这么可贵，人生际遇又十分无常，你根本无法预料自己下一秒会不会死，会怎么死，那你能做的，就只有顺其自然，活在当下。

这就是《思旧赋》中的第三层意思，也是后来向秀思想的主要根基：任逍遥。

三 一任逍遥

这是西晋年间（266—316）非常重要的哲学理念，开东晋（317—420）儒道双修之先。向秀把它补加在《庄子注》里，再作阐释，由此解决了当时大部分人，包括向秀自己的困惑。

向秀说，只要是人，就有欲望，活在世上，饿了就要吃饭，渴了就要喝水，这是一种自然本能，没什么好否认的。既然如此，追名逐利，想过上更好的生活，这些欲望，也是人之常情，有什么好指责的呢？

只是普通人身处名利场，容易被外界影响，继而被名利束缚，忘记初心。真正的圣人，随时可以根据外部环境调节自己的言行，能够身在名利场，心遨游于自然天地间，出世入世，对他们来说，没有什么区别。

他们的确是活在世间，但并不真正属于这个世间，所以他们可以在名利场中，任逍遥。

更何况，天生万物，存在就一定有存在的道理，没什么好坏之分，天性不同罢了。有人喜欢恬静生活，有人爱好繁华富贵；有人享受孤独，有人接受不了独处……这些特性，难道能说谁好谁坏么？只是受天性影响，千差万别罢了。既然天性不一，不同群体的生活方式当然就会有区别。譬如斥鴳只能生活在蓬蒿之中，与它相比，大鹏可以去的地方就十分广阔。

然而，向秀话锋一转，又说：大鹏可以振翅的地方固然很多，但放眼望去，也不过区区九万里，可见万事万物，都有天性带来的局限。对人来说，最大的局限，就是生老病死，这是人无法控制的客观存在。

所以，绝对的自由是不存在的，人生在世，必然要面临许多无法自主的无可奈何。既然这些无可奈何必然存在，那人要做的，就是转变对"自由"的认知，坦然接受自己天生的局限，不去追求本性中没有或者做不到的事。

思考至此，向秀终于与自己达成了和解，坦然接受了这次"被迫"。

后来的他，屡被提拔，但都没什么作为。既无事功，以求出人头地，也不崇尚德行，教化百姓，白领一个职务而已。

人们或者说他软弱，或者说他出仕后无所作为，是对司马氏的消极抵抗。然而正如向秀所说，每个人都有天性，什么才是最好的选择？当然是顺应天性的选择。

也许他的选择，会让一些人感到失望。可是用自己的价值观去要求、评价他人，结论难免偏颇。感同身受，设身处地，有时真的太难太难。

也许此时的向秀，已真像他写的那样，全然领悟了庄子说的逍遥无物。做官，是顺应时代趋势；不作为，是因为他对仕途真的没有任何兴趣。

史册阙如，我们已很难猜想当时向秀的真实想法。后世人眼中的他，形象依然模糊，就连那本名噪一时的《庄子注》，也在千百年中逐渐散佚。但又有何妨呢？

至少，在面对人生岔口，不知该做出什么选择时，曾经有一个叫向秀的人，告诉了我们其中一种可能——

在有限的自由里，接受自己的"不能够"，以出世心，做入世事，不问前程。

山　涛

江湖夜雨十年灯 ≫≫≫

稽康那封《与山巨源绝交书》实在太有名了。

景元元年（260 年），司马昭大权在握之后，许多名士迫于政治高压，出仕为官。作为稽康多年好友，山涛建议稽康也顺应时代潮流，出仕为官。稽康极其愤怒，写下《与山巨源绝交书》，高调表达了自己的拒绝①。

稽康硬骨，当然赢得后世普遍称赞。相比起来，山涛的言行让不少人诟病，觉得他屈服在司马氏的权势下，丧失了原有的气节。

这实在是对山涛的一大误解。

因为山涛这人，从来就没真正想过归隐山林，他一生追寻的，只有一个目标——入仕为官，功成名就。

一　终南捷径

山涛（205—283），字巨源，河内怀（今河南武陟西）人。他和晋宣帝司马懿是同乡，也是姻亲——司马懿的原配夫人，是山涛的从祖姑张春华。不过，司马懿并不因为这层亲戚关系就高看山涛一眼，甚至，对他有些不以为然。

早在山涛十七岁时，河内山氏的族人就向司马懿推荐过山涛。

---

① 详见"稽康篇"。

大概见司马懿两个儿子与山涛年纪相仿（司马师只比山涛小三岁），那族人便笑着攀关系："巨源和阿师、阿昭一般模样，都是少年有成，将来能济世的人才呢！怎么样？给他一个小官儿做做，以你现在在朝中的地位，不是什么难事吧？"

司马懿听了，不动声色将山涛扫了一眼：寒门小户出身，祖上没一个名人，父亲山曜只是个小地方县令，早已去世多年——这样的人，能和我家阿师、阿昭相提并论？

这老狐狸笑笑，打个太极，便将山涛和他族人送回去了，到底没给山涛什么官做。

山涛有些沮丧，强挂出笑脸与妻子韩氏打趣："你暂时忍忍现在的穷！将来啊，我可是要做到三公的，只是不知道，那时你能不能习惯做三公夫人？"后又平复心情，调整策略。

他目标相当明确，并且极善变通：世间道路千千万，此路不通，换条走便是，总有一条，能让我山涛功成名遂。

如今找司马懿求官不成；自己出身寒门，认识的高门大族不多，在魏晋那个讲究门第、名士互荐的年代，推举入仕也无望了；剩下唯一一个选择，便是做名士。

那时候，玄学已成显学，稍微有点学问的人，都爱谈玄论道；那些专业精深的玄学名士，哪怕出身低微，也是大家争相交往的人物，是朝廷主动征辟的对象。山涛要做成了名士，仕途自然不会再愁。

可是，怎样才能成为名士？名士名士，直白点说，就是出名的士人。一个人要出名，固然与自身才学有关，但更多的——尤其在魏晋南北朝那个品评人物非常流行的时代，人家捧你赞你，你出名当然就快；反之，人家对你爱理不理，"酒香也怕巷子深"！不过，人家为什么要捧你、赞？无非利益相关、姻亲关系、朋友意气。前两种山涛都沾不了，便只好于朋友圈上猛下功夫。

当时在朝在野，有很多谈论玄学的小团体。山涛选一个加入，不是什么难事。但是，其他小团体要么已成气候，山涛加入，讨不了什么实际好处；再不然，就是混圈之人没什么名气，即便互相吹捧，也只是小圈子里吐泡泡，冒不了头，同样无益于山涛以后仕途的发展。山涛思来想去，觉得不如找些俊杰，自建一个新的玄学团体，逐步扩大名声。

不过，要找哪些俊杰呢？

首先，这些俊杰得有身份。否则，你几个圈内人聊得再起劲，大家都出身寒素，人家会多看你一眼？所以，得有身份。可光有身份还不行，譬如曹魏宗室曹洪，够有身份吧？还不是常被人家鄙视，不屑与之来往。所以，要挑选的这位俊杰，除了有身份，本人还得有名士风范——通达任情、不拘礼法、安享清贫……随便哪一点都行。这两个条件满足以后，是这个人必须得有相当的玄学造诣，或能出口成章，或能妙笔生花。

这三点，缺了哪一样，都很难建成一个有名气的玄学团体。

也是山涛命该入仕。机缘巧合，他认识了嵇康。嵇康为人"旷迈不群，宽简有大量"，颇有名士风范，还博览群籍，精通玄学，在当时已有了些名声，还娶了沛穆王曹林的孙女为妻——这样的人，岂非山涛心中朋友的最佳选择？

山涛见嵇康多清迈，嵇康见山涛应如是。虽然山涛的才智意趣未必比得上嵇康，但他比嵇康大十七岁，见过一些人，经历过一些事，气度沉稳，敦然可靠。嵇康看他，可谓亦师亦友。两人互相欣赏，关系很快亲近起来。熟悉之后，山涛又介绍自己的同乡向秀与嵇康认识，嵇向二人也十分相投，于是，这个还不能称为圈子的小团体，从此又多了个俊才。后来再加入的，是给俗人白眼的阮籍，接着是出身顶级世家之一琅琊王氏的王戎…

后世熟悉的竹林七贤，慢慢成形，他们的名气也越来越大。而在这个渐渐出名的过程中，山涛如愿以偿，得到朝廷关注，被任命为郡主簿了。

二 晋升迅速

这个机会，他整整等了二十三年。

所幸半生虽过，并未蹉跎，这个目标明确的男人，从未浪费过时光。尽管才入官场，山涛对政事相当精通，表现也成熟老练，稳重谨慎，因此升职很快①——从一个普通的地方功曹，到接近中央政府的部河南从事，山涛只用了三年时间。晋升之快，令人咋舌。

就在前途一片光明之时，山涛却急流勇退，突然选择归隐。

其他人或者不解，或者为他可惜，山涛统统一笑了之。他对时局嗅觉敏锐，早就发现托孤辅政的司马懿和曹爽之间，必然会有一场权力争斗。离中央太近，看似荣显，但灾祸来临时，必最先受影响，归隐有什么好可惜的？

果然，还不到两年，朝中就发生了高平陵事变，曹爽诸人被杀，司马氏把持朝政。

看似权势熏天，但事变时司马氏杀了不少名士，许多人甚至还被夷了三族，所以要不要支持司马氏，朝野士人心存犹疑。不过，这些人里，可不包括山涛。敏锐的政治嗅觉再次让他做出正确判断：司马氏取代曹魏，只是时间问题，既然如此，我干吗不早点向他们投诚示好？所以，山涛利用自己和司马氏的姻亲关系，找到当时执政的司马师，毛遂自荐。

司马师和父亲司马懿一样，起初并不看重山涛，甚至还揶揄他："我当是谁呢！原来是山涛山巨源哪！怎么，姜太公也想做官

---

① 山涛先被提拔为功曹，负责选举郡内官吏。没过多久，便升为向中央汇报本郡情况的上计掾；很快被举孝廉，受州府征辟，任命为部河南从事。河南郡管的是首都洛阳周边地区，州政府在洛阳，所以部河南从事，已经是全国所有从事里最接近中央政府的了。举孝廉是汉文帝首创的举荐人才制度，以郡为一个单位，大概每20万人才会有一个孝廉。一旦被选上，就有很大机会进入中央，或者担任各部门的要员，或者担任州郡长官。

了吗?"姜太公在八十岁遇到周文王之前,一直穷困潦倒,垂钓于渭水之滨。司马师把山涛比作姜太公,当然不是想赞他有济世才,而是笑他和姜太公一样,年纪老迈,穷困潦倒。

不过,挪揄归挪揄,司马师看在亲戚的情分上,还是给了山涛一个秀才名分,至少承认他是名士,有做官的资格——毕竟,这时的山涛,已不再是那个出身寒微、毫无凭恃的十七岁少年了。他是竹林七贤里最年长的前辈,是三千太学生为之请命、名满天下的嵇康的托孤好友。而且,这时的司马师,也不如司马懿那样游刃有余。政局危急,他迫切需要名士们的认同。

所以,双方都对这个结果感到满意。

山涛得到秀才的名分后,做了个郎中,因为才能出众,和几年前一样,其仕途发展十分顺利,很快便成为掌一方大权的赵国相。而此时执政之人,已换成司马昭。他很认可山涛的表现,便请山涛入京,做了个尚书吏部郎。这个职位非常重要,类似现在的组织部部长,掌管官员选举——由此可见,司马昭对山涛的重视。

三 处世圆滑

十年后,司马昭去世,他的长子司马炎不久便建立西晋。这时,离高贵乡公曹髦被司马昭的人杀死还不到六年,所以名义上西晋已建,暗地里局势依然不稳。最直观的表现,就是在吏部尚书的任命上,各派系谁也不服谁,都觉得对方的人若担了这选官之职,必定会以权谋私,在朝廷上下塞满自己的人。

为了平衡各方关系,稳住他们的心,司马炎必须选一个中立派,并且这个中立派必须很擅长与各种人物打交道,如果德高望重,那就更好了,可以服众。

最后,司马炎选定的这个人,是山涛。

山涛情商之高,少有人能及。他可以同时和钟会、裴秀做朋友。要知道，钟裴二人年纪相仿，成长轨迹差不多，都很受司马炎重用，算竞争对手，所以平时两人谁也看不上谁①，经常发生冲突。山涛却能奇迹般地和他们同处，而且，这两人还不会因山涛和另一人做了朋友，便疏远怠慢山涛。

这大概要归功于山涛的性格。裴秀说他，"如登山临下，幽然深远"，气度阔达，你和他相处起来，一点压力都没有。

的确，山涛很能替人着想，连贿赂这种事，他也不会直接拒绝，驳别人脸面。曾有人行贿，送了一百斤丝给山涛。山涛客客气气收下，转头藏在自己阁楼上，一点儿都不用。后来这个人行贿的事败露，司法部介入调查，一笔笔清理行贿记录。查到山涛头上，问起赃物时，山涛二话不说，上楼把丝拿了下来。却见那一百斤丝，除了表面积些灰尘，印封如初。

这么一个懂世故、擅变通的人，当然会是吏部尚书的最好人选。山涛也的确没有辜负司马炎的期待，在这个位置上，将人情练达的本事发挥到了极致。

首先是对玄学派名士的举荐。早在曹魏后期，朝中因政见不同，分成礼法派和玄学派两拨人士。正始十年（249 年），礼法派的司马懿父子夺权成功，许多玄学名士因此被杀。后来十几年里，玄学名士一直处于政治下风，任你才华万千，也没有任何施展机会。山涛上台后，深知司马炎有心修复两派关系，便利用职权之便，推荐了很多玄学名士。裴楷、和峤、石崇、王济、乐广、贾模……这些都是西晋一朝很有作为的俊杰。

而他举荐嵇康的儿子嵇绍一事，更是稳定了玄学名士们的心。

---

① 当时钟会作为后起之秀，虽然职务不高，但他在玄学上见解精妙，政治、军事上为司马氏出了不少力，所以很受重用。加上钟会出身名门长社钟氏，因此不免自傲。裴秀同样出身著名世家河东裴氏，少年时就以学识、孝行闻名于世，甚至被人比作十二岁做秦相的甘罗、孔子最喜欢的弟子颜回。裴秀同样因为才干出色深受司马氏重用。

杀嵇康的人是司马昭，按理说，嵇绍和司马氏有杀父之仇，就算他自己愿意，朝廷任用也要犹豫再三。但山涛举荐嵇绍后，司马炎将嵇绍破格提拔为五品秘书丞——这个举动，让不少玄学派人士看到了希望，再次萌生与朝廷合作的心思。

除了举荐玄学名士，修复两派关系，稳定朝政外，山涛还十分照顾出身贫寒的人。也许是他自己早年吃过门第低微的苦，知道这些人出头不容易，所以法律允许的情况下，他尽可能多给寒门之人一些机会。

当时有个人叫郤诜，家里穷到母亲去世时没钱买车运送灵柩。郤诜没办法，只好强忍悲伤，在自己家中匆匆将母亲下葬。西晋一朝，孝道为先，这件事被曝光后，众人纷纷指责郤诜不孝。后来事态闹大，传到司马炎耳中，司马炎既惊且怒，说要治郤诜的罪。山涛总觉得别有隐情，便亲自动身，到郤诜家中了解情况。知道郤诜的难堪与不易后，山涛替郤诜向司马炎解释："如果可能，谁愿意这样潦草安葬父母？还不是因为家中太穷，才无可奈何出此下策。还望皇上宽宏大量，不要治这可怜人的罪。"司马炎仔细想想，觉得是这个理，便免了郤诜的罪。后来郤诜做到雍州刺史，在职期间，威严明断，赢得四方赞誉。

山涛的难得之处在于，身处魏晋南北朝那个"上品无寒士，下品无势族"① 的年代，他举荐人才，不会只看出身、名气，而是从多方面考虑，充分了解这个人的优缺点后，再根据这个人擅长的本事，推荐适合这个人的职位。因有这样多方面的谨慎考察，山涛给那些人的评价，无论品德才能，还是风度气质，都非常贴合他们的言行举止。举荐的人才，也能很好地完成工作，真可谓"知人善任"。

不过，美中仍有不足。山涛虽有一定的选举权，但任用官员，

---

① 势族：又作土族、世族。

也不是绝对自由。很多时候，依然要由司马炎定夺。这样两人意见难免会有分歧。

譬如有一次，吏部郎空缺，山涛推荐了竹林七贤之一的阮咸。司马炎不予采用，改用亲信陆亮。山涛据理力争："陆亮根本没办法胜任这个职务！"司马炎觉得未必吧，陆亮是我亲信，能力能差到哪儿去？

山涛坚持："这不是能力不能力的问题！臣经过多方考察，确定阮咸才是最佳人选，皇上若执意选择陆亮，一定会出岔子的！"

两人吵了很久都没个结果，最后山涛怒极，拿辞职来威胁司马炎。只可惜这皇帝对山涛铁石心肠，对亲信信任偏袒，坚持让陆亮做了吏部郎。结果没多久，陆亮受贿，司马炎一边憋气，一边将他免官——心里大概还悔不该当初：早知道，就听山尚书的话了！白生些是非出来！

争执次数一多，司马炎累，山涛更累，还是顶着可能掉脑袋的危险，战战兢兢地累。他想了又想，终于想到一个好办法。每次职位空缺，山涛都会写好几个人，列上去让司马炎自己选。这可好，皇帝满意了，新问题又来了！他司马炎高高在上，有时哪里体恤民情？自己选的，未必真的合适，有些官员走马上任后，问题一堆。

有经验的老臣们怒了。

这个山巨源，选的都是些什么人！有这么做吏部尚书的吗！于是有段时间，弹劾山涛的文书不计其数，骂他徇私选官，不负责任。文书递到皇帝那儿，皇帝摸摸鼻子，在心里认了错，但面上仍是不说，便下了个诏书责备山涛，要他唯才是举，不避亲疏贵贱。山涛收到诏书，不争不辩，替司马炎认下这份错，跟什么都没发生似的。好在时间长了，大家慢慢知道这其实不是山涛的意思，而是司马炎自己作主，惹出来的是非。议论和弹劾，也就停了。

山涛出仕，足足三十多年，除了选官，还为朝廷做了不少其他实事。

司马炎要废除州郡武备，山涛反对：要是将来地方发生动荡，朝廷哪有力量平定？钟会叛乱①，山涛领五百亲兵镇守邺城。他才干出众，又懂左右周旋，还对司马氏忠心耿耿，所以官运一路亨通，后来果然如少时说的那样，做到了三公。

如果是几年前，我细读山涛传记，恐怕会有些厌恶他，嫌他步步为营，想尽办法入仕为官，甚至不惜投靠弑君的司马氏，失却气节。就像五十多年后，东晋孙绰（314—371）那样，不无讥讽地说："我呢，不是很懂山涛这个人。说他是做官的吧，不像；说他是隐士吧，当然也不是隐士。"——吏非吏，隐非隐，是山涛被很多人诟病的地方。

但现在的我，却能理解山涛的作为。

他从小志向高远，哪怕身处乱世，也不甘心做那独善其身的隐士，他要振袖而起，兼济天下。为了实现这个梦想，他根本无所谓用什么手段，只要能入仕做官，怎样都可以。在他心中，做官，是一个让他实现抱负的工具；如果不做官，能让自己实现心中理想，山涛也一定会毫不犹豫选择不做官。

他就是这样的性格，目标明确，但不会局限在规则之中。他揆情度理，顺时通变，最后终于曲曲折折地实现了理想，为天下苍生实实在在做了一些事情。他心存大义，从没想过以权谋私，即便最后位至三公，备受尊敬，去世时留给后人的，也不过旧屋十间。甚至因屋子空间太小，子孙后代拥住在一块儿，还是后来晋武帝下诏，替山家新修了房子，才解决了住房问题。

后人讽刺山涛吏非吏，隐非隐，可有谁规定说，吏隐之间一定对立呢？世间万事，都有两面性，不存在一边倒的好或者坏；人活一生，也同样有这样的正反两面，不存在绝对的善与绝对的恶。谁能说，选择出仕，就一定要服膺儒教、排斥老庄，反之，就一定不

---

① 钟会叛乱，详见"钟会篇"。

能接受儒教、接受老庄呢？

　　绝大多数时候，我们都不会那样非黑即白地看待世间。我们还是会像山涛那样，"遵儒者之教，履道家之言"，困扰于琐碎俗务的同时，在心中独存一份属于自己的诗和远方。只是山涛，走得比我们更远、更远而已。

刘　伶

酒里乾坤日月大　》》》

喜欢喝酒的人，一定会把刘伶当作千古知己。

史书上关于他的记载有 500 多字，450 字都在写喝酒。

他的妻子觉得刘伶喝酒实在过了分，便哭着求他戒酒。刘伶频频颔首："你说得很有道理！不过，我自制力不好，不如你准备些酒肉，让我在鬼神面前赌个咒，发个要戒酒的誓？"神情严肃，一脸真诚，由不得妻子不信，妻子便把酒肉摆好，供在神坛前面。

这鬼话连篇的机灵人跪下，言辞恳切地发了个誓："酒！是我刘伶的命！每次下嘴，我能喝一斛！五斗喝完，我百病全消！妇人家没见识，能懂什么？戒酒的话，都是屁话！神仙在上，你万万不能听她胡说八道！"说完以后，刘伶以迅雷不及掩耳之势，一把就将神坛前的酒肉拿下来，塞到嘴里吃了个干净，而后心满意足地打了个嗝，舒舒服服地大醉了一场——估计他妻子都快气炸了。

一　纵情放达

刘伶（生卒年不详），竹林七贤之一，字伯伦，沛国（今安徽淮北）人。竹林七贤中，阮籍向来以放达不拘、纵情饮酒闻名，可和刘伶比起来，阮籍简直可以称得上规矩。

刘伶经常在家喝酒，醉了就把衣服脱光，满屋子蹦跶。邻居来串门，不小心看到这不雅的场景，便笑他浪荡。刘伶理直气壮："天地是我家房子，屋室是我的裤子，好端端地，你跑到我裤子里来干什么?"——听了这话，他邻居大概只能满脸难堪。

在裤子里喝酒，人家刘伶还嫌不够尽兴，得出门，在这广博屋舍中喝一喝，才算够味。他经常坐一辆鹿车，出门去喝酒，还叫了个小跟班背铁锹，嘱咐人家说："要是我突然死了，你就随便找个地方，用铁锹挖个坑，把我埋了了事。"——不知小跟班听了，心里作何感想。

后世有人说刘伶出门，让小跟班背的是棺材，其实他连棺材都不要了，挖坑就行。也难怪《晋书》中说，刘伶轻视肉身，竟到了这样的地步。

有人看不惯刘伶这样的作风，说他颓废放诞、粗俗荒唐，只知道纵欲享乐，除了靠喝酒满足肉身的快感，什么都不会。但如果刘伶真是这样的人，恐怕很难被阮籍、嵇康欣赏，将他列为好友之一，同游竹林吧。

事实上，刘伶秉承的，是正儿八经的先秦道家遗风。这一派道家，作风和我们一贯知道的老庄不太一样。

他们也说自然无为，但并不强调精神上的逍遥自在，而是将注意力放回肉身。他们认为，死是一种无法逃避的必然，死后也不存在所谓的精神不灭。肉身消亡后，留存下来的，不过一具枯骨。所以，他们提倡，人生在世，最要紧的便是顺应本能，满足肉体的感官享乐。其他种种，无论名教礼法，还是功名利禄，都只是过眼云烟，不足挂心。

刘伶深以为然，并在《酒德赋》里借一位大人先生的言行举止，阐述分明。这位大人先生，把千万年看作一瞬，以日月为门窗，天地八荒是他的屋子，幕天席地，来去无踪，十分自由。他见世间万物，和蝼蚁没有任何分别，他心中唯一在乎的就是酒，其他事情一概不理。

礼法之士自然看不惯他，纷纷怒目切齿，群起而攻之。说他不守礼法，道德沦丧，简直是人间败类。大人先生听了，一笑而已，争辩都懒得争辩，继续喝他的酒。兀然而醉，恍然而醒，自在得很。因有这分烦扰不萦于心的豁达自在，大人先生最后在醉酒将醒时，达到了与物齐化的混沌状态：雷霆声响，他听不见；泰山在前，他看不见。他感受不到寒暑炎凉，也体会不到任何欲望感情——这就是道家的最高境界，物我归一。

很明显，这位大人先生，一半是刘伶自己的写照，一半是他理想中的圣人状态：以酒为媒，与物同化，浑然一体。

二 万物同化

不过，刘伶这种追求万物同化浑然一体的人生态度，固然有先秦道家的影响，也和他生活的时代脱离不了关系。

汉代以经学著称，但到后来，六经注我，我注六经，已发展到了一个瓶颈。从生活到政治，经学在各方面限制严格，压抑着人的自然本性。压抑太久，必然就有反抗。有反抗，必然就有突破。如何抒发自然本性，成了刘伶时代的人最常探索的主题。

另一方面，战乱也促使人们思考。东汉末年，天灾不少，人祸更多，性命成了最不值钱的东西。一般人说，死生事大，可对魏晋之交的人来说，死生已经不是大事了。可能一个婴儿，还活不到一个月，就被人杀掉。

死亡太过常见。可是，人活着，难道就为了死吗？我见过妻子死亡，朋友猝然离去，见过交换孩子当作粮食，见过满城烽烟，人被屠尽……我遵循礼法，压抑本性，过得这样痛苦——就只为了死吗？如果人生来就为尝遍辛苦，不曾欢愉，那活着的意义究竟是什么？来人世的这遭经历，到底还有什么意义？

很多人开始反思人生意义，刘伶自然也不例外。

他曾写过一首《北芒客舍诗》：

泱漭望舒隐，黮黤玄夜阴。寒鸡思天曙，拥翅吹长音。蚊蚋归丰草，枯叶散萧林。陈醴发悴颜，巴歈畅真心。缊被终不晓，斯叹信难任。何以除斯叹，付之与瑟琴。长笛响中夕，闻此消胸襟。

眺望夜空，一片漆黑，空气这样冰冷，连鸡都受不了了，所以振翅高唱。随着它高亢的声响，蚊蚋枯草渐渐散却，仿佛黎明真的来了。然而，再一眨眼，四周依然暗黑一片。破旧的麻被，根本抵御不了寒冷，这样冻着冷着，怎么睡觉？不如起来弹琴。琴声瑟瑟，又有长笛响彻，我的兴致似乎稍微高了一些——但也只是阑珊意兴，心中哀愁，依然那么多，那么重。

如果不说作者，恐怕不会有人猜到，这首诗居然是那个狂放不羁、号称要喝酒醉死的刘伶所写。但这的确是他的作品，也是他早年没办法施展作为、徒付胸襟的怅然体现。

他没有家世可以依凭，大概也不屑与人结党为自己营造名声——这在东汉末年那个时代，被朝廷启用的机会，微乎其微。求仕做官眼见无望，性命也朝不保夕，此生要怎么过，才不算虚度？难怪刘伶会备感惆怅。

所幸他没有长久颓丧于这种惆怅，而是认真思考了度过余生的方式——死生无常，官场无望，那么，不如放任本性，认认真真过好每时每刻，什么仁义道德，什么三纲五常，在生之鲜活面前，都没有意义！礼法，我所弃也！

终于，他快活了。

离刘伶生活时代不远的颜延之（384—456）曾评价他：刘伶和阮籍、嵇康，或者竹林七贤，乃至魏晋许多士人都不一样。他是一个彻彻底底的闭关者，全然遵循道家的自然无为，心无挂碍，无欲无求。死生都不曾入他心胸，更何况生活中的其他？

如此，刘伶才能不以家室为累，不在乎自己是否贫穷。与人争执时，别人骂他，他泰然自若地受侮辱，还能自嘲："我瘦得一身鸡骨头，抵不住尊拳！抵不住尊拳！"以此成功化解一场矛盾。晋武帝征辟名士，刘伶大谈"无为而治"，因此仕途断绝，他一笑了之。

从某种意义上说，刘伶比嵇康、阮籍这些人都要幸运。

魏晋之交很多人踌躇彷徨的时候，他找到了属于自己的道。他完全不觉得自己违背礼教，有酒万事足的人生态度有什么不对：这是我的选择，可能和你们有些不同，但这并不代表我错了。它只是一个存在，和你们的选择没有区别的存在。所以，在刘伶心里，根本不存在礼法与自然的冲突，也不存在出仕入仕的徘徊、忠君与否的犹豫。

死生有命，富贵在天，再张狂的人生，终究抵不过死亡的归途。因为人都要死，所以古往今来，刘伶、竹林七贤、魏晋南北朝时的人们，许多人，包括我们，都在追寻生之意义。结果或许各有满足，但有多少人能像刘伶那样，纵情饮酒，活在当下，不以物喜，不以己悲，真正游离于死生之外呢？

王　戎

世事洞明皆学问　≫≫≫

　　王戎真是竹林七贤里最俗的人！

　　他侄子结婚，按惯例，做叔叔的该送些礼吧？王戎也送，送了件不甚值钱的薄软单衣，过些时候，居然要了回来！女婿借钱，因为没能及时还他，女儿回娘家时，王戎都不给好脸色看。知父莫若女，王戎女儿赶紧催丈夫还钱。这下可好，钱财到手，王戎脸色霎时明光，态度和蔼又可亲——著名学者余嘉锡（1884—1955）先生不无讽刺地说：孝友之道关乎天性，但王戎这个人吧，与众不同，"重货财而轻骨肉如此"。

　　也是这个原因，初看魏晋，我并不怎么喜欢王戎，甚至觉得有些奇怪：这样一个俗不可耐、汲汲于金钱的人，居然能归在竹林七贤里？居然能和跟嵇、阮并称？简直不可思议。然而，许多不可思议的事，背后总有根由。后来细读王戎传记，心里反而对他生出喜欢，觉得王戎这人，是真聪明。

一　聪慧过人

　　王戎（234—305），字濬冲，出身魏晋高门，琅琊（今山东临沂白沙埠镇诸葛村）王氏。[1]

他从小就聪明，遇到危急情况，比大人还沉着，根本不像个普通孩子。有一次，宣武场上有士兵砍猛虎爪牙。猛虎一痛，放声长啸。许多人吓得连连后退，唯王戎独立不动，神情自若——要知道，这时候的他，还只是一个不到六岁的小童子。

这小童子慢慢长大，十五岁时，他父亲的好友阮籍来做客。见到王戎，这不给俗人青眼的步兵立刻嫌弃起王戎的亲爹[2]来："你的见识，可远远比不上你儿子！跟你讲话，不如和阿戎聊天。"于是，相差近二十五岁的两人，遂成至交。

阮籍以外，清谈名家王济也很欣赏王戎，说他是张华、裴頠[3]一般的人物。张华和裴頠都是西晋社稷之臣，有担当，重实干，多亏他们尽心辅佐，西晋才能有近十年的相对稳定——这也是西晋后期二十六年里唯一稳定的时候。

王济把王戎与这两人相提并论，可见王戎这人，虽然跻身竹林七贤，但他恐怕并不很爱老庄玄学，更倾向政事实务——这和后世的一贯印象，可有很大区别。他也的确很有政治才干，能快速抓住根本，处理问题从不拖泥带水，所以后来被曹魏重臣钟会赏识，推荐他做了吏部郎。

钟会对这个小辈极其看重，景元四年（263年）伐蜀之前，还专门问过王戎，你有没有不错的灭蜀之计？

------

① 这个家族往上起自战国名将王翦，是魏晋南北朝时期名最显赫的巨族，唐代诗人刘禹锡《乌衣巷》中写，"旧时王谢堂前燕"，这个王，就是琅琊王氏。魏晋南北朝四百年间，琅琊王氏出了不少名人，卧冰求鲤跻身二十四孝的王祥、西晋清谈名家王衍、王澄、东晋权臣王导、大将军王敦，书圣王羲之……都是王家子弟。政治场上，还有"王与马，共天下"的说法。王氏是魏晋第一士族，其他世家难以望其项背。

② 王戎的父亲王浑，出身琅琊王氏，并非与王濬相争的太原王浑，详见"王濬篇"。

③ 裴頠，写过《崇有论》，强调人生在世，应该看重现实所有，万万不能轻视事功，一味讲究放达任性。

谁知王戎答非所问："道家有言，'为而不恃'，非成功难，保之难也。郎君这次伐蜀，成功其实容易，只是保有成功，那就难了。所以，此路迢迢，还望郎君①万事小心"。后来钟会兵败被杀，《晋书》盛赞王戎，"及会败，议者以为知言"——钟会失败②后，大家都觉得王戎很有先见之明。

王戎当然很有先见之明！

六岁时，他跟小伙伴在路边玩。一群小孩子，笑闹玩耍后觉得渴，扭头见路边李树上结了许多果实，便闹哄哄抢着吃。王戎慢悠悠走在后面，施施然看他们争来夺去，只是笑。小伙伴替他着急："王戎！再不抢，就没啦！"

王戎从容不迫："这李树长在路边，每天人来人往，要是好吃，能留到现在？"小伙伴撇嘴，觉得这傻子不抢，正好！少一个人，自己还能多分几个呢！谁知后来一吃，果然又苦又涩，吓吓吓后悔不迭。

长大后的王戎，见微知著的能力更上一层。所以，在曹魏景元四年（263 年）到西晋咸宁元年（275 年），这十多年政局不定的时间里，王戎按部就班地袭父爵，无功无过地做着五品官——要知道，像琅琊王氏这样的世家子弟，入仕时的起点就是从五品！五品官，对王戎来说，真算一个小官儿了。

咸宁二年（276 年），四十二岁的王戎出任荆州刺史。半生已过，他总算闹出动静了！他"坐遣吏修园宅，应免官，诏以赎论"，他让下属给自己修院子，触犯了法律，差点被免官。实话讲，以王戎的机敏，会犯这样的小错？个中曲折，只有当事人自己知道了。

他未必没有雄心壮志——少年聪慧，早就得到许多名家揄扬，加上出身琅琊王氏，王戎必然不会甘心在政治上做一个庸才。然

---

① 魏晋南北朝时，无"公子"之称，通常称男人为郎君。若有职位，根据职位高低称呼为"使君""府君"等。

② 钟会伐蜀，详见"钟会篇"。

而，时局①却让他萌生退意。个人力量微弱，根本无法与时代的巨浪相抗衡，稍有不慎，轻则丢掉性命，重则连累家族，断子绝孙。王戎心知肚明，所以，他安安分分地做小官，不闹事，不惹事，紧跟时代趋势，随波逐流。

二 举荐贤能

也许正因他态度本分，西晋灭吴时，晋武帝司马炎把这能赢得身前生后名的机会给了王戎，让他担任建威将军，参与其中。王戎行事如故，规规矩矩听从安排，按规定路线行进，没建功，也没惹祸，唯在吴亡后，才做了些亮眼的事。

他举荐了不少东吴人才给朝廷。譬如光禄勋石伟。石伟刚直方正，对吴帝孙皓讲话不大客气，自然不甚讨喜。碰钉子的事儿遇多了，石伟干脆声称自己生病，回家休养，再不理朝中事了。王戎到建业（今江苏南京）后，觉得石伟是个人才，便上表举荐，朝廷于是拜石伟为议郎。

王戎自己在仕途上不露锋芒，表现平平，但如果别人想施展才华，或者做官谋生，但凡他能帮的，就一定会帮上一把。

譬如同为竹林七贤之一的刘伶，因为政见与朝廷不同，被断绝仕途，没有收入来源。刘伶家里穷得揭不开锅，怎么办？王戎便请他到自己府中做了个参军，每月发俸，好歹解决了刘伶一家的生计问题。

---

① 景初三年（239年），齐王芳即位，曹爽和司马懿共同辅政，朝中局势非常凶险诡谲。十年后，高平陵事变发生，司马懿父子一掌曹魏大权，屠杀朝中近半名士。王戎好友阮籍抑郁而死，竹林七贤中，嵇康被杀，山涛、向秀相继出来做官。后又有淮南三叛、钟会伐蜀等事件发生。景元五年（264年），司马昭去世，第二年，他儿子司马炎便代魏建立西晋，但朝中党争严重，且东吴未平、边疆不稳，所以政局依然不稳。

还有乐广。乐广天分很好，极擅清谈玄学，只可惜他父亲去世很早，因而生活贫困，日子艰难。在魏晋南北朝那个"上品无寒士，下品无世族"的时代，乐广这样的人，哪怕再有才，没出身、没人脉、没名气，也是出不了头的。好在乐广足够幸运，遇到了王戎。王戎推荐他为秀才，后来他竟做到了尚书令这样的二品高官①。

大概是见多了乐广这样的人，王戎心中有些不平，便认真思考起官员任职的事来。与乐广诸人相反，很多世家子弟，只是凭借出身门第就能轻易入仕，而且一开始担任的就是不算低的闲职，有钱又有闲。有才之人明珠蒙尘，无能之辈尸位素餐，长久下去，毕竟对国家不好。

王戎提出一种新的选官方式"甲午制"：让备选官员先去地方试用三年，体察民情，知道百姓生活是什么样的，以免将来想当然地提些落实不了的政策。三年期满，还要对这个官员再做一次全面考评。考评不及格，不复录用；通过考核的，也先别忙着高兴，还得按着政绩排名。之前在地方上做得好的，将来官儿就大；次一点的，官职稍小；再次的，就更小了。

"甲午制"其实很好地解决了魏晋时人浮于事的困境，只可惜，遭到司隶傅咸的弹劾。傅咸说这新法"驱动浮华，亏败风俗，非徒无益，乃有大损"，新法由此作罢。若是别人，恐怕要据理力争，或者嘴上抱怨几句。再不然，也会在心里暗暗不满，讲几句傅咸的坏话。但王戎——如果是王戎，听到这个结果，大概只会笑笑，淡淡说一句："晓得了。"

这是他通达透彻之处，也是他清醒自知的地方。

文恬武嬉、饱食终日却无所作为，难道皇帝不知？其他朝臣不

---

① 魏晋时期，二品就是最高官职。一品是"圣人"才能做的，通常只是虚设。

晓？难道他们没想过施行改革？正始年间，何晏等人就曾想过精简机构，裁去冗官，结局却是被屠三族，无一幸免①。时局如此，以王戎一己之力，能做些什么呢？明哲保身而已。

后世对他相当失望。房玄龄在《晋书》里说，王戎"在职虽无殊能，而庶绩修理"，这是比较客气的说法；又说"以王政将圮，苟媚取容，属愍怀太子之废，竟无一言匡谏"，王戎这个人，觉得政治险恶，便只求保全自己。朝政举措，无论好坏，他都不会提出任何意见；就连太子被废，他都没有任何发声，这种人，还配叫臣子？

与王戎同时代的王隐，抨击他更加厉害："王戎为左仆射，领吏部尚书。自戎居选，未尝进一寒素，退一虚名，理一冤枉，杀一疽嫉。随其浮沈，门调户选"，他王戎做吏部尚书，理应负责选拔官员，其实呢？没干过任何实事！只知道随波逐流，"独善其身"！

且不说王戎其实举荐、提拔过一些人的事实，单说王隐对王戎的要求——虽然儒家提倡"富贵不能淫，贫贱不能移，威武不能屈"的硬骨，大多数士人以修身齐家治国平天下为毕生理想，我们都仰慕在危局中气节不屈的烈士，可当生死无常成为生命里的恒常，当不到四十年时间换过四个人君，想效忠的国家早已换作别家姓氏；当外戚、皇后、宗室相继登场，一年多内连换三波统治者，都牢牢控制着痴愚的傀儡皇帝……

这种情况下，谁能拍胸口保证，自己一定会、一定能坚持曾有的气节呢？很多时候，这样的坚持，无异于以卵击石。王戎聪明，必定不会做这种事。如果能活着，谁不想好好活下去呢。所以，他散漫行事。虽然一生为官，但除了看情况举荐一些人才，提倡"甲午制"外，再没其他更多作为，甚至，从晋惠帝元康年间开始

①　详见"何晏篇"。

（291—299），他还开始盘算钱财，聊以自污了①。

三 明哲保身

《世说新语》说"司徒王戎，既贵且富，区宅僮牧，膏田水碓之属，洛下无比。契疏鞅掌，每与夫人烛下散筹算计"，王戎出身琅琊王氏，算顶级世家了吧？又有钱，宅邸僮仆无数，放眼整个洛阳城，几人比得上他？但他每天晚上都要清点自己的家产，和夫人在灯下算上好半天！还有啊，他家卖的李子特别好吃，但王戎怕人家吃李子后得种，导致自家李子跌价，干脆在卖李子前，先把核给挖出来——《俭啬》一共九条，四条都在说王戎抠门。

但他真的贪财抠门么？

甘露二年（257年），王戎的父亲王浑去世，王浑故吏旧属送了王戎数以百万的财物，王戎委婉谢绝；太康三年（282年），王戎担任侍中，南郡太守刘肇送他一百丈细布，王戎没要；再往后，永宁年间（301—302），战火流离，到处都在闹饥荒，王戎毫不犹豫地把家里粮食拿出来，分给饥民百姓。

这样的人，能说他鄙吝么？

所以，就像东晋名士戴逵与《晋阳秋》里评价的那样：王戎算计钱财，表面贪婪，其实是想自污避祸。毕竟，那时的政局，比王戎之前六十年所经历的，都要凶险。

元康九年（299年），贾南风废太子，拉开西晋八王之乱序幕。

① 晋武帝司马炎在位期间，东吴未灭，西边叛变不断；继承人方面，大家一直颇有微词；朝中大臣各自结党，有时甚至还在公开场合对骂，连皇帝都无可奈何，只好采取息事宁人的做法。太熙元年（290年），晋武帝司马炎去世后，场面更加混乱。外戚杨骏和杨皇后改诏，辅佐司马衷。杨骏没有威望，还凭借国丈身份横行霸道，引起普遍不满，元康元年（291年），楚王司马玮和贾后杀杨骏。同年六月，贾后杀司马玮、汝南王司马亮。自此，朝中大权尽归贾后。

第二年，太子被杀，赵王司马伦等宗王起兵，杀贾南风。王戎的女婿，也在这场变乱中身亡。

永宁元年（301 年），司马伦废惠帝自立，司马氏其他宗王再次起兵，杀司马伦。而后兄弟阋墙，各方混战，死伤无数，整整持续了七年。

这一切，都不是王戎能控制的。他可以做的，只是在能力范围内，劝执政者做出明智选择。

譬如有宗王问王戎，大敌当前，如何取胜？王戎陈说前因后果之后，劝他："您当时论功行赏，其实很不公平，所以朝野失望，民心不在，已失了部分优势。现在敌方坐拥百万兵力，来势汹汹，我们根本打不过。唯一办法，就是您交出大权，或者对方还能看在兄弟情分上，保留您从前的爵位。"

王戎的分析鞭辟入里，是当时最有可行性的方案。然而，这样的建议激怒了宗王，他咬牙切齿地威胁王戎："这话是人说的吗？交出大权？哼！这样说话的人，就该拖出去杀掉！"王戎见势不对，只好两眼一翻，将头一歪，假装自己吃了药神志不清，跌跌撞撞跳进厕所，才勉强逃出生天。

他并不是软弱。真到了必须直面危难、避无可避的那一天——八王之乱时，王戎随晋惠帝四处奔走，"危难之间，亲接锋刃，谈笑自若，未尝有惧容"，他能做到镇定自若，笑看生死。只是，何必呢？

王戎太聪明了。

他深谙人性，通晓物理，性格沉着，很小便能不动声色地把身边事物看得清清楚楚、明明白白。这种早慧，让王戎对人对事，讲究顺其自然，不计较一时风头，不和别人意气相争，能屈能伸；但同时，也让他对时局、对人事，抱有一种天然的漫不经心。他仿佛一个局外人，从容冷静地看戏台上俗尘渺渺，天意茫茫，无可无不可。

更何况，五十知天命，六十耳顺，七十从心所欲，不逾矩——这时的王戎，已经六十八岁了。他这一生，看过世间风起云涌，经历过同室操戈，痛失过挚友亲眷，余生不长，能得一天自在，便是一天自在了。

不久，王戎被委任为司徒，但他把所有事都交给了下属，自己则常常骑着小马沿街出游，遇见的人都不知道他是三公①。

永安元年（304 年），成都王司马颖与东海王司马越在阴（今河南汤阴）混战后，司马颖带着晋惠帝转赴长安。这一次，原本一直跟随晋惠帝的王戎，没有再随大军北上，而是去往郏县（今河南郏县），"时召亲宾，欢娱永日"，在那里度过了自己最后的时光，享年七十二岁——我每读到此处，都有会心，仿佛这原本就该是王戎的结局。

经历六十余年的腥风血雨后，找到一方山明水秀的归处，在一个春日融融的下午，喝完一杯春茶，沉沉睡去。午后阳光暖暖，他白发苍苍，然而，神情安详。

---

① 三公，司马、司徒、司空，是地位非常尊显的官职。

品
中
国
古
代
文
人

权倾朝野

庾　王
亮　导

功过三分何足道，应哂诸公没风尘。

王　导

奔走乾坤何时了　》》》

　　我以为《世说新语》里最具意气的文章，该是这篇：过江诸人，每至美日，辄相邀新亭，借卉饮宴。周侯中坐而叹曰："风景不殊，正自有山河之异！"皆相视流泪。唯王丞相愀然变色曰："当共勠力王室，克复神州，何至作楚囚相对！"

　　初读这则故事，前面都是叹息，到王丞相说话，才一转颜色。后来读魏晋史，见对泣之前，胡人在苦县宁平城（今河南郸城东北）烧毁东海王棺材，射杀数十万公卿，"相践如山"，尸首还被焚烧食尽——难怪过江诸人只敢新亭对泣，不敢言说北伐。相较起来，王丞相一身骨节，让人心折，而他脸上的愀然，虽千百年后，也让人一疼一愀然。

一　出身名门

　　王丞相很有名。所谓东晋门阀政治，"王与马，共天下"，往大处说，是司马氏与琅琊王氏；往小里说，便是琅琊王司马睿与王丞相王导。

　　王导（276—339），字茂弘，小字阿龙，出身西晋第一大族，琅琊王氏。他从小便很有风度，人家说这孩子前途不可限量，将来一定会出将入相。

可惜这出将入相的孩子时运不济，恰逢乱哄哄你方唱罢我登场的八王之乱，多少名士身陷政治漩涡，今晚一闭眼，就再看不到明天的太阳。王导审时度势（这是他极擅长的能力），屡次拒绝朝廷的征召。

直到八王之乱后期，光熙元年（306 年），政局稍微稳定，王导才正式踏入仕途，做了琅琊王司马睿的司马，与他一块儿去了下邳（今江苏邳州市邳城镇），以守后方①。第二年，王导建议司马睿转镇建邺（今江苏南京），谁知辗转而来，场面一度尴尬——司马睿住了一个多月，门前冷落鞍马稀，人影子都难得见一个。

幸而永嘉四年（310 年），王导的从兄，久负盛名又有兵的王敦来到江东。三月上巳节时，王导让司马睿"亲观禊，乘肩舆，具威仪"，自己和王敦等名士跟在后面，为他助势。江东世家见状，莫不惊惧，纷纷拜倒，从此君臣之礼定下，再没有人敢轻视司马睿②。

正因为此事，司马睿对王导诸人感恩戴德，在政治上十分倚重琅琊王氏。东晋士族势力强于皇权的政治格局，就此铺开，但真正的难处还在后面。

二 草创江东

司马氏及中原士人与江东关系不睦，由来已久。

西晋平吴之后③（280 年），司马氏把江东士族当亡国奴对待——给你一官半职，已算慷慨大方，你还想要求其他？想加官进

---

① 虽然《晋书》说王导当时就有辅佐司马睿登基之志，但实际上，按田余庆先生《东晋门阀政治》考，司马睿与王导此时渡江，是受朝廷差遣，在政治、经济上支持中原而已。后来建立东晋，其实是历史的偶然。

② 此时并不如《晋书》写的那么简单，详见"王敦篇"。

③ 平吴之战，详见"王濬篇"。

爵，施展抱负，不可能！吴郡陆机陆云兄弟入洛，虽有"二俊"的美誉，结果呢？有人在公开场合大声直呼陆机父祖名姓，谩骂陆机是貉奴，极尽侮辱嘲弄之能事。与陆机、陆云同时入洛的顾荣，一颓丧于才华不能施展，二恐惧于当时八王之乱的政局，甚至想过自杀。

他三人都是江东名士，声望赫赫，入洛后尚且是这样的境遇，何况别人？后来很多名士都怀揣着对司马氏及中原士人的一腔怨愤，重返江东。

原本你在中原，我在江东，眼不见为净就罢了，如今中原变乱，司马氏的宗室及中原人竟南下到了江东，要与我们抢地盘！这是什么道理？江东士族见司马睿过来，不加理睬，也在情理之中了。

幸而永嘉四年（310年）之时，江东历经数次变乱，世家们仔细掂量局势后，认为和司马睿合作是目前最好的选择，所以只能暂时认同他——但也只是暂时认同而已。双方的关系，类似半合作，且还在合作初期，充满了各种不确定性。加上之前两者积怨，稍有不慎，世家一反悔，把司马睿、王导诸人赶出江东，甚至害他几人性命，都有可能。

所以，为了安定局面，融入江东，王导如履薄冰，殚精竭虑地做了不少努力。

他以近四十岁的"高龄"，发奋学习吴语，前去拜访顾荣、贺循、纪瞻等人——这些都是在当地极具影响力，曾入仕西晋，但又不被重用的江东俊杰。王导亲自登门与他们交流洽谈，以示合作诚意。顾荣等人倒是不计前嫌，表示愿意加入司马睿幕府，为他谋划一二，但依然有人不肯合作。

譬如吴郡陆玩，王导想和陆家结亲，陆玩撇嘴一笑："王郎君，小土丘里长不出松柏这样的大树，香草和臭草怎么能放在一个器物里？陆玩不才，断不敢开这样乱伦的风气。"这话很有些侮辱人的意思，但王导笑笑，再不提结婚的事，后来还请陆玩吃奶酪。

那时候，奶酪可是珍贵的东西！然而陆玩一介南方人，哪里吃得惯这个！回去后上吐下泻，又写信埋怨王导："仆虽吴人，几为伧鬼"，我这个南方人，吃了你的奶酪，差点儿就成了北方的鬼！你是不是想害我？伧，是当时江东人对北方人的蔑称，说伧父、伧夫，就是说人家鄙陋粗野。陆玩张口就来，也不怕得罪人。王导依然笑笑，不与他计较，反而尽心推荐吴郡陆氏的子弟入朝为官。

他对世家忍耐，情有可原。这些豪族在江东影响极大，当然要极力拉拢，不能得罪；可就算是普通宾客，王导也一视同仁，绝不轻忽怠慢。

建兴三年（315 年），王导初拜扬州刺史，宴请宾客时见几位客人意兴阑珊，很是无聊，便走到临海来的客人面前称赞："您一出来，临海便再没有人了！"意思是说这人为临海第一，前无古人，后无来者！临海的客人自然高兴万分。见这位面露喜色，王导又到几位胡人面前，一边弹指，一边笑言"兰阇，兰阇"——兰阇是梵语，也是称赞别人的意思，于是胡人也笑。气氛顿时活跃起来，一时宾主尽欢。

王导做事，向来如此周到。每每考虑别人七分，再有两分是为家国，最后一分才是自己。就算因此吃些亏、受些气，他也不大在乎——九州动荡，局势不稳，对内，司马氏经八王之乱后，威信尽失；对外，胡人虎视眈眈，觊觎中原。如果不谨慎行事，亡国灭种都有可能，个人恩怨，又有什么好计较的？

也因如此，他还主张在江东"镇之以静，群情自安"①，不过分干涉众人的行为，他强由他强，清风拂山冈；他横任他横，明月照大江！大家舒坦了便不闹事，政局自然也就安稳。可让大家"舒

① 后来的执政者，纷纷延续王导这项政策，东晋才有相对安定的百年基业。

坦",并不是一件简单的事。每个人诉求不同,要调和众人矛盾,做到让绝大多数人满意,不是一件容易的事。所以,王导每天政事繁忙,有时困极,竟在别人来访之时,不知不觉睡去,真可谓鞠躬尽瘁,为国家尽心尽力。

不过,王导虽提倡"镇之以静",却不是一味忍让,不作任何改变。史书所谓"镇之以静"的后面,还应加上几字——徐徐图之。

司马睿在江东称帝,政局稍定后,王导便上疏朝廷,主张"先教而后战":兴建学校,以修礼之士为老师,教导世家子弟儒学知识,以达到"父子兄弟夫妇长幼之序顺,而君臣之义固"的目的,从而真正在江东定下君臣之礼。

三 备受猜忌

对于王导的辅佐,司马睿开始不是不感激,不但把他比作萧何,更尊称他为"仲父"。然而,随着王导在江东名声渐高(他又掌握着东晋的军政机要),族兄王敦领江、扬、荆、湘、交、广六州军事,重兵在手;琅琊王氏其他子弟,也大多位居要职。天下人都说"王与马,共天下"——这"共",还是以王为先,作为宗室皇帝,名义上的执政者,司马睿渐渐无法忍受了。

他启用刘隗、刁协等人,希望能摆脱世家大族——尤其是琅琊王氏的制衡,重振皇权,君临天下。刁协明察圣意,屡次弹劾王导,说他借为政清静的名义,滥用刑罚,政令不行,根本不配处在中枢之位!王导不得已,只好自请辞职。司马睿怕人家说他忘恩负义,又苦苦挽留。但这留,有时显得太过刻意,反而虚假。

譬如太兴元年(318年)司马睿登基为帝时,居然当着群臣的面假意邀请王导共坐御床。身为臣子,谁敢和皇帝共坐一榻?司马睿这般举动,无疑陷王导于不忠不义之中。王导心知肚明,赶紧以

"若太阳下同万物，苍生何由仰照"推辞掉了。

但这样的事还有很多。若政务做好，司马睿总觉得自己皇位不稳，对王导百般刁难；若按司马睿的期望来，江东世家、普通百姓又要不满。每天身处这种两难的境地，若换了别人，必定倍感心累，或者干脆甩手不干了！但王导顾全大局，依然默默忍耐，他的族兄王敦听说后，却十分生气。

王敦与王导从少年时便交游密切，后在政治上也屡有合作，关系相当好。见自己亲爱的族弟被刁难疏远，王敦当然会感觉不忿；司马睿"忘恩负义"，想打压琅琊王氏，王敦更觉不满。他立刻上疏朝廷，为王导打抱不平。王导不想生事，将这份上疏强压下来，王敦性格固执，再次上疏，到底让司马睿知道了。

司马睿原本就想打压琅琊王氏，现在见王敦公然为王导鸣不平，心里当然更不舒坦，对琅琊王氏也越发猜忌起来。他先让叔父谯王司马承出镇湘州，再安排戴渊（即戴若思）镇守合肥，刘隗都督青、徐、幽、平四州诸军事、青州刺史，"名为讨胡，实备王敦"。王敦忍无可忍，终于在永昌元年（322 年）和朝廷彻底撕破脸，起兵反叛，要求司马睿杀掉刘隗。

他起兵倒是痛快，王导在朝中却备受煎熬。刘隗极力劝说司马睿将琅琊王氏灭族——魏晋南北朝时，一门败落、全家被杀的事屡见不鲜；司马睿之前已有疏远之意，如今又是这样窘迫的局势，琅琊王氏难道就要在自己手上断绝么？王导惴惴不安，每天早上天刚蒙蒙亮，就领着二十多个族中子弟跪在宫门外请罪。

这时的他，已经年近五十。回首过往二十年，王导为家为国，问心无愧，然而面对皇帝的猜忌与不满时，他依然只能屈服于皇权威势，跪下来，苦苦哀求司马睿放琅琊王氏一条生路。

司马睿当然知道王氏一大家子在宫门外跪着的事，但他根本不为所动。直到有天仆射周顗入宫，跟司马睿讲起江东草创故事，说王导实在是难得一见的忠臣——忠不忠，当然是您说了算。但重要的是，琅琊王氏为国家贡献良多，最后若落个满门抄斩的下场，放眼天下，将来谁还敢为您效力呢？

这一棒顿时将司马睿打醒，他终于松口，让王导入宫觐见。王导好不容易得到机会，一见到司马睿便磕头谢罪："每朝每代都有乱臣贼子，可臣万万没想到，竟出在了王家！"司马睿惺惺作态，下榻拉住王导的手："爱卿说的什么话！王敦起兵，又不是你的错！朕正准备把一国之命托付给你呢！"便让王导担任前锋大都督，叫他大义灭亲，攻杀王敦。

如此态势，王导哪里还说得出拒绝的话？他领了命令，准备攻打王敦。但还没等出兵，王敦便已攻入建康，司马睿束手就擒，不久忧愤而死。

家国相关，王导可以心存大义，忍耐所有辛苦。但在人情世故上，王导不是圣人，他无法做到既往不咎，一笑泯恩仇。遥想当年，他与司马睿布衣论交，追随司马睿南渡江东，行宽政，安人心，为稳定局势竭尽心力，助司马睿登上帝位，谁知后来却因功高震主，被司马睿百般提防。古人所谓，"飞鸟尽，良弓藏；狡兔死，走狗烹"，不过如此。王导心中，难道真没有半分怨恨与不满？

所以，纵然当时形势窘迫，他长跪求司马睿放过琅琊王氏，实际上，王导并不真正反对王敦这次起兵。他清楚地知道，王敦起兵，是"吾家计急，不得不尔"，是给司马睿一个下马威而已。也因如此，在王敦打算进一步谋划废立时，王导阻止了他，晋明帝司马绍得以顺利即位①。司马绍不是平庸之辈，决不能容忍王敦手握重兵，威胁帝位；王敦此时也已经破罐破摔：既然我反叛过一次，那就不怕再反叛第二次！便和朝廷成水火之势。

王导半生心血，都在安定江东。王敦如果真的反叛——他琅琊

---

① 司马绍即位，不仅仅是王导之功，当时世家大族、中原士人也纷纷反对王敦废立。详见"王敦篇"。

王氏能争天下，我吴郡陆氏、顾氏，凭什么争不得？战乱必定再起。所以，他绝不会允许王敦取代帝位。他便趁王敦病重之时，亲率族中子弟，提前发丧，假称王敦已死。王敦军听到消息后，以为群龙无首，吓得纷纷溃散。没多久，王敦身死，余党被平，王导因功被封为始兴郡公。

然而，加官晋爵又如何呢？这些光鲜的背后，王导是否会想起自己与王敦在一起度过的那些岁月。曾经同游，王敦一直维护他；他在江东困窘，得不到当地豪族认同时，王敦赶来协助；他被司马睿猜忌疏远，王敦为他不平，起兵向内……

无论王敦的所作所为有多少是为了琅琊王氏，但在近五十年的漫长岁月中，王导之于王敦，王敦之于王导，必然有一份更多的兄弟深情。然而作为一个政治家，王导终究为了整个琅琊王氏，将因他起兵的王敦，当作弃子放弃了——

欲买桂花同载酒，终不似，少年游。

"先天下之忧而忧，后天下之乐而乐"，家国天下，是比个人情感更值得重视的事。只要政局稳定，百姓安乐，很多事，王导都可以放弃。

只是王敦反叛后，司马氏对琅琊王氏更是提防。司马绍写信给国舅庾亮，信笺结尾要专门写一句，"这些事，千万不要告诉王导"。有次不小心错送到王导处，王导读完，才看到末尾这句话。他默然半晌，叫人将信笺退还给司马绍，还专门附了一段话："臣以为这是给臣的信笺，不小心误读全文，还请皇上勿怪"——这又是他在人情世故上的小气了。你不想让我知道，我偏要告诉你，我知道你不想让我知道。这句话的背后，是王导的愤愤不平：我曾为国做出这么多贡献，凭什么现在诸多大事都要将我排挤在外？凭什么你还要专门提一句，不要告诉我？

越到晚年，王导这样"你来我往"的孩子气就越严重。面对周颙，也是如此。当初王敦起兵，王导跪在宫门外觐见不得，见周颙入宫，赶紧求他为自己说话。周颙性情率直，不想让王导内心怀愧，觉得欠自己好大一个人情，便假装对王导视而不见，出宫时还借酒装疯，恐吓王导说要"年杀诸贼奴"。如此作为，王导自然以为他落井下石，对周颙倍感失望了。后来王敦入建康，想杀周颙，又顾忌王导的感受，问他杀否？王导默然无语——他兄弟二人默契多年，王敦自然知道这默然背后的意思，周颙自然也死于非命。王导一直觉得自己没错，直到后来翻阅文件，发现周颙曾为自己陈情上表，这才追悔莫及，痛言"吾虽不杀伯仁，伯仁由我而死。幽冥之中，负此良友"！

虽然形势不如从前，王导毕竟声望犹在。太宁三年（325年），司马绍去世前，依然让王导与国舅庾亮等人辅佐年仅四岁的幼帝司马衍。

庾亮为人固执，又很想尽快匡正东晋初时的朝政弊端，便将王导当初施行的宽政收严，引起士人不满，终于在咸和三年（328年）酿成苏峻之乱①。苏峻反叛朝廷，只为泄愤，王导急急忙忙入宫，将八岁的小皇帝抱在怀里，与侍卫们逃难而去。

苏峻乱后，宗庙宫室全为灰烬，满目废墟，宫中存有的金银财物也全被烧了个精光，整个国库里，只有几千匹根本卖不出去的练布。财政困窘，王导没办法，只好借用自己的声望，和其他知名人士穿上这种用练做成的单衣，互相吹捧，以为名士风尚。天下人见了，心里痒痒，纷纷穿着这样的单衣上街，布匹价格随之上涨，国库空虚的难题才勉强得到解决。

这一次，是王导第三次在国难中勉力支撑晋室了。这时的他，已不再身强力壮，他已五十二岁了。

晋成帝司马衍对他十分尊敬，每次见王导以及王导的妻子曹氏，都会行跪拜礼；给王导写诏书，也一定会加"惶恐言"等描

---

① 苏峻之乱详见"庾亮篇"。

述。一国之君，如此行事，自然十分不妥，加上门户相争，庾亮对王导越发不满，甚至打算起兵将他废黜。

两人明争暗斗不断，但经历了王敦乱后，琅琊王氏子弟凋零几半，再也不复从前的盛况威势，王导虽然意不能平，但因手中再无可用之人，可使之兵，也只能轻叹"元规（庾亮的字）尘污人"而已了。

咸康五年（339年），王导病逝，时年六十四岁。

后人对他褒贬不一。

贬低的，大多认为王导大权在握，开东晋门阀之祸端；又为政宽简，纵容腐败。譬如清代史学家王鸣盛便说，"《王导传》一篇凡六千余字，殊多溢美，要之看似煌煌一代名臣，其实并无一事，徒有门阀显荣，子孙官秩而已。所谓翼代中兴、称'江左夷吾'者，吾不知其何在也"。

可是，正如王导自己所说，"人言我愦愦，后人当思此愦愦"，为何政宽？为何纵容？自有原因。江东草创，江东士族人心未归，如果行以苛政，只会招致内部反感，给北方可乘之机。如果不是王导力挽狂澜，行清静之政，江东未必不会步八王后尘，或者成为下一个洛阳，下一个长安，沦陷于胡人铁骑之下……

当然，王导不是完人。身为王家子弟，他也会为琅琊王氏考虑，也会因为误解周顗而默许王敦杀人。可是，如果没有王导，江东何有百年安定呢？

也许就像陈寅恪先生在《述东晋王导之功业》一文中最后所说：

永嘉世，天下灾。但江南，皆康平。

永嘉世，九州空。余（馀）吴土，盛且丰。

永嘉世，九州荒。余（馀）广州，平且康。

永嘉年间，天下纷乱，唯江东相对安定，难道不是王导苦撑大局的结果吗？

对我来说，千百年后阅读晋史，无论多少次，都非常喜欢王导。我爱他在危难时仍然独撑大局；在经历永嘉之乱，人人丧气的时候，依然能挺住脊梁；我爱他在被人君猜忌防备时依然以大局为重，宁可受尽许多委屈；我也喜欢他位高而谦卑，不在别人面前高看自己一眼的认真踏实。

正所谓，南渡衣冠思王导，北来消息欠刘琨，此生已将肝胆振，何惧滚滚身后名呢！

庾 亮

风尘随处是，怀抱几时开　»»»

江西九江那边有座庾楼，历史很久。

宋代时候，重修岳阳楼的滕子京说，天下名楼几处？南昌滕王阁、吴兴消暑楼、宣城叠嶂楼，还有一座，就是江州的庾楼。

庾楼为什么叫庾楼？从滕子京（990—1047）那时往前推六七百年，东晋权臣庾亮曾在这儿赏过月，他姓庾，这楼从此就叫庾楼了。

赏月地点其实是在武昌南楼，只是后人附会说在江州。地点错了，赏月却是真的，《世说新语》里还详细记载过：秋夜气佳景清时，名士们登楼设宴，吟咏诗赋。兴致正高，却听楼梯上"咚咚"重响，有人穿木屐上来。众人对望，长叹一声："肯定是庾公！"

抬眼一看，果然见庾亮过来，身后跟着十多个随从。众人起身，都想回避，庾亮环视四周，慢条斯理地道："各位留步。清谈赋诗这些事，我也很有兴趣。"便往胡床上一坐，和大家嬉笑起来，一时满座尽欢。后来王羲之跟别人聊起这件事，说庾亮"丘壑独存"。

我少年时读《世说新语》，不知道历史脉络，只觉得这庾亮哪有什么丘壑？分明是强行游宴，败坏人家兴致，讨厌得很。后来史书读多了，知道了背后故事，便觉得这庾亮庾元规，的确是"丘壑独存"。

一 受命辅政

庾亮（289—340），字元规，颍川鄢陵（今河南鄢陵北）人。《晋书》说他"美姿容，善谈论，性好《庄》《老》"，是个标准的魏晋名士。可实际上，老庄玄学只是庾亮用来与朝臣名士交游的政治手段，他真正推崇的，是儒门教义。他平时言行举止，十分稳重端庄。

这样的行事风格，显然和魏晋"越名教、任自然"、不拘礼法的潮流格格不入。名士们嫌庾亮严峻整肃，不好接近，更不好随意调笑，所以赏月时见他过来，都说要走。不过，名士们不喜欢，司马氏的皇帝、宗室却很看重庾亮。

永兴二年（305年），东海王司马越想请十六岁的庾亮做自己的幕僚，但当时恰逢八王之乱，庾亮不愿卷入纷争，便委婉拒绝了。两年后，久在江东经营的琅琊王司马睿听闻庾亮名声，也想请他入府。江东政局比中原安定不少，庾亮斟酌再三，应了这份差事。司马睿面见庾亮，看他"风情都雅"，比传闻中的不知好上多少倍，便起了器重爱才之心，还让儿子司马绍娶了庾亮的妹妹为妻。有了这层姻亲关系，庾亮和司马绍的关系自然也很不错，是以司马绍做皇帝后，庾亮屡屡升职——不过，这倒不完全因为私人感情。

当时"王与马，共天下"，琅琊王氏有匡扶司马氏立足江东的功劳，势力极盛，风头甚至盖过了皇帝。司马绍重用庾亮，除却他是自己的小舅子，关系亲近以外，还想利用他牵制琅琊王氏。

太宁元年（323年），司马绍任命庾亮为中书监。中书监是东晋核心权力机构之一，是中书省的首脑，执掌朝廷机要。庾亮却写了篇《让中书监》推辞。

他在表文里先谢先帝提携之恩，又说："我是皇后的兄长，是皇上的姻亲，所以皇上您处理事务，有时可能会不自觉地偏袒我，这样很不公平。而且，如果是普通大臣倒罢了，只要没犯大错，人们也还能容忍一二。外戚则不同，如果得势，不管我是不是有相应的才干能力，人们都会觉得我是走后门、靠关系才得到了这样的地位和名声。如果我不小心犯了错，那就更罪不可赦了！这样想想，皇上让我担任中书监，不但会为我本人招来不幸，更会为国家社稷带来灾祸。"

说完自己的为难，庾亮又劝晋明帝要任人唯贤，最后还言辞恳切地说了自己的私心：我不是不想要富贵名利，更不是甘于贫贱，只是如果富贵要从险中求，权衡利弊，我还是宁可放弃高官爵位，只求一生平顺。我身死不足惜，最怕的就是皇上让我承担重任，最后反而"为国取辱"。

我对庾亮认知的改观，就是从这篇《让中书监》表文开始的——坦坦荡荡，月白风清：我想要，但我要不起。

这时的庾亮，的确要不起。他刚步入庙堂，人微言轻，哪能和奠定东晋基业的琅琊王氏相提并论？他不是没有自知之明。

庾亮言辞恳切，句句在理，司马绍原本同意了；没想到不多久王敦兵临城下，形势危急，司马绍便仍让庾亮做了中书监，后来又加他左卫将军，与诸将共同抵抗王敦。政治上，庾亮拉拢其他世家大族，孤立王敦；军事方面，庾亮利用流民力量，与王敦军相抗。双管齐下，加上王敦不久亡故，叛乱很快就平定了。庾亮因功被封为永昌县开国公，后转护军将军，正式步入中央核心领导层。

这一年，他刚好三十五岁，正是年富力强的时候，不免野心勃勃，想在政治上有更多作为。

二 与人不协

机会很快就来了。

太宁三年（325 年），司马绍病重去世，临终前，让庾亮和王导共辅幼主，但所有政事，都由庾亮决策定夺。庾亮上台做的第一件事，就是削弱宗室力量。

这件事在历史上一直有争议，很多人说庾亮是为自家门户考虑，想压制司马氏皇室力量。

这种看法，对，但并不全对。魏晋南北朝时，世家大族无不为家族考虑，庾亮替颍川庾氏谋划前途，无可厚非；然而，他也并不全是为了门户私计。

庾亮从小接受儒门教育，很看不惯当时清谈尚玄的风气。他曾写过一篇《武昌开置学官教》，先批评现状"人情重交而轻赡，好逸而恶劳"，大家不再看重礼义之道，也不肯用心学习儒家经典，道德败坏；再提出解决措施：要侧重教育，安学校处所、起立讲舍、各子弟悉令入学、建儒林祭酒……最后还说，要"缮造礼器俎豆之属，将行大射之礼"。

他一直以修身齐家治国平天下为己任，很想复兴礼教，重建儒法兼宗的集权政治，改变东晋初年士族利益为先，皇权落后的窘态。然而，东晋此时皇权式微，门阀力量不是一时半会儿就能削减下去的——就连庾亮自己，也是借颍川庾氏的出身，才能有现在的身份地位。既然暂时拿士族没办法，庾亮便捡软柿子捏，先从司马氏宗室开刀①。

咸和元年（326年），御史中丞钟雅弹劾南顿王司马宗谋反。庾亮先发制人，先杀司马宗，再将其族贬为马氏，司马宗三个儿子也被废为庶人。这显然是场预谋良久的政变。而这场政变的结果，使司马宗室再也无法在政治、军事上与士族抗衡，加上琅邪王氏开

---

① 司马氏宗室之所以能起兵内向，是因为他们的封国里有王国兵，有行政机构，还有忠于自己的幕僚，俨然一个个独立的小王国。东晋能建立，岂非也借力于这样的地利人和？前车之鉴，为时不远，即便西晋八王之乱后，仅有汝南王司马佑、西阳王司马羕、南顿王司马宗、彭城王司马纮渡江，宗室力量微薄，但对庾亮来说，这些宗王，始终都是隐患，早晚得除。

士族辅政之风，东晋独有的门阀政治，就此彻底定型。

这其实和庾亮独尊皇权的本意相悖。

他太急了。他看见西晋末年苍生涂炭，民不聊生；看见渡江之初"王与马、共天下"，皇权式微；看见王敦凭借江东草创的功勋起兵内向，逼死元帝……如此江山，满目疮痍，庾亮恨不得马上重建一个盛世天下，国泰民安，户有余粮。

然而他忘了，治大国如烹小鲜，根本急不得，何况还涉及"人治"。家世、阅历、思想、情感，这些因素，都要纳入考虑之中。人性太过复杂，远不是简单的黑白、彼此所能概括，它有着大量无可无不可的转圜余地。

可是庾亮太急了。他迫切地想解决问题，根本不愿停一停脚步，看看为政方向是否早已发生偏移。于是，相同的方式被用在了世家大族与流民身上——庾亮只讲法理，不留情面，对就是对，错就是错，所有事，都有相应的评判标准。

如此来，几个人能感觉自在？庾亮也因此渐失人心。他不是没有觉察到大家的疏远，譬如庾楼宴会，大家见他过来，纷纷避让，但他自认一心为国，也不甚在乎别人的看法。

虽千万人吾往矣，他有这样破釜沉舟、澄清天下的勇气与决心。

三 苏峻之乱

咸和二年（327 年），继宗室之后，庾亮开始削弱军镇势力，下诏让历阳内史苏峻入朝，想把苏峻手上的兵权收回来。

苏峻在王敦之乱时立过功，后来渐渐骄溢自满，稍有不如意，便会辱骂朝廷，十分张狂。有亡命之徒或获罪之人投奔，苏峻也敢罔顾律法，将那些人藏在家中。庾亮杀司马宗时，司马宗的党羽卞阐就投奔过苏峻。庾亮让苏峻把卞阐遣还朝廷，苏峻非但不听，还明目张胆地把卞阐留在了家里。

因有这些表现，《晋书》说苏峻"潜有异志"，早有不臣之心。这个说法，有些言过其实。苏峻的野心没那么大，不过是仗着自己有军功，兵力强盛，想独霸一方罢了，并没想过图谋朝廷。

朝中许多人心知肚明，加上王敦之乱才刚平定，东晋元气大伤，大家不想战事再起，便纷纷反对庾亮征召苏峻入朝一事。庾亮不以为然。

对他来说，无论是独霸一方，还是真有图谋之意，苏峻再三地挑战朝廷权威，已是"犯了法"。既然犯法，就得治罪，就得让他明白，什么叫作天子威仪！否则，以苏峻蔑视朝廷的"狼子野心"，现在不将他制住，等过几年羽翼渐丰，还有谁奈何得了他？于是坚持征召。

面对庾亮的征召，苏峻接连拒绝了三次，甚至表示愿意放弃历阳，去青州抗击北方强敌。庾亮都没同意，还派人催苏峻赶紧上路。上路上路，这上的是生路，还是死路？苏峻终于忍无可忍，勃然大怒："狡兔死，走狗烹，当初朝廷需要我的时候，是什么态度？现在又是什么态度？既然他庾亮说我要反，好，那我就反给他看！可就算我死，也要让说我造反的人陪葬！"于是他便以讨伐庾亮的名义，起兵反叛。

消息传到建康，有人建议趁苏峻没到，"急断阜陵，守江西当利诸口"，我众敌寡，一战即可定胜负。庾亮依然不听。也许这时候的他，既惊且怒，却又带着一丝"果然如此"的庆幸与傲慢——我早就料到苏峻会起兵，你们当时还极力反驳，如今看来，谁对了，谁错了？

却不曾细想，苏峻起兵，究竟为何。

因为庾亮第二次错误决策，苏峻一路长驱，很快顺利攻入建康。他起兵本来就为报复，入城后"纵兵大掠，侵逼六宫，穷凶极暴，残酷无道"。

财库中数万匹绢、二十万匹布、五千斤金银、亿万钱，苏峻一把火把它们烧得精光。晋成帝被迫迁居石头城，被软禁在仓屋中；苏峻每天过来溜达一圈，在年仅八岁的幼帝面前破口大骂。朝廷高官被恣意殴打，强令背着重物爬上蒋山（今南京钟山）。士族男女身上的衣服全被剥去，浑身赤裸；有条件的，勉强用破草席把身体草草裹住；没条件的，只好用土把自己埋起来。庾亮的妹妹，太后庾文君惨遭侮辱……一时间"哀号之声，震动内外"。

庾亮本打算率兵和苏峻决一死战，谁知"未及成列，士众皆弃甲走"。军士都已弃逃，还说什么决一死战？庾亮只好狼狈逃往浔阳，投奔温峤。临走前，他将朝中事务托付给侍中钟雅，钟雅问："今日栋折榱崩，建康城破，谁的错？"庾亮含糊回答："时间紧迫，来不及说了！"便匆匆离去。

也许他不是不想谈，只是从何谈起？大错已然铸成，悔之晚矣，只能先想办法制住苏峻，再说其他。咸和四年（329年）二月，在陶侃、温峤等人的帮助下，苏峻之乱终于平定。苏峻被斩首分尸，骨头烧了个干净，然而，东晋朝廷也付出了极为惨重的代价。

光禄大夫卞壶，与苏峻先后战于西陵、青溪栅，屡败屡战。后苏峻借风纵火，烧尽台省寺署，卞壶背痈未好，力战而亡，时年四十八。两子卞眕、卞盱步其后尘，赴敌而死。

丹阳尹羊曼，守云龙门，王师屡败。有人劝其避退，羊曼回答："朝廷破败，吾安所求生？"坚持不退，城破被杀，年五十五。黄门侍郎周导、庐江太守、陶侃的长子陶瞻皆战死。

侍中钟雅面对别人的劝谏，"见可而进，知难而退；君性亮直，必不容于寇仇，何不随时之宜而坐待其毙"，坦然回答"国乱不能匡，君危不能济"，我一定固守此处，绝不退避。后与右卫将军刘超同为苏峻所杀，家无余财。

宣城内史桓彝①，乱时进屯泾县，左右州郡大多投降苏峻，幕僚劝他也假装投降。桓彝坚持："吾受国厚恩，义在致死，焉能忍垢蒙辱与丑逆通问！如其不济，此则命也！"辞气壮烈，志节不挠。城陷被杀，时年五十三。

还有太多太多史书记下或没记下的朝臣将士，数以万计的士兵，都成了这场政治角逐的牺牲品——更不必说朝臣受辱，四海涂炭，建康城毁于一旦，战火过后，满目疮痍。当看到这一切，庾亮心中，该作何感想？时至今日，他还会坚持认为自己是对的吗？

当然不。

庾亮悔恨交加，以极其痛切的心情，给朝廷写了封表文，说苏峻之乱，都是因为自己："社稷倾覆，宗庙虚废，先后以忧逼登遐，陛下旰食逾年，四海哀惶，肝脑涂地，臣之招也，臣之罪也。朝廷寸斩之，屠戮之，不足以谢祖宗七庙之灵；臣灰身灭族，不足以塞四海之责。臣负国家，其罪莫大，实天所不覆，地所不载。"他还打算离开建康，从此不问政事。

后世有些史家对此不屑，觉得这是庾亮逃避责任的手段，十分虚伪——毕竟，后来晋成帝原谅了庾亮，还让他都督豫州扬州诸军事，领宣城内史，镇守芜湖。这些都是东晋军事大区，庾亮引发苏峻之乱，没受什么惩罚，还赚到了军权，这样的买卖，实在不亏。

从政治角度来看的确如此，然而从人性来说，庾亮何曾想要这样的结局？他从来以匡扶社稷为己任，何曾想见苍生颠沛，百姓再尝兵燹之苦？更何况，他的妹妹庾太后、儿子庾彬，都在这场变乱中遇害。儿媳打算改嫁，庾亮回复："贤女尚少，故其宜也。感念亡儿，若在初没。"

人生至哀，莫过于中年丧子、丧亲，白发人送黑发人。庾亮何曾想过，以自己亲人的性命为代价，来换取功名成就？只是事到如

---

① 桓温的父亲，详见"桓温篇"。

今，再懊恼、再痛悔，都没什么用了。逝者已矣，来者可追，不如放活人一条生路，不如振作几分，再为家国做些事情。

于是，咸康五年（339 年），庾亮上表朝廷请求北伐。这时候，后赵皇帝石勒已然去世，北方政局不稳，的确是收复中原的好时机。然而东晋建国二十年，先后发生王敦之乱、苏峻之祸两次变故，伤筋劳骨，哪还有余力与北方强敌抗争？朝廷一时难以决断。

就在东晋犹豫之时，后赵却主动出击了。他们发兵五万，围攻邾城（今湖北武汉新洲区），平南参军毛宝向庾亮求助。毛宝骁勇善战，苏峻乱时，曾在救援他方的路上中箭。箭镞贯穿大腿，钉入马鞍，毛宝面不改色，命人踩住马鞍，一把将箭拔了出来。鲜血迸溅，流满了整个靴子。毛宝不管不顾，忍痛上马，连夜奔行数百里，抵达泊船处。先哭阵亡将士，再洗疮口，包扎完毕后，立刻返回营救同僚，极其悍勇。

也许正是因为毛宝之前的表现太过勇猛，庾亮再次判断错误，觉得城池坚固，毛宝军事才能又十分出众，有什么好担心的？便没有及时派兵救援。没想到邾城很快沦陷，六千多人投水而亡，毛宝也溺江而死。

又错了。

从咸和元年（326 年）杀司马宗，到咸和二年（327 年）一意孤行引发苏峻之乱，再到咸康五年（339 年）毛宝身死。十余年间，自己于九州天下，有何功？有何过？

不言而喻。

庾亮郁结于心，没多久便忧郁发疾，在咸康六年（340 年）正月初一去世，时年五十二岁。政敌何充哀叹："玉树于土中，使人情何能已！"

千百年后读史，我也深觉庾亮去世是玉树埋土，堪称惊痛。他是彻头彻尾的理想主义者，觉得自己可以振兴家国，可以一匡正气。他有着虽千万人吾往矣的勇气，但对人性抱有一种想当然的天真。所以，他任法裁物，不懂审时度势，不懂转圜变通，总是一意孤行，终于酿成大祸。

　　他这一生，仿佛总做着错误的事。削减宗室与军镇力量，引发苏峻叛乱，令东晋数十年辛苦经营起来的成果毁于一旦；他打算北伐，却因太过自信，判断失误，以至于出师未捷身先死。观其本心，岂非为国为民？因有这样的本心，总让人不忍太过苛责他的言行。唯可追忆的，是他二十年前写给司马绍的上疏，说外戚当政，稍有差错便罪不容诛，不仅为自己招来不幸，更为国家社稷带来祸端——而今回首，岂非一语成谶？

桓　温

天下霸业归田舍 》》》

　　要说魏晋南北朝四百年光景里我喜欢谁，东晋时的桓温桓大司马，要算第一。

　　我看他是曹操般的人物，是"治国之能臣，乱世之奸雄"，正统史书的意见可不一样。《晋书》评桓温，"志亦无君……心窥舜禹，树威外略，称兵内侮"，说他是个觊觎皇位、人人得而诛之的乱臣贼子。

　　不过，中国古代史家定义乱臣贼子，无非是他对朝廷、皇帝忠不忠诚；我评治国能臣、乱世奸雄，却要看他有几分匡扶天下的真心，为百姓做了多少贡献。标准不同，对桓温的评价，当然也很不相同。只是心里明白这个道理，每次读《晋书》心里还是不那么畅快，想找机会好好写一写桓温。

一　立勋于蜀

　　西晋永嘉六年（312 年），桓温出生不久，名士温峤到桓府作客，看到这个也许连模样都没长开的小婴儿说："这小孩子有奇骨！可以听听他的哭声。"桓温哭声中气十足，异常嘹亮，让温峤连连赞叹："真英物也。"

　　哪家父母不喜欢听别人称赞自己的小孩？何况还是名满天下的

温峤。桓温的父亲桓彝十分高兴，便以温峤的姓作为自己这个儿子的名，是为桓温。当时的桓彝，因为温峤的推荐而担任宣城太守，颇有政绩。在咸和初年爆发的苏峻之乱里，桓彝坚守城池，最后以死殉国，留下体弱多病的妻子，还有五个尚未成年的孩子——包括他的长子桓温。这时候，他只是一个十五岁的少年。

桓温与父亲的感情十分深厚。很多年后，当他已成为权倾朝野的重臣，听属下品评桓彝，"风鉴散朗，或搜或引，身虽可亡，道不可陨，则宣城之节，信义为允也"，依然忍不住泪流满面。

桓彝死节三年后，参与谋杀他的江播去世。桓温假扮吊客，混进丧庐。杀父之仇不共戴天，江播不是没有提防，他三个儿子也早早备下兵器，就怕桓温过来生事。谁知千防万防，到底没能防住。桓温一刀过去，就结果了江播的大儿子。另外两人惊跳起来，赶紧逃跑，桓温提气猛追，截住两人，左右开弓，一刀一个，见人死透，这才扬长而去。当时的人都赞他孝顺。

可称赞再多又有什么用？人死不能复生。家里一贫如洗，弟弟们正是长身体的年纪，母亲缠绵病榻，吃药开销很大。有时没钱给母亲治病，还要把小弟桓冲当作人质，抵押出去。那时的桓温，经常去街市赌博，"不必得，则不为"——这是后来别人评价他伐蜀时说的话："桓温这个人，做事若没有十分把握，绝不轻易下手，看他赌钱就知道了。"可那时，养家重担都在他一人肩上，桓温赌钱，怎能不志在必得？

好在国舅庾亮和桓彝是知交好友，又欣赏桓温这份雄略胆识，便在桓温三年孝期满后，向朝廷推荐了他。桓温十分争气，不多久便做了琅琊郡的地方长官，十年后，也就是永和元年（345年），再升安西将军、荆州刺史，将长江上游的兵权尽纳手中。

荆州是东晋军事重镇，也是抗击胡人的前线，一旦失守，必然危及东南，甚至是东晋首府建康，历来是各方派系激烈争夺的地盘。荆州刺史一职，也是非执政门阀家中子弟，不能担任。桓温能得到这个机会，当然不是因为出身世家，而是庾亮新丧，朝中派系争斗的结果。所以，如果没有实际军功政绩，想长久立足荆州，根本不可能。桓温心知肚明，便在永和二年（346年）上表朝廷，请求伐蜀，攻灭成汉①。

成汉地理位置特殊，东晋历任荆州刺史都把西讨成汉、北御胡族当作经营荆州的根本路线，但因种种限制，始终没能成功。所以，桓温说要伐蜀，朝中绝大多数人反对。少数派虽然赞成，但也顾虑重重。譬如清谈名士刘惔就说："桓温出兵，一定能打下成汉。只是他若凯旋，朝中恐怕再没有人能制住他了。"

这两件事，刘惔都说对了。

永和三年（347年）三月，桓温兵至彭模（今四川彭山东南），挂帅亲征成都，李势很快投降，成汉灭亡。桓温怕局势动荡，特地多留了些时候，将成汉旧臣中的有识之士选出来继续做官，安抚当地民众。一个月后，见势态稳定，蜀人高高兴兴过起日子，桓温才领兵还镇江陵（今湖北江陵县）。第二年，接受朝廷嘉奖，任征西大将军、开府仪同三司。

旗开得胜，桓温意气风发，便迫不及待地上疏朝廷，请求北伐。

二 北伐梦碎

北伐曾是东晋朝廷梦寐以求的事。

永嘉五年（311年），西晋亡国，琅琊王司马睿在江东建立东

---

① 元康六年（296年），流民领袖李雄攻据益州，立了个小国叫大成，后又改名叫汉，所以多称它成汉。到桓温伐蜀的永和三年（347年），成汉已历五主，恰是归义侯李势在位。李势为人骄奢淫逸，"性爱财色，常杀人而取其妻，荒淫不恤国事"，不得民心。对东晋来说，此时正是乘虚而入的好机会。

晋，许多世家南下投奔。只是梁园虽好，终非久恋之家。渡江之初，士族们深怀亡国之痛，宴饮时长叹"风景不殊，正自有山河之异"，纷纷流泪，也下定决心要北伐中原，收复失地。然而这种决心，在经历东晋初的连续叛乱后渐渐消磨。

及时行乐，活在当下，家国故园？管他呢！

其中当然会有异类。

庾亮就谋划过北伐，可惜事败身死；他弟弟庾翼继承遗志，也不幸在一年后病亡。桓温和庾家亲近，曾和庾翼相约将来一起匡济天下——天下天下，中原旧土，难道不是我大晋天下？北伐，自然就成了庾氏兄弟还有桓温日夜挂心的大事。

史书对他们北伐，大多持负面评价，觉得这几人是想靠北伐建立军功，再一收内外权力，取司马氏天下而代之。我却觉得，除了权力本身的诱惑外，庾亮、庾翼，还有桓温，他们未必不是为了国家。

就说桓温，他出身的龙亢桓氏，是汉晋时著名的儒学世家，五世授六帝，深受皇家敬重。虽然到桓温这几代已然没落，但龙亢桓氏向来以儒学传家，族中子弟仍恪守儒家典范，强调"臣事君以忠"，积极参与具体政事。桓温的父亲桓彝，便是最好的例子。

为了扩大名声，桓彝顺应魏晋潮流，与别人清谈玄学，位列"江左八达"之一，但他内心依然服膺礼教，信奉忠君爱民。所以担任宣城太守时，桓彝政绩出色，后来苏峻乱起，殉城死节。

父亲如此，桓温怎么可能不受影响？他是典型的务实派，平生最恨对政治实务一问三不知、对百姓不管不顾、醉心清谈玄学的所谓"名士"。

有一回他和属下登楼，见四海茫茫，疮痍满目，忍不住批评名士王衍："遂使神州陆沉，百年丘墟，王夷甫（王衍，字夷甫）诸人不得不任其责！"

属下辩解："运有兴废，哪能怪在一两个人头上！"——这话其实很有道理，但桓温勃然作色，竟然威胁下属，要像宰牛一样把他给"办了"，顿时满座失色。

他也不是讲别人利索，自己却什么都做不到的人。担任荆州刺史时，桓温为政宽和，跟百姓宣扬仁义。百姓不服，有人犯法，桓温从不滥用刑法，逼人服软。有一次他的幕僚犯错，按理要受杖刑。桓温让人打，结果棍子贴着衣服，轻飘飘擦过去了。人家讽刺："桓公府上罚人，木棒一举，拂过云彩；木棒一落，哦，啪的一声到了地上！动作大，打不着，真新鲜！"

桓温笑："你觉得轻？我还觉得重了呢！少年郎，记得要以德服人！"

正因为他有这份以德服人的厚道，有"勤农桑之务，尽三时之利"、事事以苍生为先的尽心尽力，三十多年后，前秦攻占荆州一带，蜀民的反抗从来没有中断过；五十多年后，桓温的小儿子桓玄在荆州起兵，荆州士族、百姓感念桓氏旧风，很多人愿意豁命追随。

家国天下，对桓温这样的人来说，始终都是权势名利前的一副重担，获取自身利益之前，一定要先担负起应该担负的责任。所以，他曾感叹"既为忠臣，不得为孝子"要做忠臣，就不能贪生怕死！万一有天让白发人送黑发人，那也只好无可奈何了！

只可惜，他桓温不贪生、不怕死，人家恰恰就怕他不贪生，不怕死。

伐蜀有功，手上有兵，占的还是荆州，还曾是庾亮、庾翼看重的人——颍川庾氏压制皇权的日子，才刚到头，又要来一个桓温？他还想北伐。等他北伐成功，司马氏的天下是不是就要拱手相让了？如此一想，朝廷自然忌惮非常。

于是，永和五年（349 年），桓温趁后赵皇帝石虎去世、北方大乱时的上疏，被搁置了。朝廷没有给他任何回复，却先后派外戚褚裒、名士殷浩经营北伐。桓温心中不忿，起初还勉强能忍，后见褚裒、殷浩劳民伤财，却一事无成，终于按捺不住。他先意思意思上疏朝廷，说要北伐，结果根本不等朝廷给他答复，直接顺江而下，率兵抵达武昌（今湖北鄂城）。

这可是整整五万人的军队！

而且这五万人，唯桓温命令是从，如果他们不打胡人，转头向内，结果如何可想而知。东晋朝野震动，建康皇族更是惶恐不安，辅政的会稽王司马昱赶紧写信给桓温："桓郎君！请以大局为重，切勿冲动！"

桓温这才如梦初醒，意识到这个举动固然能让自己出口恶气，但对苍生百姓而言，的确太过草率，便挥挥手，马上下令返回荆州。但他回去细想，又觉得不甘，一边向朝廷解释发兵原因，一边愤愤表示："寇仇不灭，国耻未雪……匹夫有志，犹怀愤慨，臣亦何心，坐观其弊！"我贸然发兵的确不对，但中原沦丧，苍生何辜？凭什么不让我北伐？

收到桓温这封满怀激愤的上疏后，司马昱更担心了。

你桓温今天还要假模假样地上疏请示，明天会不会连请示都不做，直接出兵了？你今天说打胡人，收拾完胡人后，是不是就该收拾朝廷了？你还觉得不满？他赶紧让殷浩出征，以免桓温再生什么变故。然而殷浩领军数年，屡战屡败，民用军资消耗殆尽，浩浩荡荡七万余人死伤无数，叛变许多，器械军粮也被戎狄抢了个干净。

桓温闻讯，极其愤慨。

他一叹北伐连续失利，百姓受苦；二怨朝廷常年压制，自己纵然有荆州出兵的天然优势，朝廷始终不肯将北伐事宜交付与他；三恨殷浩等人崇尚清谈，在军事政务上能力平庸。时光飞逝，三年已过，战场上瞬息万变，东晋还有多少个三年能把握？难道北伐良机，就要因为这些无谓的政治内斗错失？桓温绝不甘心。

永和十年（354年）正月，他上表谴责殷浩，迫使战败理亏的朝廷将殷浩废为庶人①，并同意让自己北伐。二月，桓温率兵四万，分水陆两路，讨伐前秦，获得首胜。长安附近郡县大多归顺，关中百姓更是欣喜若狂，拿出酒肉夹道欢迎，甚至还有老人涕泗交流，感慨地说："没想到我有生之年，还有看到朝廷官军这一天！"一派乐融融的景象。

但这样的喜悦并没有持续很久。前秦当时政治清明，上下团结，兵力也不弱，整顿后再交战，桓温军吃了败仗。再加上长途征战，粮草不足，桓温只好带着关中三千多户百姓退回荆州。

结果虽不尽如人意，但37年了，整整37年，东晋北伐，总算胜利了一次，多少人期盼渴望的中原故土，终于再次回归。

这给了桓温足够信心，于是，筹划两年后，桓温于永和十二年（356年）再次北伐。

这一次北伐，不只是桓温，也是东晋屡次北伐中最成功的一次。桓温直接打回故都洛阳，修缮毁坏的皇家陵墓，并设园陵令，让他们好好守住先帝陵园。此时的洛阳，疮痍满目，当年繁华消失殆尽，想象中的宫廷屋舍不复存在，就连断壁残垣，都寥寥无几。

战争和时光显示出巨大威力，建造一切，摧毁一切……然而身为晋人，怎么忍心见曾经的繁华变得如此寥落？怎么能忍洛阳旧土成为胡人天下？桓温感慨万千，上疏朝廷，请求迁都回洛阳。这项提议，遭到了大多数门阀士族反对。

这时候，离西晋灭亡已过了六十多年，第一代南渡人或者去世，或已年老，新生代的士人早习惯江东安逸自在的生活。梁园极美，已成久恋之家，谁愿"舍安乐之国，适习乱之乡"，再回洛阳那样的穷荒之地呢？就连桓温心心念念的北伐，有人宁可降职，也不愿冒险上战场。

---

① 对此，古文献学家余嘉锡曾有评价："浩纵不战败，亦必覆公㻌，败国家事，不待桓温之废之也。免官禁锢，咎由自取，复何怨乎？"

更何况，这是谁提议的迁都？桓温！是那个平定巴蜀、拥兵荆州，取得北伐胜利敢无视朝廷命令的桓温！听他的话迁都洛阳？只怕到洛阳后，皇帝的姓，就该换了！

朝廷当然不会同意；非但不同意，还让谢万等人到豫州另辟战场，桓温往西，谢万就往东。谢万是典型的清谈名士，没军事才能不说，还自矜门阀，蔑视将士。到最后，朝廷分散桓温兵力的目的确实达到了，但豫州大部分地区，沦陷了。

面对种种阻碍，甚至刁难，桓温没有放弃。他不断上疏朝廷，苦口婆心地劝众人回去——你们难道已经忘记洛阳盛况，繁华旧事了吗？你们难道忘记，中原那片土地，才是我们真正的故国？我们不过是北下逃亡，过来江东暂居的过客啊！多少人死在胡人的铁骑下，死在颠沛流离的路途中，死在举目见日、不见长安的憾恨中？

相忘，谁先忘？倾国，是故国！

只可惜，还有多少人记得故国曾经？迁都一事，终因大多数人反对而作罢。没过多久，桓温军中无数将士用鲜血换来的大部分失地，被鲜卑慕容重新占有。

北伐艰难，故土不归，桓温退而求其次，想匡正内务。攘外必先安内，东晋之所以北伐不成，除了权力争锋，无非因为众人沉溺清谈玄学，不思进取。既然如此，那就来一场彻底的改革吧！

桓温想了很多改革办法，最有名的，是《七项事宜疏》，要求精简机构、裁废能力不足的官吏；提倡节俭，赏罚分明，推广教育，编写《晋书》①……

他还禁止士族结党，不准清谈务虚。这是对朝野放达作风的有力反击。那时的名士，"不必须奇才，但使常得无事，痛饮酒，熟读《离骚》，便可称名士"。简文帝司马昱担任承相，处理一件事，竟要一年。桓温怕耽误进度，常劝他提高效率，司马昱却说："一

---

① 非房玄龄等人编纂的《晋书》。

日万机，哪儿快得起来！"却不晓得司马昱的"万机"，是个什么机？

最令桓温不满的，是这些名士非但不做利国实事，还要虚耗人口，强占资源。他们荫庇成百上千的奴仆门客，免佃租，免国税，还逃兵役，享受许多好处。结果是"国敝家丰"，世家有钱，国家却因缺少赋税收入，面临入不敷出的财政危机，甚至曾穷到靠卖布来补贴国用。

这种恶习必须杜绝。

兴宁二年（公元 364）三月，桓温在全国实行土断①，执行得非常严格。胆敢藏匿户口，哪怕是宗室亲王，桓温也绝不手软——彭城王司马玄就因藏了五户人家，被收捕入狱。连宗室都是这种待遇，何况其他世家大族？负责土断的官员雷厉风行，光会稽一郡，就检点出三万多人。

虽然世家大族怨声载道，但土断的好处显而易见。核定人口后，"财阜国丰"，税赋很快有了保障，为东晋后期的战事（包括太元八年的淝水之战）奠定良好的经济基础。五年后，也就是太和四年（369 年），桓温觉得万事俱备，只欠东风，便再次启程，准备北伐。

这次北伐，出征前声势浩大，"百官皆于南州祖道，都邑尽倾"。然而讽刺的是，北伐结果却与出行声势截然相反，形成鲜明对比。

早在出兵之前，幕僚就为桓温详细分析过这次出兵的弊端：秋冬季节，水位低落，漕运有难度，如果粮草准备不充分，容易后继无力。另外，这次北伐，行进道路也不通畅，加上天寒路冻，冬衣

---

① "土断"，即人住哪里，就定为那个地方的户籍，并让老百姓们按此登记户籍，从而保证税收、兵役正常完成；另一方面，还能让有才之人在现居地参加考评选举，步入仕途。因为这一年是农历庚戌年，所以又叫庚戌土断。

不够，容易粮困人疲……

桓温固执己见，一意孤行，后来果在枋头（今河南浚县西南淇门渡）大败，死伤三万多人。雪上加霜的是，当时还爆发了瘟疫，军中死者十之四五，民怨沸腾；桓温恼羞成怒，将所有过错推给下属，还不许史官直笔录史……这些事，让人们对桓温倍感失望，以致他名声大减。

这时候的桓温，已经五十九岁了。五十知天命，六十花甲，七十古稀——是啊，人生七十古来稀，我还能活多久？我还有几次北伐的机会？昔年我在金城种下的柳树，如今已有一米多粗，对比我这一生，庸庸碌碌，朝中诸人仍以清谈务虚为能事，看不起我这样出身贫寒、在前线厮杀的兵。可是，"我若不为此，卿辈那得坐谈"！所有的安逸平顺，都是我和将士们在前线打仗，用鲜血、用性命换来的！然而，边城鬼哭烽烟静，身死忠魂犹望乡，到头来，却是人世来回几枯骨，暮色倾倒孤坟旁！

北伐屡败，功业难成，木犹如此，人何以堪！

所以，桓温急了。

三 功败垂成

他采用参军郗超的计策，以耽于内宠为由，废司马奕为海西公，立会稽王司马昱为帝（即东晋简文帝）——这就是后世说他是逆臣的根源所在。晋室尚在，岂容你一个臣子兴废皇帝？就这样，桓温从一个力挽狂澜的能臣，变成史册中人人唾骂的乱臣贼子。那又如何呢？"既不能流芳后世，亦不足复遗臭万载邪"！他已经不在乎了。

大概桓温这种鱼死网破的执着太过惊人，当了两年傀儡皇帝的司马昱临去世前，竟打算将皇位"禅让"给他。这无疑会打破东晋以来皇权势弱、门阀独大的平衡，让龙亢桓氏独占鳌头，显然不是其他世家所乐见的。因此，谢安等人苦劝司马昱，终于让他改变主意，下诏让桓温按诸葛亮故事，辅佐新君。

又一次功败垂成！

桓温当然不肯罢休。此时的他，已病到"寝疾不起"的程度，大概也知道自己大限将至，但他个性之强，令人惊叹。他强撑病体，不断催促朝廷给自己加九锡①。谢安诸人当然不会让他如愿。他们借桓温病笃，一直拖延，直到桓温病死，锡文终究未成。

很多人怀念他。譬如著名画家顾恺之，为桓温上坟时痛哭流涕，说故人已逝，鱼鸟无依！曾被桓温威胁要像宰牛一样被办了的袁宏，写下《丞相桓温碑铭》，说桓温"卓卓英风，略略宏宇……忘己济物，抚化翼世"。

千百年后，我在灯下重读桓温传记，想他一生，出身寒素，少年时清贫难堪，见过人世许多苦处；性格刚强，挺住了一次次挫折与失败；有"独克之功"，曾守住东晋一方安定，连政敌也不得不赞他才干非常；青年出镇荆州，立勋于蜀，中年指点江山，叹寰宇陆沉，晚年北伐失利，功败垂成——

可怜秦淮烟水非昨日，可堪笙歌沉吟怀人远。可叹天下霸业归田舍，风骨不留旧时燕。

风骨不留，旧时燕。

---

① 魏晋南北朝时，加九锡向来是篡位登基的前奏，桓温此举，"司马昭之心，路人皆知"。

谢　安

试问利名摧折，古今将无同　≫≫≫

　　魏晋风流人物，不能不提谢安。

　　我初读《世说新语》，见淝水之战①胜利的消息传来，谢安"与人围棋……看书竟，默然无言，徐向局。客问淮上利害？答曰：'小儿辈大破贼'。意色举止，不异于常"，从容不迫，仿佛淝水之战是场轻易能赢的小战役。

　　但淝水之战可不是什么小战役！前秦率八十万大军来犯，打的是亡国灭种的主意。如果东晋输了，谢安他们都要变成亡国奴，哪儿还有闲情逸致和人下棋？所以我见《世说新语》写谢安淡然，十分佩服他泰山崩于前而面不改色的胸襟气度，以为名士风流，不过如此。谁知后来读《晋书》，这事居然还有后续——从容下完棋后，谢安"过户限，心喜甚，不觉屐齿之折"，顿时愕然。

　　我那时以为的名士风流，是哭笑肆意，至情至性；也是稳重沉着，笑看生死，绝不因危难困局而有半分失措。本以为谢安也是如此，谁知他的冷静只在明面，暗地里欣喜若狂，过门槛时连鞋跟都折断了——这也配叫名士风流？

　　自然觉得失望至极，甚至当时还觉得，后世盛赞谢安的美名，都是言过其实的浪言虚语。可后来这段历史读多了，觉得谢安这样表现，其实也应了"至情至性"几字。他这一生，固然没有后世写

---

　　①　淝水之战，详见"谢玄篇"。

的那般高妙，但也不像我想象中那样徒负虚名，仍有许多值得称道的地方。

一 归隐东山

谢安（320—385），字安石，陈郡阳夏（今河南太康）人。唐代刘禹锡写过一首《乌衣巷》，"朱雀桥边野草花，乌衣巷口夕阳斜。旧时王谢堂前燕，飞入寻常百姓家"，其中的谢，便是陈郡谢氏，也是最为人们熟知的魏晋高门之一。

虽然后世王谢并称，但陈郡谢氏根本比不上琅琊王氏那样声名显赫的簪缨世家。西晋时的陈郡谢氏，默默无闻，渡江之初也不是一等士族，被斥为"新出门户，笃而无礼"。族人去世，只能葬在建康城南的石子冈，类似乱葬岗的地方。

谢家崛起，是从谢安的叔父谢鲲开始的。他位列"江左八达"，被看作一时名士。他儿子谢尚周旋于琅琊王氏与颍川庾氏之间，后被委以重任，又为朝廷夺回御玺，让朝廷摆脱"白板天子"的窘境，从此以后，谢家才慢慢在政治上有了些话语权。随着陈郡谢氏门第提高，族中子弟自然也成了大家交相赞誉的对象，谢安尤甚。

他从小就有高名，四岁时人家就把他和"中兴第一名士"王承相提并论，说"此儿风神秀彻，后当不减王东海"。八九岁间，谢安性格已很沉稳豁达，行书也写得好，二十岁时，更不得了！他拜访年长自己十岁的名士王濛，清谈玄言妙理，令王濛深为叹服。

这时的谢安，堂兄谢尚、长兄谢奕、弟弟谢万都是镇守一方的将军，门户兴旺，根本不需再多他一个出仕为官。他便在会稽与王羲之等人交游，"出则渔弋山水，入则言咏属文"，逍遥于山水之间，以清谈玄理为乐事，惬意又自在。朝廷征辟他多次，谢安统统拒绝。即便朝廷觉得他坏了规矩，要将他禁锢终身，再不许入仕，他也无甚所谓。

他写诗给好友王胡之：

> 鲜冰玉凝，遇阳则消。素雪珠丽，洁不崇朝。膏以朗煎，兰由芳凋。哲人悟之，和任不摽。外不寄傲，内润琼瑶。如彼潜鸿，拂羽雪霄。……朝乐朗日，啸歌丘林。夕玩望舒，入室鸣琴。五弦清激，南风披襟。醇醪淬虑，微言洗心。幽畅得谁，在我赏音。

冰块才刚凝成，如玉般漂亮，可遇到阳光，就慢慢消融了；素洁的白雪，像珍珠似的美丽，但也不会持续整个早晨；灯油有照明的用处，所以很快燃烧殆尽；兰草芬芳，被人采来用于佩戴，无法长久存活……荣华富贵，都是转瞬即逝的事，一个人若锋芒太露，一定会引来祸患。哲人明白这些道理，所以身负才华却不自傲，只将自己当作最寻常的普通人，随波逐流，纵情山水之间。你看晨光朗朗，可以啸歌山林，傍晚月亮初上，照彻天地，可以入室鸣琴。琴声清越，叫人舒怀，若再小饮几杯好酒，与三五知交畅谈一番玄言妙理——人生至此，夫复何求？

这正是《庄子·人间世》中的道理："熟则剥，剥则辱，大枝折，小枝泄；此以其能若其生者也，故不终其天年而中道夭，自掊击于世俗者也。"谢安深谙清谈玄学，有此归隐志向，并不出奇。只是他深深明白，身为谢家子弟，纵情丘壑绝不会是自己最后的归宿。兄长们在朝中举重若轻的地位，自己身负名士的声望，出仕，不过早晚的事。

所以当夫人问他："兄弟们都身居高位，享有名利富贵了，你呢？大丈夫在世，恐怕该像他们那样吧？"

谢安摇头长叹："恐怕终究免不了和他们一样！"

这一天很快到来。

二 被迫出仕

升平二年（358 年），谢安的长兄，豫州刺史谢奕亡故，三哥谢万接替谢奕职务。但他性情高傲，"尝以啸咏自高，未尝抚众"，对军中将士态度恶劣，颐指气使，致使诸将怀恨在心。升平三年（359 年），谢万与人兵分两路讨伐前燕，不料对方中途因病退还，谢万不能调遣兵士，"众遂溃散，狼狈单归"，最后被朝廷废为庶人。

至此，陈郡谢氏子弟凋零几半，小一辈如谢玄、谢琰等人年纪尚幼，不足担当大任，维持陈郡谢氏声名不坠的重担，便落在了谢安身上。这个时候，征西大将军桓温再次征召谢安，谢安便没有像从前那样推辞，而是入桓温府，做了个军中司马。

这时，他已经四十一岁了。

高龄出仕，实在难堪，中丞高崧就半真半假地说："谢安哪，你屡次推拒朝廷的任命，说自己志在东山，让大家十分失望，觉得安石不出，我们该怎么面对天下苍生哪？等来等去，终于等到你出山了！你说说，现在的苍生，要怎么面对入仕的你呢？"

许多人觉得高崧这话是在褒扬谢安，以为"安石不出，将于苍生何"？其实不然。

魏晋南北朝时，吏部尚书会先评判世家子弟的门第、人品，再根据这人在世家中的舆论风评，选择适当的官职让这名子弟起家入仕。起家时的官职，会对后面升迁产生极大影响。除非本人才情极其出众，才可能获得破格的待遇——这"破格"，也必须得到其他世家的舆论支持。所以，世家子弟入仕，不是一个人的事，与其他世家也关系紧密，因此宫崎市定才说，"贵族子弟（则）不能安自行动破坏这种（起家入仕的）秩序，按次序悠然等待，被看成是一种高尚的风格"。

谢安错过最佳出仕时间，在四十一岁的高龄，以低于自己门第的军中司马作为起家官入仕，破坏了世家规矩，自然要被人嫌弃。

这还不算，桓温向来崇尚实干，府中许多谋士也以务实为根本，谢安名声虽响，但于政治实务上没有任何建树，所以很多人对他甚是轻视，还有人讽刺他是远志小草——高卧东山时是"远志"，出来做官，与众多英豪比起来，便只能算"小草"了！这叫谢安倍感窘迫。

虽然同僚带着些许轻视排斥，但上司桓温却很赏识谢安，常叹他风神难得，异于常人。不过，对桓温的赏识，谢安并不十分买账，甚至如坐针毡。他以弱示强，在升平五年（361 年），桓温再次筹谋北伐时，他借口兄长谢万病卒，请求归去。不久后虽被任命为吴兴太守，然而"在官无当时誉"，毫无作为。所以《晋书》评他"去后为人所思"，应是粉饰之语。

就在谢安韬光养晦的时候，桓温的权力进一步扩大了。

咸安元年（371 年），北伐失败的桓温采纳幕僚建议，废司马奕为海西公，改立会稽王司马昱为帝，将朝中大权紧握手中。

《晋书》中记载，因不满桓温把持朝政，谢安对其"见而遥拜"。桓温惊问缘由，谢安说："连皇上都要对您下跪，我又哪敢不拜呢？"讽刺之意，溢于言表。桓温见状，很觉不安，便率兵返回姑孰（今安徽当涂）了。实际上，以谢安的性格，在当时绝不会与手握重兵的桓温发生冲突。他曾与王坦之一起拜访桓温的宠臣郗超。两人等待很久，郗超都没出现。王坦之不耐怠慢，正打算离开，谢安却说："你就不能为了性命，容忍片刻吗？"

可见谢安在势弱之时，绝不会选择与对方直接冲突，或者表现出惊慌，而是佯作镇定，掩饰自己的真实情绪——这也是淝水之战胜利后，谢安会在人前表现得若无其事的原因。

与谢安比起来，真正不满桓温摄政的，是简文帝司马昱。他曾含泪吟咏"志士痛朝危，忠臣哀主辱"，对自己身不由己的境况感到愤恨。因心情一直怨愤抑郁，司马昱在位不到八个月便去世了。去世前一天，他已放弃挣扎，打算将东晋天下禅位给桓温，便"一日一夜频有四诏"，要求桓温入宫。

此事非同小可！

桓温向来不满世家大族只知游山玩水，清谈玄学，不干有利苍生百姓的实事，想抑制士族力量。若他真做了皇帝，世家大族依靠门第"平流进取，坐至公卿"的好日子，可就到头了！更何况，同样都是门阀，凭什么是他谯郡桓氏取而代之，而不是我太原王氏、陈郡谢氏？

谢安赶紧和与王坦之一块极力劝阻司马昱，以为"天下，宣元之天下，陛下何得专之"？终于劝动司马昱更改遗诏，命桓温"如诸葛武侯、王丞相故事"，与王坦之、谢安一起辅佐年仅十岁的幼主司马曜。

桓温听闻消息，不顾简文帝新丧，立刻率兵来到建康，叫坏他好事的谢安与王坦之来赴鸿门宴。宴会上，黑压压一众兵士，面色沉肃，刀剑在握，是要将他二人就地解决的阵仗。王坦之吓得不知所措，连声询问谢安应该怎么办。谢安一如既往，将恐惧深埋内心，面上从容不迫，"晋室存亡，在此一行"，便镇定前往，还在宴会上吟了嵇康的《赠秀才从军》。

《世说新语》与《晋书》记载，桓温见谢安如此从容，"惮其旷远"，便解除兵甲，将他两人放回去了。其实不然。

桓温忌惮的，并非是谢安临危不惧的风度，而是他在士林中的影响力。桓温的弟弟桓冲早劝桓温杀掉王谢二人，但桓温觉得，杀掉他们，对自己没什么好处不说，还会损害自己在士人中的声望，由此作罢。

不过，桓温太自信了。他以为这个"害之无益"的谢安，最后竟成为他通往帝王路途上最大的一块绊脚石。咸安二年（372 年），桓温病笃，不断催促朝廷给自己加九锡，想为篡位做准备。谢安知道他时日无多，便暗中拖延，迟迟不肯定稿表文，终于等到桓温"锡文未及成而薨"，险险保住了东晋江山。

这可立了大功！加上谢安又是先帝指定的辅政大臣，桓温的弟弟桓冲纵然强兵在手，但自知声望不及谢安，便将势力撤回荆州，与谢安"将相和"，朝中万事尽归谢安，就成了意料之中的事了①。

三 大权在握

谢安为政，在大方向上延续了东晋初年王导的做法，""镇以和靖，御以长算，德政既行，文武用命，不存小察，弘以大纲"，务在清静。一方面对世家大族不甚干涉，另一方面，因天灾战乱而贫苦无依的百姓，谢安减免了他们的税赋，并给予赈济。他还在三吴地区进行户口清查，防止有人逃兵役，偷漏税，要求王公以下所有世家，必须按人口纳税，这些举措在一定程度上改善了国家财政收入——但这只是一定程度上的改善，淝水之战后，世家大族的免税特权，便又恢复了。

这样的为政措施，虽然对国家有些助益，但谢安执政，不改名士习气，喜欢享乐，任情惬意，许多行为其实又加重了百姓的负担。

他在会稽占有大量田地，别墅中楼馆甚多，林竹茂盛，每次设宴邀请名士，花费都在百金以上。人家嘲讽他明一套暗一套，谢安甚是不屑。他还酷爱声律，弟弟谢万去世后，十年不听音乐，但此时位高权重，即便丧事也不废乐，令天下士人纷纷效仿。王坦之屡次苦谏，认为时俗放荡，于礼不合，劝他止乐，谢安都不听从。

---

① 桓冲虽重兵在手，但以大局为重，自解扬州不说，还凡事都请奏朝廷，但谢安依然不放心，便提请皇太后褚蒜子临朝（谢尚外甥女）。王彪之认为孝武帝此时已年满十岁，褚蒜子又是他的嫂嫂，于理不合，但未能劝动谢安，是以太后临朝称制。

谢安还打算修葺毁坏的宫室。王彪之反对，认为外寇未定，不宜如此大动干戈，劳民伤财。谢安也不听，"竟独决之"。《晋书·谢安传》中说，"役无劳怨"，可这样大规模地整饬，百姓怎么可能没有任何怨言？所以在传记中，王彪之以"任天下事，当保国宁家，朝政惟允，岂以修屋宇为能邪"反驳谢安，谢安才将此事勉强搁置，这应是事情的真相。

除了爱好奢侈，谢安还十分崇尚清谈。他也很擅长清谈，曾与大家共论《庄子·渔父》。座中皆是名士，言辞妙极，但都比不上谢安最后的发言，足足万言，却又不觉啰嗦，"才峰秀逸，既自难干，加意气凝托，萧然自得，四坐莫不厌心"，被赞为画龙点睛之笔。王羲之对此十分焦虑，曾劝谢安务实为政，不要重蹈西晋年间清谈误国的悲剧。谢安却很不以为然："秦任商鞅，二世而亡，岂清言致患邪？"亡国自有亡国的道理，与清谈何干？他根本听不进别人的意见。

只可惜，谢安纵有许多不好，但天下名士大多以他为楷模，纷纷模仿他的言行举止。上行下效，东晋奢靡之风自然弥漫开去，百姓也深觉负担沉重。后来《晋书·谢安传》中史臣评他，"激繁会于期服之辰，敦一欢于百金之费，废礼于薄之俗，崇侈于耕战之秋；虽欲混哀乐而同归，齐奢侈于一致，而不知颓风已扇，雅道日沦，国义仪刑，岂期若是"！

然而，当时东晋名士已然寥落，朝中人才不多，与谢安同保司马氏江山的王彪之，早过古稀之年，王坦之又没有为政野心，所以朝政大权，依然紧握在谢安手中。而决定东晋生死存亡的淝水之战（383年），更是让陈郡谢氏名声再盛一层——"膏以朗煎，兰由芳凋"，木秀于林，风必摧之，最鼎盛的时候，其实就是衰亡的开始，何况此时孝武帝司马曜已年满二十，他重用寒人，打算收回皇权。谢安在士人中声望本来就高，加上军功在身，侄子谢玄又屡有北伐之胜，朝廷怎能容他？

谢安心知肚明，便在太元十年（385 年）上疏，请求离开建康，去往广陵，不久便疾笃去世，时年六十六岁。

后世对他评价很高。尤其宋代，秦观认为谢安"可谓以身许国，社稷之臣者矣"，洪迈更有"其真托国者，王导、庾亮、何充、庾冰、蔡谟、殷浩、谢安、刘裕八人而已"这样高的评价。即便直斥"六朝何事，只成门户私计"的陈亮，也有"导、安相望于数十年间，其端静宽简，弥缝辅赞，如出一人，江左百年之业实赖焉"的赞誉。

在对谢安几近一面倒的赞扬中，当然会有异声。清末历史学家蔡东藩先生就说，"谢安放情山水，无心仕进，及弟万被黜，即应温召，可见当时之屡征不起，无非矫情，而益叹富贵误人，非真高尚者，固不能摆脱名缰也"。

客观而言，谢安未必矫情。他崇尚老庄玄学，的确有过东山归隐之志，只是身为谢家子弟，他又怎么可能真正能摆脱政治？他曾说自己最喜欢《诗经》的句子是"订谟定命，远犹辰告"①，制定好宏伟的计划，将远大策略告知于众，此中有雅人深致，可见他心中的谋划，肯定不止山水玩乐。

所以，后来的他，集权力于一身，所作所为其实与东晋其他权臣没有太大分别，甚至有过之而无不及——至少王导、庾亮、桓温等人生活简朴，不曾以清谈废政。只是淝水之战扭转乾坤，谢安不好的地方因此全被轻描淡写，以至于后世记住的、赞扬的，是那个经过史书美化，经过诗文修饰，那个"高卧东山三十春，傲然携妓出风尘"的谢安石，与他本人已无太大关联了。

---

① 一作"訏谟定命，远猷辰告"。

品
中
国
古
代
文
人

肝胆精忠

王
濬

刘
琨

盘桓霜雪千仞上，不须惆怅为国家

王濬

故国江山英雄事 »»»

魏晋南北朝诸多名将，王濬不可不提。

唐朝诗人刘禹锡有首《西塞山怀古》：

> 王濬楼船下益州，金陵王气黯然收。
> 千寻铁锁沉江底，一片降幡出石头。
> 人世几回伤往事，山形依旧枕寒流。
> 今逢四海为家日，故垒萧萧芦荻秋。

开篇写的，就是王濬。

高大楼船密行江上，排开两侧清波，一人独立船头，发号施令；目之所及，东吴白惨惨一片降幡。两相对比，王濬这边，可谓金戈铁马、气吞万里如虎。这首诗气魄十足，总叫我忍不住看看，那个指挥楼船下益州、一举灭了东吴的王濬，究竟是何方神圣。

一 仁治民政

王濬（206—286），字士治，弘农湖县（今河南灵宝西）人。他模样俊，姿容美，读书也勤奋，精通各类典籍，是个相当漂亮的人物。但他少年时行为放荡，甚至还欠下了不少风流债，在乡间名声并不很好。不过，和人间的快活事比起来，这点虚名算什么？王濬不甚在乎，是以大家对他的评价更低了。

岁月过去，"使他迷路的那点年龄业已过去"，王濬开始收心，立下出将入相的壮志不说，翻修家宅时，还让人在门前开了条几十步宽的大道。

人家问："王濬！修这么阔的路做什么？"

王濬说："将来我做了大官儿，车马仪仗过来，路要是太窄，容不下。"

人家都笑他，读过几本书，就要上天了？王濬撇嘴，不与他们计较，说："燕雀焉知鸿鹄之志！"便去做他的河东从事了。

河东从事这个官儿不算大，主管文书，察举非法。王濬清正，眼里容不得沙，一旦知道有谁贪污受贿，鱼肉百姓，绝不姑息。《晋书》上说，很多不廉洁的官儿一听王濬要来，望风而逃。形容虽然夸张，但王濬的手段魄力，可见一斑。

因有这份手段魄力，王濬不仅被刺史徐邈的女儿一见钟情，得了个才貌双全的美娇妻，还被征南将军羊祜赏识，入府做了他的幕僚。

羊祜（221—278）出身汉魏名门泰山羊氏，母亲是汉代名儒蔡邕的女儿，姐姐羊徽瑜是晋景帝司马师的继室景献皇后，妻子是曹魏名将夏侯渊的孙女，本人更"处腹心之任"，是晋武帝司马炎看重的权臣。

两人虽然官阶、家世都有差别，但所思所想，皆是民生社稷。羊祜内存尊长之心，外有怀民之意，在荆州做官时，建学校、兴文教，安抚当地民众，"甚得江汉之心"。王濬呢，后来担任巴郡（今重庆）太守、广汉太守，见当地靠近东吴，随时可能发生战乱，很多人生了男孩儿后总想办法弄死，不愿养大，便明法度，宽徭课，减轻百姓负担，叫产育者有休养的机会，保全了数千小孩子的性命。

志趣相似，意气相投，两人很快成为知交。即便有人私下告诫羊祜，说王濬这人志太高、心太野，吃穿用度又奢侈，最好不要让他单独担当什么大事，羊祜依然选择相信王濬，并打算成全他的大志。

二 屡请伐吴

泰始八年（272年），羊祜上表密奏，请求让王濬继续留在益州，秘密造船、训练水兵，为伐吴做准备。

这时候，他已在荆州辛苦经营三年，对伐吴有了新认识：从长江上游的巴蜀出兵，借水势顺流而下，可以一举破吴。因战略调整，益州（今四川，重庆，云南，贵州，汉中大部分地区及缅甸北部，湖北河南小部分）地位变得更加重要，而此时的益州刺史，恰是王濬——朝廷因他政绩突出，正准备给他升官儿，调他到别的地方去。

升官儿当然是好事，但长远来看，哪里比得上平定东吴的功绩？司马氏想灭吴，不是一天两天了，早在曹魏景元三年（262年），司马炎的爹，司马昭在世时，就有这个打算，更不必说现在天下一统，岂容你江东盘踞！伐吴既然势在必行，要是伐吴事成，主将们功业赫赫，必能在史书上留下大名，如此一来王濬的鸿鹄大志，也就能完成了。作为知交，羊祜当然不会让王濬错过这个机会，王濬便继续留在益州，负责伐吴诸事。

羊祜上表，说的是"秘密行事"，其实根本秘密不了。光说王濬造的楼船，规模便是前所未有的大。每艘宽一百二十步，能容纳两千多人，放马上去，能跑好几个来回。为了震慑江神，叫它不在出战时兴风作浪，船头还仔细刻了鹢首怪兽，模样十分吓人。

这样大举造船，动静自然不小，木头碎屑顺江而下，不多久便被东吴建平太守发现了。他上奏东吴，请求支援兵力，以防不测，谁知吴主孙皓不以为然——司马氏灭吴，这口号喊了多少年了？哪次真的成功了？这回，也随他们折腾吧！

也怪不得孙皓放心。的确，魏晋交替这几年，内外阻力很多，西晋的灭吴大计，根本没办法施行。

一则，是司马炎代魏建晋，过程十分仓促，根基不稳，朝中党争严重，有时连皇帝都没办法，只能暗吞火气，息事宁人。二来，司马氏才刚灭掉蜀汉，兵力耗损严重，粮草极度匮乏。羊祜初到荆州时，"军无百日之粮"，军中连一百天的粮食都没有。加上水灾、蝗灾、风灾、雹灾……天灾不断，好好的秧苗种下去，成活能收的，根本没几棵。吃的都没有，打什么仗？

更何况，西晋是建国了，但也只是名义上的。边疆不稳，西北动乱频仍，朝廷不得不增派大量兵力平叛，结果却不甚乐观。拿益州来说，王濬上任前的那位刺史皇甫晏，便在平定汶山白马胡时被杀。王濬上任后，虽然极力怀柔，安抚民众，但咸宁年间（277—278），仍有人妖言惑众，谋杀地方长官。

内政已有很多难处，对外要灭的东吴，也不是什么软柿子。武将能臣不少，数十万甲兵整戈待发，江东可不缺血战到死的好儿郎！主动进攻北方，是常有的事；在交州，双方对峙八年之久，晋军也没能拿下西陵——那可是顺流东下，进攻吴国的最好跳板。

伐吴困难重重，司马炎当然要仔细斟酌。

泰始十年（274年），东吴名将陆抗去世，羊祜、王濬等人上表请伐，朝廷未允。

咸宁二年（276年），羊祜、王濬等人再次上表，请求伐吴，朝廷依然没有同意。

咸宁四年（278年），羊祜以病重之躯入朝觐见司马炎，力陈伐吴势态，不久含恨去世。终其一生，羊祜心血尽在伐吴，然而终究未能亲眼看到伐吴成功。

同年，王濬继续上表，"臣作船七年，日有朽败，又臣年已七十，死亡无日"，我从开始造船，到现在，已过了整整七年。七年时间，船只日有朽败，再过些日子，恐怕就用不得了。而我呢，如今也是年过七十的老人，随时可能死去。到那时，陛下您又要找新的将领，造新的船只，一切要从头开始。距离国家真正统一，要等到什么时候呢？

从最初应承伐吴时的激动，到后来一次次上表、一次次被推拒的沮丧无奈，再到后来，知交羊祜壮志未酬，抱恨而终，自己白头搔更短，浑欲不胜簪——王濬心中的确还有壮志，可这样的壮志，终究抵不过天命人寿，终究会有尽时。

好在这一年，东吴内政不稳，名将皆死，司马炎终于同意攻吴了。

咸宁五年（279年）十一月，西晋分六路发兵，南下攻吴。他们准备极其充分，从出师到灭吴，只用了四个多月。王濬一船当先，首破东吴都城建邺（今江苏南京）城门，一时旌旗蔽空，铁甲铮然作响，满江皆是意气风发的晋军，威势甚盛，尽破东吴国主孙皓胆气。

当这个以残暴闻名的人君，备亡国之礼站在自己面前时，步入建邺的王濬，是否终于可以放下心头块垒，觉得七年多不屈不折，终于有所斩获，无愧于心；是否终于可以告慰知交好友羊祜，告诉他宏愿已成，死可瞑目；是否终于可以，向嘲笑过他的同乡们证明——燕雀安知鸿鹄之志？

三　功成身退

然而，出乎王濬意料的是，事情远远没有结束。

按原计划，王濬攻下建平后，要受杜预节度指挥，到秣陵后受王浑节度。杜预为人宽和，不太在乎功业虚名，他觉得王濬攻下建平后，已在军中建起威名，这时候如果让他再受自己指挥，不大合适。他给王濬写了封信，鼓励他审时度势，该打就打，不必有什么顾虑——这是彻底放权了。

王濬得他指令，立刻长驱直入，谁知没到秣陵，就在王浑处碰了钉子。王浑要求暂时停军。为什么？无非是当时东吴已不堪打，谁先进去，谁就能抢得头功。王浑已在扬州守了一百多天，当然不愿错过这个机会。

反观王濬，一来，他之前已打爽快，二来，他未必不想抢到头功，便跟王浑说风大，停不了，直入东吴，得了先机。王浑心中愤恨难当，上表告了王濬一状，说他不听自己指挥，又污蔑王濬暗中扣留东吴财物，要朝廷治他的罪。

不听指挥是真，扣留财物，就不好说了。然而王濬首破东吴，立下头功，手上还有八万兵力——这些兵的主力，可都是骁勇善战、所向披靡的巴蜀兵！倚巴蜀之势，重兵反叛的前例，难道还少？司马炎根本不放心，平吴时便先后七次下诏，让王濬听众人节度，谁知他千防万防，还是没防住王濬专断。

司马炎原本心里就不甚畅快，加上王浑告状，便顺势下诏，把王濬狠狠训了一顿。王濬起初觉得委屈，多次上表，仔仔细细跟司马炎辩解：臣为什么不接受王浑节度？战场瞬息万变，要是臣固守之前定下的战略，恐怕耽误伐吴时机，云云。

上表次数多了，见司马炎态度依然含糊，王濬终于恍然大悟，明白了圣意：这明面上，皇帝是怪他抢占头功，暗地里，其实是要他解甲归田哪！他长叹一声，将兵甲尽数解散。回朝之后，司马炎对他的态度果然一变，再次和蔼可亲起来。即使王濬每次觐见司马炎，都会讲一讲荣耀故事，提起自己灭吴的大功，还要诉诉苦，说自己被王浑父子诬蔑的冤屈，愤恨时对司马炎也不大恭敬，言行不逊……一切种种，司马炎都忍得下来——王濬不是世家出身，现在手上又没了兵，孤立无援，一个普通功臣，计较作甚？笑笑罢了。

日子久了，王濬有个亲戚看不过眼，好心提醒他："你凯旋之后，不是该退隐宅邸，不再过问世事吗？就算有人问你平吴的事，你也该说，这是圣主之德，群帅之力，哪有我什么功劳呢！现在天天跟皇帝说你平吴有功，是嫌脑袋多了不够砍吗？"

王濬如梦初醒！从此玉食锦服，挥霍无度，聊以自保。

不过，皇帝这边虽妥当了，但王濬和王浑的恩怨一直没有消弭，甚至越演越烈，延至后代。王浑拜访王濬时，王濬严加设防，怕他有加害之心；王浑的儿子王济呢，"以其父之故，每排王濬"，总要找王濬的错处，鸡蛋里挑骨头。

也许正是因为司马炎，还有以王浑为首的世家大族对王濬抱有这样轻视的态度，所以王濬死后，晋室并没有给他足够公正的待遇。七十多年后，东晋权臣桓温上表：王濬是灭吴功臣，可他死后，朝廷对他的家人都没什么优待安抚。现在，他两个孙子已经年过六十，没有一官半职不说，家里一贫如洗。希望朝廷能看在王濬曾为国家立过大功的份儿上，给他家里一些照顾——可惜，朝廷终究没有理会。

这些都是后话。于王濬本人而言，他历经苦辛，在经历漫长岁月的等待之后，终于成就少年时的大志，尽管后来有波折、有委屈，但总算是有一个足够安稳的结局。

而我最喜欢的，便是其传记最后，《晋书》以一种饱含温情的方式，记录了这样一段话：

太康六年卒，时年八十，谥曰武。葬柏谷山……松柏茂盛。

松柏茂盛，真是好。

刘 琨

中夜清啸守旧土 ≫≫≫

那个"闻鸡起舞"的刘琨，我老早就知道了。

我最喜欢的桓温桓大司马，北伐时偶然得到一位服侍刘琨的婢女。那婢女一见桓温，便泪如雨下。多丧气！桓温问她，为什么哭？

那婢女说："您长得太像刘司空（刘琨）了！我看见您，就想起刘司空的音容笑貌。可故人早做泉下骨，所以总忍不住要哭。"

桓温极高兴，却偏假作镇定，出去整顿衣冠好好收拾一番后，转回来又矜持又得意地问："哪里像？"

那婢女仔细将他打量一番，竟叹了口气："面甚似，恨薄；眼甚似，恨小；须甚似，恨赤；形甚似，恨短；声甚似，恨雌。"——空欢喜一场！桓温顿时颓然，接连好几日都无精打采。

桓温是东晋权臣，先平巴蜀，后北伐三次，把持朝政近二十年，又行废立，差点夺了晋室江山。这样一个人，却如此仰慕刘琨，可见刘琨这人，大概真要算个英雄。

一 少年优游

刘琨（271—318），字越石，中山魏昌（今河北无极县）人。在魏晋那个重视门第的年代，西汉中山靖王刘胜后裔这个身份，显然成了刘琨的资本。不仅如此，他祖、父都在朝中担任高官，舅舅郭奕是曹魏著名谋臣郭嘉的儿子，所以少年时代的刘琨，的确称得上"少年不识愁滋味"，与兄长刘舆（字庆孙）一起过着优哉游哉的世家生活，有"洛中奕奕，庆孙越石"的美誉。

但刘琨名著当时，并不只因出身高门。作为文章二十四友之一，他的文采很好，擅长诗赋，常为时人称道。譬如这首《胡姬年十五》：

> 虹梁照晓日，渌水泛香莲。如何十五少，含笑酒垆前。
> 花将面自许，人共影相怜。回头堪百万，价重为时年。

诗很有汉乐府的韵味，质朴活泼，虽有巧笑，却无轻薄，是无忧无虑的少年郎见人家胡姬漂亮，像看风景画似的随记一笔，坦荡又豁达。

这时的刘琨，当然又坦荡又豁达。他生活顺遂，根本没见过世间险恶，对人也没什么防备。国舅王恺嫉妒他和刘舆的名声，邀请两人到家中留宿，想趁机取他们性命。要不是遇到故交，刘琨恐怕早就命丧别院。

这也许是他生命里第一个转折点。

死亡擦肩而过，终于让刘琨感觉到时局的凶险——继元康年间（291—299）皇后贾南风摄政，楚王司马玮被杀后，永康元年（300年），被贬为庶人的太子司马遹惨遭毒手，成为赵王司马伦讨伐贾南风的借口。再往后，持续七年、引发两晋南北朝近三百年动荡的八王之乱爆发。

在这连续的变故中，刘琨许多朋友相继被杀。他自己虽幸免于难，但频繁辗转于数个宗王之间，直到太安元年（302年）归附东海王司马越阵营，生活才算勉强安定下来。

这时的刘琨，已经三十二岁了。

少年时的他，快意风流，落落不拘，当此盛年，却见司马氏兄弟阋墙，血亲屠戮，所为何事？不过为权为名。而他自己，还有父母亲眷，都因这战乱朝不保夕，随时可能死去。这时的他，想起自己十八岁那年，与好友祖逖闻鸡起舞，将彼此视为英雄豪杰的旧事，是否会叹息，是否会感伤？

不得而知。可就算有这样的叹息感伤，刘琨也无暇顾及。乱世已然开始，想活下去，想摆脱日夜行走于生死之间的恐惧，刘琨只能选择在司马越麾下积极行事。他在兖州、豫州、司州东部所向披靡，攻破其他宗室，斩杀对方大将；还以三寸不烂之舌，为司马越争取到具有重要战略意义的冀州①，因此备受司马越器重。光熙元年（306）十月，他被任命为并州（今山西省）刺史——这是刘琨人生中第二次转折，也是他生命里，最重要的一次转折。

二 坚守并州

他在去往并州的路上，看到太多惨象：饿殍不绝于路，百姓十不存二；活着的人鬻妻卖子，为一线生机放弃同伴，却也因为饥饿显得面无人色；路上寇贼汹汹，耕牛不存，田地荒芜。整个并州，人口不足两万，首府晋阳（今山西太原晋源区附近）更是"府寺焚毁，僵尸蔽地……荆棘成林，豺狼满道"，几成空城。

熟悉的人，你亲眼见到他的死亡——或许只是眨眼一瞬，便被盗贼砍下头颅，热烫的鲜血溅湿你的衣襟；又或者，你的同伴会在饥饿中慢慢衰弱、死亡、腐烂……你能做的，只是握住手中难以下咽的粮食，静静地看他无望挣扎，默默地接受他的死亡，强忍住自己不将他分而食之的欲望。

---

① 司马越拥有幽州、并州、冀州、徐州。从地理上来看，包围了河间王司马颙的雍州、司州、豫州、兖州，所以战略地位很重要。

战乱之中，人内心的兽被唤醒，只要能活下去，做什么，好像都是可以的。

尽管我们可以从史书中读到这些惨状，心里可能有所触动，可是没有亲身经历过的人，终究无法感同身受，无法真正明白这样的凄凉，到底是有多凄凉。而亲临过这样死亡现场的人，比如刘琨，或者能够得到真正的成长。

所以，现在的他，再也不是那个在酒庐前坐观美人一笑的轻薄少年，他开始肩负起更多家国责任。见百姓流离失所，食不果腹后，他"忧如循环，不遑寝食"，上疏朝廷，请赐"谷五百万斛，绢五百万匹，绵五百万斤"接济并州；又剪除荆棘，收葬骸骨，建立官署，攻防盗贼，令晋阳百姓休养生息。

辛苦经营之后，并州内政终于稍微安定，刘琨开始着手解决外患。

当时并州最大的威胁，来自匈奴刘渊。他在永兴元年（304年）建立汉国，定都并州的离石左国城（今山西方山县南村），打算以此为根据地，将并州收入囊中。到刘琨担任并州刺史时，刘渊已占领并州许多地方，并且逐渐逼近晋阳。

如果硬碰硬，未尝不可。但并州百姓才刚有了喘息的间歇，如果战乱再起，必定不利苍生，所以，刘琨选择智取。他用离间计劝降许多胡人部落，让刘渊心存忌惮，迁居去了蒲子（今山西隰县）。

不费一兵一卒，便叫来势汹汹的刘渊退避，这件事传扬开来，更成传奇。有人说，胡骑来犯的时候，因为城中没有足够兵力，刘琨便登楼清啸，在夜半月色中奏起胡笳，声音凄然，让胡人想起久别的家乡，不由流泪唏嘘，纷纷退兵。

故事虽然夸张，但也看出刘琨当时威震蛮夷的名声。这份名声不但让胡人忌惮，还吸引了不少人前来投奔——这原本是天大的好事！然而刘琨少年得志，后来虽有死生之忧，但官运也算顺遂。唯一算得上冲击的，大概就是他在并州境内见到的百姓惨况。而现在的他，不但在安抚民众上取得不小成绩，还成功击退刘渊，心里自然很有些天下豪杰非我莫属的自得了。所以，政局稍安之后，刘琨"奢豪，嗜声色"，还偏信亲宠，独断专行，不但"一日之中，虽归者数千，去者亦以相继"，最终还酿成大祸。

永嘉六年（312 年），奋威护军令狐盛不满晋阳令徐润骄奢跋扈，妄自干政，屡次劝刘琨杀他。虽然刘琨没有采纳令狐盛的意见，但徐润怀恨在心，便骗刘琨，说令狐盛想劝刘琨拥兵自立，取晋室而代之。徐润精通音律，和刘琨算得上"志同道合"，因此刘琨对他信任有加，此是其一。第二，取晋室而代之这种话，简直大逆不道！刘琨怕朝廷找自己麻烦，立刻将令狐盛杀掉。

父亲之死，何其冤枉！令狐盛的儿子令狐泥再也不愿为刘琨奔走，立刻投奔匈奴，将晋阳城中的兵力情况一五一十透露出去，还自告奋勇做匈奴的向导，以报刘琨杀父之仇。匈奴自然大喜过望，立刻发兵攻打。七月，晋阳沦陷。刘琨不得已，只好向鲜卑拓跋部求助。在盟友拓跋猗卢的帮助下，历经四个月苦战，刘琨才勉强击退匈奴。伤敌一千，自损八百，刘琨军中"死者十五六"，遭到极大损害，更令他痛苦的是，自己的父母都在这场变乱中丧生。

早在刘琨决定杀掉令狐盛的时候，他母亲便批评他"弘经略，驾豪杰，专欲除胜己以自安"，容忍不了比自己厉害的人，这样行事，将来必定祸及父母，不幸一语成谶。因为刘琨当初的偏信，以至下属反叛，外寇入侵，父母死难。追忆母亲当初言语，刘琨心里，作何感想？他当然会痛悔于自己的独断专行，懊恼自己听不进别人的意见，可是，往事不可追！人死不能复生，晋阳也已沦陷，此时的自己，只能"泣血尸立，抚慰伤痍"，眼见白骨蔽平原。他悲愤之余，想乘胜追击，将匈奴一举歼灭。

只可惜，心有余，而力不足。

匈奴实力依然强盛，虽然现在暂时将他们击破，但刘琨的兵力根本不足与他们抗衡。拓跋猗卢冷静地意识到了这一点，给刘琨留下一些精锐士兵、一千多头马牛羊、一百辆车以后，便离开了。少了盟友的支持，刘琨独木难支，毫无办法，只得恨恨放弃。

经此一役，刘琨家破人亡，但放眼天下，有多少人和刘琨遭受着同样的苦难？晋阳沦陷前一年，匈奴攻破西晋都城洛阳，俘虏晋怀帝司马炽——这就是历史上著名的"永嘉之乱"。

表面上看，是这场变乱导致西晋穷途末路，实际上，更早之前，朝臣就已放弃了洛阳。匈奴来犯，晋怀帝求助于各方州郡，甚至在绝望中说出"今日尚可救，后则无及矣"这样的话，可惜消息传遍九州，没有任何人来救他。这个时候，洛阳几近废城，"饥甚，人相食，百官流亡者十八九"。司马炽打算逃离洛阳，却连随行的车舆都没有。后来勉强找到小船，打算乘舟离去，但步行到铜驼街，司马炽被盗贼洗劫一空，不得已只好再次返回皇宫。

一国之君，竟然沦落到这样的地步，让人情何以堪！

然而更大的羞辱还在后面。洛阳城破后，匈奴"焚烧宫庙，逼辱妃后……百官士庶死者三万余人"，司马炽被掳至平阳。两年后，他先被匈奴强逼在宴会上穿青衣为人倒酒，后因晋臣哭泣，激怒匈奴，以至被杀。年仅十三岁的晋愍帝司马邺在长安（今陕西西安）即位，改元建兴，但此时朝中零落，士族高门不是被杀，就是南渡过江，司马邺所能依靠的人，所剩无几了。

好在，刘琨是他能够依靠的对象。

建兴二年（314 年）二月，司马邺拜刘琨大将军，都督并州诸军事，刘琨领命，并向司马邺承诺，如果不能将胡人赶出并州，"陨首谢国，没而无恨"。

国何在？家何在？国破家亡。可就算国破家亡，天下依然还有千千万万的普通百姓。民生维艰，苍生何辜？

所以，刘琨依然固守。

三 时不我与

可惜，他守不了太久了。

建兴四年（316 年），石勒攻打乐平郡，太守韩据向刘琨求援。恰好此时有拓跋兵士归附刘琨，兵力比从前强盛，刘琨便想出兵援救。但部下建议刘琨，这些新附士兵"久在荒裔，未习恩信，难以法御"，恩义反复，很难在短时间内召集他们，让他们上下一心，共同抗敌。不如先用恩义感化他们，对外以守为攻，不要贸然出兵。

但刘琨不听。他总是这样，重义气，讲豪情，做事冲动，缺乏政治考量。这是刘琨的优点，也是为他引来大祸的缺点。徐润令狐盛一事如此，发兵援救乐平，也是如此。出兵之后，事态果然如部下预计的那样，新附士兵不熟悉刘琨作风，又很疲惫，加上石勒骁勇，不到一个月，"一军皆没，并土震骇"，刘琨败亡。

在死亡的恐惧中，刘琨的下属将并州献给石勒，而刘琨自己，则率众投奔鲜卑段匹磾，与他结为姻亲兄弟，结盟讨伐石勒，"同奖王室"。

只是，这时的王室，已不再是西晋了。

就在这年八月，匈奴破长安，将晋愍帝司马邺掳至平阳。第二年三月，也就是刘琨和段匹磾结盟的这个月，琅琊王司马睿于建康（今江苏南京）称帝，改元建武——到现在，所有人都放弃了那个被迫登上皇位的十六岁少年，也放弃了那个从建立之初就变乱不断的西晋。

刘琨心里不是不痛。

可也许是八王之乱时起兵的藩王太多，执政的时间又都太过短暂，也或许这时候，"豺狼肆毒，荐覆社稷，亿兆颙颙，延首罔系"，戎狄虎视眈眈，打算颠覆中原。苍生涂炭，不得安宁，才是刘琨心中最大的忧患，所以，在得知司马睿称帝后，曾经固守边疆，信誓旦旦向司马邺保证"陨首谢国，没而无恨"的刘琨，也和其他人一样，上表劝进，表示支持那个偏安江东的小朝廷。作为回报，司马睿拜刘琨为侍中、太尉，赠名刀一把。对此，刘琨的回答是，"谨当躬自执佩，馘截二虏"，我将用这把刀，枭首外寇。

他的确是这样打算的。

只可惜，时不我与。这个时候，恰逢段氏鲜卑内部分裂，其他人怕段匹磾独吞功劳，不肯发兵，攻打石勒一事，只好不了了之。如果只是打仗不成，也就罢了，晋元帝太兴元年（318 年），段匹磾从弟段末波使离间计，假装要让刘琨担任幽州刺史一职，命刘琨的儿子刘群传信给他，半途又故意让段匹磾的人马截获。

段匹磾将书信拿给刘琨，说："你我既为兄弟，我当然信你！说来也是好笑，居然有人用这样拙劣的计谋，挑拨我们！"但这话里的试探，刘琨如何不知？

他立刻表明立场："我和你早就约定好，要共击外寇，一雪国家之耻！如果刘群真有叛意，就算他是我的儿子，我也绝不姑息！"很有些大义灭亲的意思。

段匹磾听后，心里石头总算落地，打算将刘琨放还驻地。然而，他弟弟却对刘琨有"非我族类，其心必异"的怀疑——万一这件事是真的怎么办？宁可错杀，不可放过，以绝后患。

乱世结盟，安有情义？

段匹磾虽然与刘琨称兄道弟，但也只是因利益结盟，一旦利益可能遭到损害，段匹磾便不能不多几分顾忌了——史书上说是他弟弟劝言，可段匹磾自己，未必没有杀心。恰逢此时王敦遣使过来，段匹磾便顺水推舟，将刘琨软禁起来了①。

———————————

① 这件事《晋书》刘琨本传有记载，但段匹磾向来以晋臣自居，应该是拥护司马睿的。若真要杀刘琨，不该听从王敦密使的命令，至少需要皇帝的诏书。从其言行推测，胡汉之分、王敦密使应该都只是段匹磾顺水推舟的借口，真正原因，还是在他担心刘琨声望高于自己，又叛去段末波处，才借刀杀了人。

《晋书》中说，刘琨在狱中"自知必死，神色怡如"，但实际上，刘琨并没有放弃。他写信给别驾卢谌，希望他来援救自己：

> 握中有悬璧，本自荆山璆。惟彼太公望，昔在渭滨叟。邓生何感激，千里来相求。白登幸曲逆，鸿门赖留侯。重耳任五贤，小白相射钩。苟能隆二伯，安问党与雠？中夜抚枕叹，想与数子游。吾衰久矣夫，何其不梦周？谁云圣达节，知命故不忧宣尼悲获麟，西狩泣孔丘。功业未及建，夕阳忽西流。时哉不我与，去乎若云浮。朱实陨劲风，繁英落素秋。狭路倾华盖，骇驷摧双辀。何意百炼钢，化为绕指柔！

这首诗里，刘琨借用许多谋臣救人君于危难的旧典，希望卢湛能明白自己的深意，采取行动。然而他怎么也没想到，因卢湛"素无奇略"，根本没有理解刘琨的深意，居然只像平常那样，回复他一首诗，以作唱和。这首"救命诗"，最后竟成了他的"绝命诗"！

刘琨无可奈何，只得继续坐困段匹磾处。不过，他忠于晋室，又素有威望，卢谌虽不能明白他的意思而采取行动，打算救他的人多的是。代郡太守辟间嵩、雁门太守王据、后将军韩据等人，纷纷密谋，要救刘琨。也许他们声势太过浩大，最后事情被段匹磾发现，几人全部被杀。

这件事让段匹磾感到恐惧。刘琨已成阶下囚，都还有这么多人对他念念不忘，打算豁出性命来救他；一旦刘琨得救，想杀他的自己，又该是什么样的结局？思量至此，段匹磾彻底放下了自己与刘琨的情谊，不多久便将刘琨缢杀，死时年仅四十八岁。刘琨子侄四人，俱被害。

少年时代的刘琨，一身肝胆，满心意气，在听闻好友祖逖被征用为将时，对亲友说："吾枕戈待旦，志枭逆虏，常恐祖生先吾著鞭"。然而在经历八王之乱、戎狄屡犯我中原大好河山的危局之后，后期的刘琨，更像一个孤胆英雄。

与当时许多士族子弟不同，刘琨选择的，始终是最靠近死亡的地方。在绝大多数人都已绝望放弃的时候，他依然不惧生死，坚守在前线，抗击外虏。诚然，人无完人，刘琨身上有着太多缺点，有的甚至直接导致他后来失败被杀，可从光熙元年（306年）踏上并州那一刻开始，此后十二年间，黎民安乐，始终是刘琨放在第一位的要事。

为了苍生百姓，他失去了父母，将自己的儿子当作人质，遣送给拓跋部，而他自己，最后也没有活过半世岁月。

或者正像他在给卢谌的信中写的那样：我少年时候性好老庄，放纵不羁，后来逆乱频起，国破家亡，亲友凋零，哀愤俱至，才真切明白什么叫作天下苍生。

何意百炼钢，化为绕指柔。曾经那身肝胆，在岁月的风霜下，化作面对死亡的从容温柔，而他在乱世中抱有的这份坚持，千年之后仍让我们动容。

刘琨呀。

祖　逖

湖海襟抱归一事 »»»

天蒙蒙亮时，突然听到一声喔喔响亮的鸡叫。不多时，便有群鸡相和，远近起伏。床上的人猛一睁眼，掀开焐得热烘烘的被子跳起来，奔赴庭院，在这冰冷瑟瑟的寒风中舞剑读书——这就是"闻鸡起舞"的故事。很多人都熟知这个故事，但对故事里早起发奋的主角，或许就有些陌生了。

故事主角有两位，一个叫刘琨，一个叫祖逖，都是魏晋时的肝胆人物。他二人也是好朋友，少年时同住一起，见苍生颠沛，百姓凄苦，便早起舞剑习武，满腔热血，打算报效国家。

尤其是祖逖，《晋书》说他是乱世忠良，有"一代史家，千秋神笔"之称的晚清史学家蔡东藩，更是盛赞祖逖为"当时第一流人物"——要知道，在魏晋南北朝那个忠君之念几近消亡的年代，祖逖始终以社稷为先，守住了一方百姓的太平，这的确是时人很难做到、也很难坚持的事。

一　衣冠南渡

祖逖（266—321），字士稚，范阳逎（今河北省保定市涞水县）人。他很小的时候父亲便去世，所幸祖家在范阳这片地方，算是地方豪族。祖逖几个哥哥又有才干，所以祖逖的少年生活并不凄苦，甚至可以称得上乐趣多多。平日空闲，他也不读书，只在乡间到处晃荡，或者结交豪杰游侠，与大家杯酒往来，热血论英雄；又或者见哪个邻里乡亲日子困顿，便掏出钱袋，给人家倒几个铜板，只说是哥哥们嘱咐做的。久而久之，乡党宗族们都喜欢这个轻财好义、不拘小节的少年郎，对他评价甚高。

乡亲们风评很好，祖逖的兄长们却很忧心。他们这个小弟，人缘好是好，但十四五岁了，字还不认识几个，这样下去，将来怎么办？可不得惹人家笑话！好在，和所有要干大事的人一样，某一天，祖逖突然迷途知返，开始博览群书，涉猎古今了。原因谁也不知道，也许是少年人玩闹之时，有人笑他睁眼认白字儿，伤了自尊吧！无论什么原因，总之，祖逖念书这事儿，哥哥们欣慰，乡党宗族也赞他有济世才。不鸣则已，一鸣惊人，是个皆大欢喜的好结局。

称赞的人多了，名声渐渐传开，州郡也知道有祖士稚这号人物。太康十年（289 年），祖逖二十四岁时，州郡辟他为孝廉、秀才。祖逖按例推辞几次后，去司州（今陕西中部，山西西南部及河南西部）做了个主簿，认识了和他一块儿闻鸡起舞的好友刘琨。他们两人年纪相仿，志趣相投，彼此都很看得起对方，便约定说："如果将来天下纷乱，豪杰并起，我和你不幸狭路相逢，一定要相互避开，否则打起来谁也赢不了谁。"

天下纷乱，其实也不必等到将来。

就在他们说话那会儿，晋武帝司马炎（236—290）的身体已很不好，太子司马衷又是个痴愚傻子，司马炎去世后，大权归于谁手？朝中不免暗潮涌动。第二年司马炎去世，外戚、权臣、宗室的冲突统统被摆在台面上。永康元年（300 年），愍怀太子司马遹被皇后贾南风毒杀，更是拉开了西晋"八王之乱"的序幕。

八王之乱整整持续了十六年。这十六年中，起兵的司马宗室可不止八个，闹哄哄你方唱罢我登场，天下涂炭，四野荒残，死伤无数。祖逖在这变乱中辗转跟了好几个王爷，眼看他们起朱楼、宴宾客——后来楼塌了，死无葬身之地。祖逖终于对时局心灰意冷，谢绝其他几个王爷的征召，退居洛阳了。

这时候的他，会不会想起曾经在司州时和刘琨的慷慨言语？"若四海鼎沸，豪杰并起，吾与足下当相避于中原耳"！那时的他，还想趁着局势不稳，做一个乱世枭雄。但真正到九州乱起，眼见亲眷相残、许多无辜百姓纷纷被杀的时候，祖逖想做一方霸主的雄心，尽化作匡扶国家、爱护百姓的肝胆侠义。

永嘉五年（311年）六月，匈奴刘聪攻破洛阳，俘虏晋怀帝司马炽时，祖逖主动带着乡党百家人口，前往江东（今江苏、安徽、江西的长江南岸）避祸。

当时的人，仓皇逃命，连自己都保全不了，何况别人？为了活下去，什么下不了手？抛家弃口、易子而食的事稀松平常，手里捧着一碗热气腾腾的肉羹，咕噜咕噜灌下肚，顿时活过来，谁管这肉究竟是人的，还是牲口的？有时候，为了争一口枯黄朽烂的菜叶，多年好友、夫妻伉俪反目成仇，白刀子进红刀子出——为了活下去，有什么做不得？

祖逖却是个异类。

南奔途中，他见族中老弱病残走路吃力，落后于大部队，便主动把乘坐的车马让给他们，自己以步代车。去江东的路很远，又在逃难，许多人疲于奔命，身体扛不住，病倒了，祖逖便分药给他们吃。由秋入冬，天气冻得骨髓发疼，祖逖拿出衣服给大家穿，更不必说平时吃饭，但凡有他祖逖一口，就少不了别人那一份。

他好像从来不在乎自己还剩余多少，也不因为剩余多少斤斤计较，能活一个，便算是一个。乱世人命如草芥，可到了祖逖这里，个个都鲜活，个个都珍贵。

大家感受到祖逖的慷慨与仁爱，自然愿意跟他，"少长咸宗之，推逖为行主"，把他当作领袖般的人物。

不过，乡党服气，朝廷可不见得认可。当时像祖逖这样组织族人南下的人太多了。百姓哄闹，江东那边的朝廷总怕生出什么新乱子，戒备心很重。所以，当祖逖他们历尽千辛万苦，千里迢迢来到京口（今江苏镇江）时，还没等歇稳喘口气，便收到朝廷的一纸诏令：江东不是你们能留的地方，赶紧北返回去！

回去？回哪儿去？皇帝都被胡人掳走了，洛阳故地也早化作焦土，"君独不见长城下，死人骸骨相撑拄"——回去，回哪儿去？

祖逖默然良久，转过身见百口人家黑压压一片，全都翘首望着自己，等一个何去何从的结果。怎么办？他只能暗叹一声，扛起所有责任，先带着大家往北走了些许，留在泗口（今江苏淮阴西，古泗水入口）暂时安顿。

二 请缨北伐

但也只是暂时而已。往北走不得，往南留不得，这样局促的生活终归不是长久之计，总要想个解决办法。

没过多久，祖逖便向执政江东的琅琊王司马睿进言：我这次带着族人南下，途中看到很多城池村庄要么被摧毁殆尽，要么就成了胡人的领地。尸体横道，民不聊生，有时我们走上数千里地，都看不到一个活生生的人，四周荒芜，凄清一片。百姓的日子太苦了！不知道朝廷能不能出兵北伐，把趁乱残害中原的戎狄赶走，收复河山呢？

祖逖的确是为江山社稷着想，但他未必没有私心。北伐中原，收复旧土，是朝廷一直想做、但一直没能做到的事。如果祖逖做成，享有赫赫军功，当然就能在朝中挺直腰板。而他带领的族人，自然也不用像现在这样，尴尬地待在泗口那片荒芜之地了。

司马睿同意了。不过，根据史书记载，他虽然同意，但因"素无北伐之志"，便只是象征性地拨给祖逖一千人吃的粮食，三千四布，其他的都让祖逖自己准备。

这个说法，其实有失偏颇。因为当时的江东，根本没有足够的能力北伐。

第一，司马睿貌似在江东立足，但当地世家大族只是将他当作合作伙伴，根本称不上君臣。既然不是君臣，自然也说不上效忠与否。叛变的、自立旗帜盘踞某处的人，不计其数，政局十分不稳。

二来，江东也没兵。永嘉五年（311年）四月，胡人石勒在河南苦县宁平城杀了十多万晋人，其中有几十万晋军被歼灭。两个月后，石勒破洛阳，"百官士庶死者三万余人"，精锐再次被灭。这时候的江东，哪里还有多余的兵力与骁勇善战的胡人相抗呢？

第三，穷。当时江东朝廷草创，"中府所储，数四千匹"，国库里的布①，仅有四千匹左右，就连与晋室有不共戴天之仇的石勒脑袋，江东也只给得起一千匹布作为赏金。库中所存仅有四千，给了祖逖三千，司马睿算是很慷慨了。

只是司马睿再慷慨，也是心有余而力不足，能给的物资有限。这么点粮食，没有兵，也没有武器，想打败覆灭洛阳、兵力强劲的戎狄，简直是痴心妄想。开头就是一大难题，如果是别人，大概会选择知难而退，但祖逖性格刚毅，认定的事绝少回头，更何况他还要为族人挣来一份安居之地。得到任命后，祖逖毫不犹豫，立刻率百余人家渡江北上，准备抗胡。

渡江时，他见江水滔滔，轰然奔腾，想起过往二十年，九州动乱，千里无鸡鸣，白骨蔽荒原；戎狄破洛阳，将西晋人君当作仆役侮辱；江东新朝各方争斗，为谋私利罔顾大局；他心中不由升起十分痛意，站起来将船桨用力拍打在银白浪花上，厉声发誓："要是收复不了中原，再次渡江再次北伐，我祖士稚，犹如此江！"言语慷慨，令身边人慨叹万千，纷纷和他一样，下定决心与胡人周旋

---

① 在魏晋南北朝，布有时可以当作交易的货币。

到死。

不过，虽然心怀壮志，辞色激昂，祖逖也不是有勇无谋之人。他深知北伐不是一朝一夕能完成的事，所以永嘉七年（313年,）祖逖从京口（今江苏镇江）出发，再次去往淮阴，在那里屯扎三年，自造兵器，又募了两千多个兵士，准备得差不多后，才北上出发，抵达豫州重镇谯城（今安徽亳州）后，他打算联合当地坞主军阀，共击外寇。

三 埋骨他乡

"联合"二字，说来简单，其实非常不易。

豫州这些坞主，多多少少都取得了一些不俗的战绩，实力很强。就此拥兵自立，盘踞一方，也够自在快活，凭什么要听你祖士稚的差遣，甘为人下？结果不问可知，祖逖想和他们以信义结交，人家不买他的账不说，有的人还要和祖逖火并。

譬如坞主樊雅，在某天夜里，趁祖逖不备的时候突然来袭。只听"哒哒哒"一众军士策马长驱，直奔祖逖幕帐。他们气势非常，把祖逖军中的将士吓得惊慌失措，方寸尽失。好在祖逖面不改色，沉着冷静，先派一人一马当先而去，取得首胜，振奋士气；再亲自领兵，追击敌寇，破了樊雅军的偷袭。

樊雅心里十分不甘，便又联合其他人再攻祖逖。那时祖逖军中的粮食已然不够，士兵大饥，形式异常局促。樊雅胸有成竹，觉得这次一定能拿下祖士稚。谁知祖逖人缘好，请来外援，又赢了一回。樊雅气愤难当，又怕祖逖借机杀他，很是惴惴。就在他不安的时候，祖逖请人传话：你们之前对朝廷有二心，想自己盘踞一方，这些我都知道。不过，事情过去了就算了，没什么好计较的。你们现在如果归顺，不但没有性命之忧，我还会向朝廷推荐你们，让你们得到重用。

这番既往不咎的言语，让樊雅等人彻底放了心。

祖逖就是这样的人，不到万不得已，绝不轻易动刀杀自己人。每条性命都不容易，干什么动不动喊打喊杀？他对有权有势的坞主宽厚，平时所交所游，无论身份地位高低，也一律敬重有加。对军中将士，祖逖赏罚及时、分明。即便只是一个小小的功劳，祖逖也会马上奖励，绝不拖到第二天。士兵们心里有个什么愿望，但凡祖逖能做到，一定不吝满足。

譬如有个小军士，叫李头，他看上俘虏中的一匹马，但他人微言轻，哪敢开口要马？祖逖观察入微，见李头的目光总是有意无意落在那匹马上，便将这匹马送给了他。李头极其开心，连连称谢，到处跟人说："要是能在祖逖手下做事，就是死了，也没什么遗憾！"

本性也好，手段也罢，通过这些或武力或怀柔的方式，祖逖逐渐将豫州的地方势力收为己用。戎狄有任何异动，坞主们都会暗中派人尽快通知祖逖，让他早作准备。

各方联合，一心抗胡，自然势若破竹。在豫州经营数年，祖逖先后夺回太丘（今河南永城市太丘镇）、谯城、封丘（今河南封丘县）、雍丘（今河南杞县）等地，收复了黄河以南全部旧土，以至于戎狄不但不敢窥兵河南，还给祖逖的母亲重新修了坟墓，写信给祖逖请求胡汉双方通使互市，生意往来。

毕竟是有家国血仇的敌人，祖逖没有给对方明确的回应，但对这些民间交易，他从来都是睁一只眼闭一只眼，不作任何限制。他这个人，心里只有北伐戎狄，收复旧土，其他的事，都不会跟人认真计较。或者，也可以说，在其他事上，祖逖还保留了些少年时那点豪放爽快、不拘小节的遗风。

就像他驻守京口（今江苏镇江）时，天下大饥，米价飞速往上涨。没钱买米，就要饿死了，怎么办？祖逖手下很多人就去偷、去抢——富贵人家是他们经常盯准的目标。祖逖作为长官，非但不阻止，有时还亲自参与，兴致勃勃地撺掇人家："诶，什么时候，我们再去摸一把？"

这样偷抢，没有钱才怪。《世说新语》中说，有天晚上，朝廷几个高官重臣到祖逖家作客，见房间里铺满珍宝裘袍，耀耀夺目。一想不对啊，祖逖性情俭薄，生活向来朴素，什么时候转性，开始奢侈浪费了？这几人便问："祖逖！你房间里怎么会有这么多财物？"

祖逖神情坦然，满不在乎地说："昨晚去秦淮河边抢来的！"也不怕人家就地把他抓起来。

多亏有祖逖这样为达目的不择手段的"讨巧"，豫州军队才慢慢有钱起来。马匹膘肥身健，兵士每顿都能吃饱，打起仗来当然更有力气，前线态势也越发稳定，当地百姓都很高兴。

从东汉末年到西晋末年近百年时间里，战乱不断，百姓早就过惯了苦日子。眼下突然来了个祖逖，守住一方太平，不让戎狄打过来不说，还鼓励大家耕种田地，收葬枯骨，作祭文以安魂魄。老百姓们将他当作再生父母，有一回置酒大会，载歌载舞，给祖逖唱了首曲子谢他：

> 幸哉遗黎免俘虏，三辰既朗遇慈父。玄酒忘劳甘瓠脯，何以咏恩歌且舞。

然而，百姓且歌且舞的好消息传到江东朝廷，朝廷心中一紧。

他祖逖在豫州拥兵千万，外能抗胡，内可安民，要是哪天他一个念头起来，做起豫州的土皇帝，那还了得？于是，太兴四年（321年），已登基为帝的司马睿让吴中名士戴渊出镇合肥，牵制祖逖。

前人栽树，后人乘凉，自己花了近一生心力保有的这片乐土，如今就要白白拱手让人，即便心胸阔达如祖逖，也不愿意。

何况当时江东政局不稳，大将军王敦与司马睿产生龃龉，甚至打算率兵入朝。史书记载，祖逖听说此事后，曾厉声警告过王敦："你怎么敢对朝廷不敬！要是再不撤兵，我马上率三千兵来，用长矛戳你的脚，把你赶回去！"同样以强势闻名的王敦听说后，居然很是消停了一阵。

史书记载慷慨激昂，现实情况却不那么如意。祖逖固守北方，如果朝中真发生了什么，也鞭长莫及，何况此时的他，年岁已大，朝中内乱，不是他能控制或改变得了的。局势如此，北伐戎狄、收复故土的心愿，这一生恐怕也难成了。

但祖逖就是祖逖，不到最后一刻，绝不轻言放弃。他不顾重病在身，争分夺秒地指挥众人筑城坚垒，以防外寇。日子一天天过去，祖逖身体逐渐衰弱。晋元帝大兴四年（321年）九月，祖逖去世，"豫州士女若丧考妣，谯梁百姓为之立祠"。

遗憾的是，祖逖终究没能看到故土收复的那一天。但幸运的是，他终究没看到江东朝廷北伐未成，偏安一隅，南北彻底分裂的那一天。五十六年人生，祖逖无意闻达于诸侯，但也不愿苟安于乱世，无论形势多么凶险，支援多么薄弱，他始终像少年时坚持的那样，以豪杰之名，行豪杰之事，为国为家——即便穷途，始终不曾末路。

谢 玄

不须惆怅为国家 »»»

从前兴之所至，我写过一首《将军令》："十载开边归不得，凄凉雁门羁旅魂。江山无限风光好，谁忆当时谢将军？"落笔时想的人，是谢玄。

史书上关于谢玄记载不多，大部分还是东晋那场以少胜多的淝水之战。"谢玄"这个人，究竟如何？资料太少，难免感觉局促。不过，细考史料，仍有些许可写，譬如我最喜欢的一则记录，是他少年时说自己偏爱的《诗经》句子：

昔我往矣，杨柳依依。今我来思，雨雪霏霏。

这两句出自《采薇》，讲一个士兵在战争结束后的返乡途中，追忆往昔出征时的场景——杨柳随风，柔枝依依，如今归来，却只见细雨绵绵，大雪纷纷。这些诗后面还接了两句："行道迟迟，载渴载饥。我心伤悲，莫知我哀"，道路难走，既饥且渴，放眼天下，唯我一人。天下之大，谁明白我的辛劳？谁明白我的伤悲？

整首诗，和谢玄后来的境遇极其相似，但他只取杨柳两句，说起来，仿佛所有痛苦都被轻巧撇开，人生如此地淡然疏阔。难怪时人赞他是至情至性，我也因此相信，谢玄是个非常漂亮的美男子。

一 少年立志

谢玄（343—388）出身于陈郡谢氏，字幼度，小名阿羯。因他父亲谢奕长年在外忙于公务，叔父谢安便担起训诫重任，儒学玄学、诗书礼乐、安身立命的道理，都一一教给谢玄。

有一回，谢家子弟齐聚，谢安环视一周，微微笑问："大家不需要过问政事，但为什么还要学习为臣入仕之道呢？"众人面面相觑，都不知道怎么接话，唯谢玄淡然回答："真正优秀的人，一定德才兼备。而所谓的才，不仅指文才、清谈玄学的辩才，还有经世致用的政才。精通这些的人，才能算真正的才士，如芝兰玉树一般美好。既然如此美好，大家当然就希望它长在自家庭院中了！"

小小年纪，便有如此见识，谢安从此对谢玄刮目相看，将他视作谢家未来栋梁，管教也分外严格起来。

有段时间，少年谢玄爱好打扮，出门总要佩一枚紫罗香囊。谢安很担忧，既怕他玩物丧志，又怕直说伤了谢玄自尊，便和他打赌。如果谢玄输了，就把香囊给自己随意处置。谢玄不过一个少年郎，哪里比得过自家年长的叔叔？最后当然是将香囊输给了谢安，眼睁睁见叔叔取了火折子，往香囊上一递，繁华成灰！这少年郎玩物的放荡也一扫而空，从此认真读书。长大后，果然如他少年时回答谢安所说，成了一个有经国才略、芝兰玉树般的人物。

可惜的是，虽有才干，谢玄入仕后成绩平平，直到建元五年（369 年），才掀起些波澜——还是一片骂声。当时前秦来犯，谢安推荐谢玄为主帅，朝中议论纷纷：你谢安选举唯亲！谢玄三十岁了，之前有过什么成绩？叫他做主帅，凭什么？还有人说得更难听："谢玄这个人，好名！打仗立功这种名利双收的美事儿，他能放过？"

谢玄极其气愤，厉声反驳："大丈夫提千兵、入死地，难道是想用命换一份虚名？还不是为家为国！如果我谢玄能出征，一定会立下战功给你们瞧瞧！"

但有几个人想瞧他那份战功？反对的依然反对。后来还是中书郎郗超站出来说话："我从前和谢玄一块儿在桓公府上做事，见他安排人事，极细微的地方也没任何不周。他管人管事，能做到人尽其才、物尽其用。这样的人，要是作为主帅出征，一定可以成功。"

郗超和谢玄都曾在桓温手下做事，但两人关系一直不好，此时郗超竟不避私人恩怨，在绝大多数反对声中支持谢玄，可见谢玄有才乃是事实——实际上，桓温还在世时，就评价过自己这个幕僚：做事踏实，四十岁时，必能出将拜相，成为国家栋梁。

郗超才干出众，在朝中很有声望。他一发话，众人纷纷倒戈，于是谢玄得以出任兖州刺史，监江北诸军事，筹备出征。

二　北府精锐

要出征打仗，第一件事，要有兵。

东晋不是没兵。荆州那边，桓冲手中的西军骁勇善战，一直是前秦难缠的对手。但桓冲的哥哥桓温晚年弄权，曾废立过东晋皇帝，算是逆臣。哪怕现在桓冲忠心耿耿，愿意让朝廷差遣西军，但朝廷敢不敢用，还得另说。最好的办法，还是要组建一支受朝廷控制的军队。于是，北府兵应运而生。

后世大多说谢安、谢玄组建了北府兵，其实北府兵的历史，往上可以追溯到东晋初年，郗鉴（269—339）手下的京口兵。京口兵主要由西晋末年逃难到江东的难民组成。逃难途中，什么没见过？路途颠簸，天气炎热，脚底贴着一层炭似的热；如果下雪，一脚下去，便是刺入骨髓的凉，整个脚都要冻烂。有时好几天都吃不上一口饭，全靠意志力撑住。强忍饥饿往下走，抬头却见前方有人身体一歪，倒在地上断了气。

人命全不值钱。每天都有人死去。活，成了最不容易的一件事，但也成了最容易的一件事，只要你够狠、肯拼。

京口兵之所以战斗力剽悍，原因正在于此。别人打仗，是为加官晋爵、扬名万世。他们，只是为了活下去。生死之争，气焰自然更强。打仗厉害，京口兵当然会被各方惦记，权臣桓温就曾盛赞"京口酒可饮，兵可使"，觊觎已久。只可惜，京口兵只认郗家人，桓温权倾天下，用了近十年时间，都没啃下这块硬骨头。还是后来郗超主动让出兵权，京口兵才勉强"解散"，归入桓温手中。

京口兵解散了，但京口一带（今江苏镇江）的流民还在。他们依然为"活着"拼尽全力。史书说他们，"尚气力而多勇悍，习战争而贵诈伪"，仿佛这些人生来就好斗善战。可是，如果能够选择，谁愿意去经历贫穷、去品尝死生，每天活在争斗、愤恨、朝不保夕中呢？

他们只是想活下去。

更何况，现在的东晋，已到日薄西山的态势，比郗鉴那时更加不堪。税赋沉重，流民们拥有的土地财产很少，又因不是江东原著民，常常受到歧视与羞辱。如果能回到家乡，也许一切将会有所不同。

太元二年（377 年），谢玄给这些流民带来了机会。他抵达广陵（今江苏扬州），再次招募京口附近的流民。待遇优厚，一旦入伍，不用再为生计发愁；如果本就有带兵打仗经验的，还能当官儿，手下带几个军士，出去一走，倍儿有脸面！而谢玄的要求也低，只有一条：能承受严格训练，严格、严格、再严格。这个条件，对于京口这些流民来说，根本不算什么条件，因此许多人踊跃应征。

这里面，有骁猛沉毅、战无不克的刘牢之，有号令严整、屡次平叛的刘毅，有握节轻死生、虽败战犹荣的何无忌，有让北魏不敢轻易来犯的名将檀道济，更有后来刘宋的开国皇帝刘裕，还有和他

"内总朝政，外供军旅"的得力谋臣刘穆之……

这些都是有主见、有胆识、有谋略的人，并且和谢玄身世、阅历迥然不同。作为统帅，如果强势，他们必反；太过温和，又没办法让他们听命于自己。所以，采取什么样的态度，才能让这些人心服口服地为己所用，其实是门高深学问。史书虽然只字不提谢玄对北府兵的态度，但能训练出这支"百战百胜，敌人畏之"，成为东晋后期打仗绝对主力的队伍，谢玄的手腕与魄力，必定非同寻常。

组建北府兵，是为抵抗前秦，因此一年半后，训练有素的北府兵立刻奔赴前线。太元三年（378年）二月，前秦皇帝符坚发兵六万，进攻襄阳；一年后，襄阳失守，彭城岌岌可危，谢玄奉命，援救彭城（今江苏徐州）。

也许是兵力悬殊，也或者是不愿折损太多兵力，谢玄没有选择硬杠，而是声东击西，号称要打前秦军辎重所在的留城（今江苏沛县东南）。趁前秦军撤往留城时，谢玄到彭城把人给救了出来。前秦军很快就发现自己被骗了，在怒火中接连攻克淮阴、南县、盱眙等地，离广陵不足百里。符坚再派一将，率两万大军援助。这时，前秦军足足有十万人，击退了东晋许多战将，京师震动，众人惊恐。

谢玄当机立断，亲领三万北府兵，与前秦军在白马塘西激战。他立马横枪，出阵斩杀秦将都颜，溅出一地血色，吓得秦军纷纷溃散。谢玄乘胜追击，又斩一将——不足前秦一半的兵力，却在最后四战四捷，扭败为胜不说，还歼灭了全部敌军，这是谁都没想到的结局。东晋朝廷大喜过望，封谢玄为东兴县侯——然而此时，战争才刚刚开始。

太元八年（383年）秋天，前秦再次发兵，准备一举吞并东晋。他们声势极其浩大，足足九十万兵力，远望过去，"前后千里，旗鼓相望……东西万里，水陆齐进，运漕万艘"，让东晋朝野闻风丧胆，觉得这次怕是真要亡国了！但怕归怕，上，还是得硬着头皮上！东晋将谢安任命为征讨大都督，统筹全局，谢玄为前锋都督，再次奔赴前线，负责全面指挥。

这次任命，对谢玄来说其实十分危险。

且不说如今朝廷上下消极悲观，光论实力，他手上只有区区八万北府兵，而前秦一线军队，就有二十五万人。兵力悬殊，胜率太小。如果败，自家性命难保，朝廷更有亡国灭种的危险。可如果胜了——这可是一场可能会亡国的战争！谢家力挽狂澜，成功保住天下，声望不知会高多少，一定会引来朝廷猜忌，前途晦暗不明。

因此，淝水之战无论胜败，对谢玄个人来说，都没什么好处。他大可以不把家国兴亡这样重大的责任扛在自己肩上。他可以像当时许多门阀子弟一样，"忠君之念已亡，保家之念弥切"，回到会稽故里，清谈玄学，游离于军政之外，从容了此一生。以苻坚礼贤下士，优待汉人士族的风度，即便东晋亡国，谢玄的后半生，应该也不会太难，如果他愿意，甚至会得到相当的礼遇。

但他是谢玄啊。

他是那个说"丈夫提千兵入死地，以事君亲"，不顾性命也要报效国家的谢玄啊。

所以，没有任何犹豫，谢玄选择了死战到底——我心怀天下，所以甘愿马革裹尸，以身殉国！

他先派北府兵趁夜急攻洛涧（今安徽淮南东淮河支流），以五千人大破秦军后，与秦军相持于淝水（今安徽省寿县的东南方），准备决一死战。对岸军营密布，黑压压一片看不分明，唯有兵戈杀伐之气，震慑人心。而那踌躇满志的总指挥，正是那灭过燕国、取了蜀地、一统北方的前秦国君苻坚。如果让他进攻，东晋必然会丧失所有主动权。何况兵力悬殊，数万北府兵，哪里会是前秦的对手？

考虑再三，谢玄决定先下手为强，让人给苻坚递消息：你们千里迢迢来我大晋，现在却临水设阵，是不想速战速决么？不如你们往后稍退，等我军渡河，过去和你们拼杀一番，不是更好？

谢玄这番话，表面看来非常有理：前秦的大本营在项城，路途遥远，粮草补给困难，难道不想早点结束战争？而且，和晋军相比，秦军多为骑兵，比较擅长陆野战。如果能趁晋军渡河时以铁骑突袭，必能取胜。怎么看，速战速决都是最适合秦军的方式，也难怪苻坚动心。

然而，他没料到的是，秦军中出了间谍①。秦军才退一点，那人便在营中高呼："完了！我们败了！"炸雷一般，把秦军将士吓个魂飞魄散。刹那间，军队秩序全乱，兵士四处逃窜，被踩死的、投水而死的人不计其数，尸体纵横，淝水都被堵住。统帅苻融想安定众人，谁知策马前奔时，马匹突然倒地，苻融因此被杀。想安定人心的人反而被杀，前秦军更加惶恐不安。混乱中，苻坚也中了箭，只好一人一马，向北逃亡。

主将被杀，国君逃走，前秦军越发胆寒，惊慌中，风声鹤唳，草木皆兵，不敢有丝毫停歇，一路急进，向北逃奔。逃亡路途坎坷曲折，加上当时秋冬季节，饥寒而死的人，十有七八。

东晋终于在种种机缘下，以八万军力打败了十倍于己的秦军，取得淝水之胜，转危为安。

谢玄却不敢松一口气。第二年，他借淝水战胜的机会，乘势北伐——从永嘉年间（307—311）晋室南渡开始，到现在的太元八年

---

① 这名间谍叫朱序，并非凡庸，曾被桓温举荐，参与平定益州叛乱，后被任命为梁州刺史，镇守东晋重镇襄阳。镇守襄阳时，朱序屡破秦兵，只是因为大意，才做了前秦俘虏。苻坚赏识他守节不屈，将他拜为度支尚书，委以重用。在苻坚看来，大概这份对朱序"不计较"的知遇之恩，能让朱序转投前秦，为自己尽忠。然而苻坚忘了，朱序绝非卖国小人，他一直是为东晋征战的将士，有能力、有气节。眼见故国故人，必有故思；何况朱序还有一位率领百多个婢女、独抗秦军的母亲，又怎么会真的降秦呢？因此，意料之中的，苻坚派朱序游说晋军时，朱序跟晋军泄露了前秦的计策，并主动提出与晋军里应外合。

（383年），七十年了，祖逖、刘琨、温峤、陶侃、庾亮、庾翼、桓温……多少人想再次踏上中原旧土，再次夺回被胡人占领的家园，但多少人，历尽千辛万苦，付出无数时光与鲜血，最后都以失败告终。

举目见日，不见洛阳，目之所及，唯有断壁残垣，白骨荒原。

幸好此时此刻，谢玄成功了。他占彭城、平兖州、收青州、讨冀州……收复了大片中原旧土。然而，就在他准备继续推进时，一纸诏书，让他回镇淮阴（今江苏省淮安市淮阴区），"休兵养息"。

三 功高震主

休什么兵？养什么息？眼看胜利在望，却要回去朝廷！谢玄也许失望，但绝不感到意外。这个结果，早在出征之前，他就已经料到了，不是吗？

如谢玄所料，淝水战胜后，谢家从小姓门户，一举跃升为当朝大族，谢安、谢玄等人纷纷被封为公爵，孝武帝还主动将自己的女儿嫁给了谢安的孙子——盛极必衰，一切貌似的显赫，实际就是衰亡的开始。"王与马，共天下"，东晋从成立以来就有的门阀政治，是现在的孝武帝所无法容忍的。谢家不能，也不应该，再成为另一个琅琊王氏。

我自少年慕磊落，谁能教我坦荡荡？你再是没有私心，甚至强忍叔父谢安去世的悲痛，遵照他的遗愿继续奔赴前线奋战杀敌，可庙堂之上，谁真信你？皇帝说你有私心你就是有。

谢玄没有任何怨言，听令返回淮阴，不多久便病倒了。病中，谢玄多次主动上疏，请求辞职。也许最开始，他只是给朝廷一个台阶下，然而朝廷没有给他任何答复。谢玄带兵多年——带的还是北府兵！声望非常，更不必说他接连打了许多胜仗——还是差点亡国灭种的淝水之战！贸然将他解职，北府兵怎么看？百姓怎么想？朝中士人如何看我司马氏？孝武帝斟酌拿捏，选择了冷处理。

谢玄见朝廷不信他，便一封封奏疏往上递，每一封，都是他苦苦剖白的赤胆忠心。然而，十多封疏文递上去，每一封，都没有任何回应。

这样的境况，谢玄心里必然不会好受。他好像被困在一张网里，留也留不得，走也走不了，而困住他的诅咒，正是他少年时说过的"芝兰玉树，欲使其生于庭阶"，是他曾为自己出征做过的辩白，"丈夫提千兵入死地，以事君亲"。

四十年来，他考虑的全是家国，可家国家国，家国最后给了他什么？顾此半生，不过兔死狗烹。再回首，家眷亲友——太元十年（385 年），叔父谢安亡故；不多久，兄长谢靖过世、幼子夭折。数月之间，三个最亲的亲人相继离开，整个陈郡谢氏，"我兄弟七人，凋落相继，唯臣一己，孑然独存"。

国不国，家不家，谢玄踽踽独行，戎马一生，到底所为何事？而到此刻，报国无门，故人已逝，自己也沉疴加身，病重难治，谢玄心伤难忍，所求不过"瞻睹坟柏，以此之尽"。

太元十二年（387 年），朝廷终于给了他回应：解兵权，调任会稽内史，将谢玄放回到他从小长大的地方。

这时候，已经太迟、太迟了。

回归故里，睹物思旧，谢玄心情更加郁郁。不到第二年，就撒手人寰，时年四十六岁。人说年过半百，可叹他终究还是没能活过区区五十。而这短短四十六年人生，有时我想，也许真是应了"一语成谶"这句话。

他早年说喜欢《诗经》中的"昔我往矣，杨柳依依。今我来思，雨雪霏霏"，去时春风融融，归来冰霜漫道。后来自己果然半生苦战，时常在刀锋上行走，以死搏生。

他少年时学政事，谢安问，晋武帝司马炎给尚书吏部郎山涛的赏赐总是很少，这是为什么？谢玄说，因为山涛想要的不多，所以晋武帝并不觉得自己给的少——这又何尝不是他自己一生的写照。

他想要的，从来都是简简单单的为家为国。然而终其一生，即便金戈铁马，即便肝胆忠心，即便肝脑涂地，可他终究，得到过什么？

品中国古代文人

名士风流

王羲之
顾恺之
陶渊明

可怜衮衮向风尘，渔樵问答醉翁吟

王羲之

而今翰墨虚座，少我文章星斗　≫≫≫

永和九年（353 年）三月三日上巳节，五十岁的王羲之叫上诸多好友，在兰亭曲水边赏美景，喝好酒。兴致上来，大家纷纷赋文，后又说要把这些文字结集，留作纪念。王羲之是主人，自然应承了写序一事。头顶天空碧蓝澄澈，温柔清风吹拂脸庞，身边一众好友或坐或卧，微微笑着看他落笔。就在这人人快活的时候，浓墨清香突然尽化惆怅涩意——今日不可复，盛时不再来！

满腔心绪倾倒，王羲之笔走龙蛇，洋洋洒洒写下这闻名千古的《兰亭集序》，"仰观宇宙之大，俯察品类之盛"，世间有这么多值得留恋的东西，然而人情易变，从前心尖上的珍宝，现在恐怕弃若敝屣，那么，又有什么恒常不变？相比起来，人寿短暂如白驹过隙，眨眨眼，就到头了。这世上所有的一切，大概都会这样吧，消亡殆尽，尘归尘，土归土，死亡是唯一不变的归宿。

我以前初读《兰亭集序》，并不觉得它有多好，甚至还嫌它名过其实。后来长大了，才慢慢明白王羲之所说的"俯仰一世"的悲欢。

他出身东晋第一高门，号称"王与马、共天下"的琅琊王氏；十三岁得朝中名士盛赞，那个不惜放下身段，在席间亲手为王羲之炙烤牛心；二十岁，重臣郗鉴到王家挑女婿，一眼便相中坦腹东床、气质洒落的他；婚后夫妻情深，志趣相投。王羲之的书法自不必说，郗璇也以书法闻名，在当时被称为"女中笔仙"。

后世说起王羲之（303—361），大多羡慕他一生顺遂，所以只将《兰亭集序》中的怅惘当作魏晋时人们常有的浮生感慨。然而，细查王羲之一生，其实不如想象中那么光鲜。

一　早年失父

王羲之的确出生顶级世家，但他七岁时就失去了父亲——这件事在史书里轻描淡写，不过"兵败失踪"四字，背后波澜，却叫人心惊。

王羲之的父亲王旷（274—320）曾是琅琊王司马睿的心腹，也是最早提议立足江东的谋臣，算是两晋之交时一个比较重要的人物。然而微妙的是，无论正史野史，都没有王旷的全传。他一生行迹，像被什么人刻意抹去了。后来人读史，知道的无非是永嘉二年（309 年），王旷被人陷害，朝廷要他带兵去打一场必败之战。既然是必败之战，那结果当然是全军覆没，王旷也就此没了消息。

有人说他是战死，有人说他投降了匈奴，不管真相如何，随着王旷的失踪，他这一支，在政治上彻底没了优势。取而代之的，是王旷的堂兄、王羲之的伯父王导。拥立琅琊王司马睿为帝、草创江左的名与利，后来也尽归王导一支了。

与此同时，看重王羲之，赞他是"吾家佳子弟"的另一位伯父王敦，于永昌元年（322 年）反叛朝廷。王导先领着琅琊王氏子弟跪在宫门前请罪，后为避免才稳定不久的政局失控，王敦还没死，便让王氏子弟提前为他发丧。王敦那边军心溃散，局面终于安定下来①。

身为王氏子弟，这些变故，王羲之一定都有参与。这一年，他

---

① 详见"王敦篇""王导篇"。

刚十九岁，大概还不太理解王导大义灭亲背后的沉痛。

两位长辈的曲折经历，在一定程度上影响了王导和王羲之的关系。两人并不亲厚，王羲之出仕，也不像其他王氏子弟那样顺利。当时在朝中一言九鼎的王导，宁可提携不知米价、在士人中声名不显的太原王述，也不愿看顾亲侄子几分。十六岁时，王家三少中其他两人已成皇室内侍，王羲之依然默默无闻，四年后才正式步入仕途。

少年人受了委屈，又没有父兄可以诉苦撑腰，只好自己强行忍住，有时显得分外落寞。众人宴游，王羲之总是最沉默的那一个，是以史书说他生性木讷，口齿不太伶俐。其实哪里不伶俐！《世说新语·排调》写他调侃孙绰，"啖石客"一个！孙绰擅长玄学谈论，但立论不足时，就爱强词夺理。王羲之借道家的啖石法，既说孙绰谈论与道家思想有关的玄学，又说他牙尖齿利，石头都咬得下去，何况辩论？一语双关地笑他。

这事传开后，人家说："王羲之这人，口齿不像传说中那样钝粗吗。"

岂止不钝，伶俐得很！只看他愿不愿意说了。

二 左右为难

王羲之和王导不亲近，除了那些长辈故事外，还因为他的政治理念与王导不太相同。当时江东草创，门阀名士各怀私心，北方戎狄又虎视眈眈，屡侵我中原大好河山。王导深谙攘外必先安内的策略，在江东施行宽政。清谈玄学？谈！放任实务？那就不管！以至于很多人白领职务，光拿俸禄不做事①。

王羲之对此极不认同。他觉得治理天下，必须勤政务实，必须

---

① 详见"王导篇"。

做出真正有益苍生百姓的政绩才行。崇尚清谈，不问实务就罢了，很多人连自己这个官是干什么的都不知道，长此以往，终究无益于国家社稷。

因为秉持这样的理念，王羲之和琅琊王氏的政敌、向来注重事功实务的颍川庾氏走得很近。他和庾亮是多年知交，感情很深。哪怕后来王羲之、庾亮都已去世，他们的子孙还深情怀恋着昔年故事，说"羲之所书紫纸，多是少年临川时迹"。

两人关系很好，因此庾亮曾举荐王羲之担任江州①刺史，想缓和颍川庾氏与琅琊王氏的关系。因此，咸康八年（342年），王羲之出任江州刺史。他八月去，十二月离开，待的时间不长，四个月而已②。但这四个月时间，对王羲之来说，十分煎熬。

细究庾亮初心，大概是觉得，王羲之再怎么说也是王家子弟，王导心里再怎么不满，好歹要给他几分薄面；自己是王羲之好友，两人政治理念相近，由王羲之出任江州刺史，相当于颍川庾氏与琅琊王氏各占一半江州，双方都满意。

———————————

① 东晋时江州占地很大，包括今天的江西、福建、湖北咸宁、武昌至黄石的长江南岸、湖南衡阳以南以东等地，战略地位十分重要。就像田余庆先生在《东晋门阀政治》中说的，"江州若合于荆州，上游就更能自主，从而对下游的优势也会加大，建康将感到威胁。江州若控制在建康朝廷之手，荆州方镇将难于独立，有可能受制于建康"。这时的庾亮，恰好盘踞武昌，王导身处建康，江州自然就成了他们眼中的肥肉，都想把它据为己有。仅咸康六年（340年）到永和元年（345年）之间，就有庾亮、王允之、褚裒、王羲之、庾冰、谢尚（未就任）、庾翼七人先后被任命为江州刺史，可见王、庾两家对江州争夺之激烈。庾亮、王导去世后，庾、王对江州的争夺更加厉害。咸康六年（340年）正月，琅琊王允之担任江州刺史，庾怿想用毒酒谋杀他。后来事泄，庾怿被皇帝呵斥后畏罪自杀。王允之做了两年江州刺史，咸康八年（342年）六月庾冰执政，把王允之从江州调走，王允之郁郁而终。

② 王羲之何时担任江州刺史，历来说法不一。有咸康六年（340年）说、永和元年（345年）到永和三年（347年）等不同说法，今从刘占召先生《东晋门阀政局的变迁与王羲之的仕宦抉择》中的观点，定为咸康八年（342年）。

王羲之却很痛苦。

他和庾亮的确关系要好，理想一致，可他毕竟是王氏子弟。在魏晋南北朝那个家族利益大于一切的时代，王羲之怎么可能真的背弃自己的家族，帮颍川庾氏挣得一份权势呢？他固然和王导关系疏淡，但这并不代表他真的不在乎琅琊王氏的安危，尤其此时已是王敦乱后，琅琊王氏元气大伤，面临由盛转衰的困境。

所以，在江州就任的四个月里，王羲之心情十分压抑。他上疏祝贺晋康帝登基，"臣羲之言，伏惟陛下天纵圣哲，德齐二仪。应期承运，践登天祚，普天率土，莫不同庆。臣抱疾遐外，不获随例，瞻望宸极，屏营一隅"，明明是举国欢庆的好事，在王羲之笔下，却带着几分落寞萧然。天气寒凉，霜雪满地，皇上您登基当然是普天同庆的好事，可惜我此时偏安一隅，又生着病，没办法亲眼见到这样的盛况……

此时的他，眼见秋冬季节天气肃杀，冷气透彻入骨，心里像被火炙烤一般，当真是左右为难，两面难堪。

这样的难堪，贯穿了王羲之大半生时光。

六年后，晋穆帝永和四年（348 年），历史再次重演。那时桓温已平蜀汉，立下大功，又在荆州盘桓，重兵在握，让朝廷十分忌惮。执政的会稽王司马昱扶持名士殷浩，想抑制桓温。殷浩固然在武力上没法和桓温相抗，可他于清谈玄学上声望极高，便利用清谈声望拉拢了不少朝中名士，打算在舆论上压制桓温。

王羲之出身名门，自然是殷浩他们想拉拢的对象。所以，殷浩对王羲之十分尊敬，写信给他说："悠悠者以足下出处足观政之隆替，如吾等亦谓为然"，您愿意出仕，就说明现在政治清明，反之亦然——对王羲之评价不可谓不高。

这时的王羲之，已在庐山隐居五年。接到殷浩请他出仕的信笺后，王羲之选择了拒绝。他深深明白，殷浩盛赞的，不是"王羲之"这个人，而是"琅琊王氏"这么一个身世；殷浩看重的，也不是"王羲之"这个人有什么才干，有多大才干，而是"琅琊王氏"这个门第，有什么影响力，有多大影响力。

咸康八年（342年），经受过左右为难的煎熬后，王羲之再也不愿成为两方势力拉扯的棋子。他想凭自己的能力，以一个调解者的身份，去和桓温谈判。于是，他给殷浩回了封信："若蒙驱使，关陇、巴蜀皆所不辞。吾虽无专对之能，直谨守时命，宣国家威德，固当不同于凡使，必令远近咸知朝廷留心于无外……"为国家做事，我王羲之义不容辞。但若您真的需要我出仕，还请派我去往关陇、巴蜀，向桓温宣扬国家的威德。

他不愿留在朝中，做一个众人吹捧，但于政事毫无用处的名士；他想做的，是亲自前往桓温的根据地，与桓温面对面交谈，让桓温以国家为先，顾全大局。

司马昱和殷浩妥协了。王羲之被任命为护军将军①，刚一上任，便写了篇《临护军教》，向兵士们郑重承诺：军营里面，大家彼此之间要公平一点，不要有所偏颇。另外，大家遇到任何困难都可以跟我说。军中老弱多病，或是温饱不能自给，或者没办法养家的，各部门要分不同情况仔细安排。

这在"上品无寒士，下品无士族"、贵贱分明的魏晋，实在难得。王羲之真心想为国家做些实事，无关立场、无关身份，谁做出的决策对国家更有好处，他就更支持谁。所以，后来王羲之见桓温作风务实，生活简朴，对他心生好感，不但与桓温频繁写信，还经常称赞桓温的功绩。这种态度，显然让司马昱和殷浩逐渐不满。

永和八年（352年），为了和桓温较劲，殷浩决心北伐。王羲之异常反对，先写信给殷浩，劝殷浩以"修德补阙，广延群贤"为先，如果只为压制桓温而出兵，岂非劳民伤财？更何况，匆匆北

---

① 护军将军是魏晋时中央军的统帅之一，为三品武将。不过，东晋中央政府能控制的军队不多，装备又差，所以难有作为。

伐，在现在南北力量悬殊巨大的情况下，只会惨败。君不见祖逖曾渡江北上，只收复了黄河以南的地区；庾亮、庾翼也曾筹谋北伐，可惜出师未捷身先死，这些人常年带兵，有实战经验，北伐尚未成功，何况从没出征过的你呢？殷浩不听。

王羲之暗叹口气，又殷切劝说司马昱："今外不宁，内忧已深"，北方胡人固然是我东晋的威胁，但现在朝廷党争严重，有时竟为意气相争，贸然行事。如此草率，对国家的长远安定没有任何好处。司马昱也不理他。

岂止不理他，司马昱还十分生气——我千请万请，请你王羲之出仕，是为了让你支持我和殷浩，结果呢？你平时和桓温写信，赞他为国尽心就算了，如今和桓温相抗，你居然还要咒我们北伐失败？便坚决支持殷浩北伐。

永和十年（354 年）二月，如王羲之预料的那样，殷浩北伐，惨败而归。桓温向司马昱施压，将殷浩贬为庶人，空出来的扬州刺史一职，司马昱给了太原王述，以便继续牵制桓温。

这是王羲之断然无法接受的事。

三 退隐金庭

他和王述结怨已久。

两人一出任琅琊王，一出任太原王，加上年纪相仿，别人常把他们放在一起比较。王羲之不必说，家世好，琅琊王氏，"王与马，共天下"！书法好，天下多少人争相追捧；气质好，处事从容不迫，当年郗鉴到王家选女婿，其他子弟都拘束恭谨，唯王羲之坦腹东床——这等风流，真乃魏晋风流！

王述呢，就差许多了。太原王氏在东晋年间已然没落，更不必说王述幼年丧父，虽然袭了蓝田侯的爵位，但家里穷得没奈何。后来做宛陵令时，还贪赃枉法，收了不少贿赂。他性情也急，吃鸡蛋时用筷子刺夹，没刺中，便大怒，将鸡蛋猛摔在地上。见鸡蛋依然滑溜溜完整一个，王述怒上加怒，竟冲过去用脚踩。但他怒甚，失了准头，没能踩中，又将鸡蛋抓起来一把塞进嘴里，咬牙切齿嚼碎，再呸的一声吐出来——一个鸡蛋，何至于此！

两人高下分明，王羲之受到的赞誉当然更多。久而久之，王羲之难免在心里轻视起王述来。可出乎王羲之意料的是，王述这人大器晚成，到老时，名声竟慢慢起来了！王羲之心里不太痛快，便在永和七年（351年）趁王述母亲去世时，先放出风声说要去吊唁，可王述眼巴巴等他很久，王羲之都没去。后来偶然经过，王述欢欢喜喜出门迎他，没想到王羲之居然掉头就走。

这玩笑未免开得太过分了！平时再怎么有仇，毕竟人家母亲过世，王羲之无论如何也不该视这种事为儿戏；更何况，两晋之时孝字为先，有时比"忠"还重要百倍。王述受此凌辱，心里能够不恨？就此与王羲之深深结怨。如今听到王述担任扬州刺史的事，王羲之能高兴？

不过，王羲之高不高兴不重要，司马昱高兴就可以了。

王述向来讨厌桓温。桓温曾想把女儿嫁给王述做儿媳妇，王述儿子回来一说，向来宠爱儿子的王述一掌将他推开，怒道："你脑子糊了还是怎的？我太原王家，怎么可能与那出身寒素的武夫家庭结亲！"永和十二年（356年）桓温上表，请求迁都洛阳，王述也坚决反对。这样的人，立场鲜明，可比那一心劝桓温、司马昱"将相和"的王羲之好多了。

于是，永和十年（354年），王述出任扬州刺史，摇身一变，成了王羲之的顶头上司。他当然不会放过这个打击报复的机会，来会稽检查时百般挑剔，让担任会稽内史的王羲之倍感耻辱。王羲之上表朝廷，要求把会稽改为越州，与扬州并列，以便自己和王述平起平坐。这等改州立县的大事，朝廷当然不会因为个人恩怨就同意，王羲之目的未达不说，反而惹来许多嘲讽。

王羲之更觉耻辱，深感"处世不易，岂惟公道"！他愤愤然辞去官职，还到父母坟前发下毒誓："从今以后，若我王羲之再次为官，便是琅琊王氏的不肖子孙！"

这一天，是永和十一年（355 年）三月九日，离众人欢喜清谈，王羲之感慨人生一梦的兰亭集会，恰好两年。

司马昱早就嫌弃王羲之立场不明，见他辞官，"朝廷以其誓苦，亦不复征之"，便顺水推舟，再没启用过王羲之了。

这时的王羲之，也无甚所谓了。

他年过半百，见过琅琊王氏、颍川庾氏、谯郡桓氏相继把持朝廷，却又在一人身死后家族急速无闻。他曾努力为国家做事，担任会稽内史时勤政务实，开仓赈贷、复开漕运、修改刑法、禁酒节粮——魏晋年间，人人讲说名士风范，尤其东晋末年，"名士不必须奇才，但使得常无事，痛饮酒，熟读《离骚》，便可称名士"，都把饮酒看作一件大事，王羲之禁酒？引来许多名士讥诮。他努力调和过琅琊王氏与颍川庾氏的关系，希望桓温、殷浩以大局为重，不要盲目北伐，虽然最后都以失败告终，但王羲之俯仰一世，无愧于心。

现在的他，退隐金庭（今江苏苏州金庭镇），每天踏足名山，垂钓清溪。他虽不再为官，但依然关心朝政，叮嘱领兵前线的谢万和将士们同甘共苦，不可骄纵；推荐谢安出仕，掌握大局；司马昱找他有事，他也尽心回复，从不怠慢。只是，他再也不愿回去官场，哪怕朝中好友多次邀他出仕，王羲之也一笑置之。

六年后，王羲之去世，归葬剡县（今嵊县）金庭瀑布山南。

他出身门阀大族，死后更有"书圣"美名，一篇《兰亭集序》，闻名千古。然而在世时，三十多年宦海生涯，步步艰辛；大家都想借他琅琊王氏的名声，将他当作制衡对方的棋子，他却偏要有所作为，力劝众人以大局为重；他说自己不喜欢官场，却认认真真做了三十多年的好官，哪怕处境尴尬，屡遭嘲讽。

原本不用这样辛苦，不是吗？政局变幻莫测，但每一方都和他关系良好，只要服个软，和别人一样，也为门户利益考虑，王羲之的结局，定然有所不同。然而他之一生，骨鲠抗直，从不屈就于琅琊王氏的虚名，正如弗罗斯特那首诗形容的：

林子里有两条路，我选择了行人稀少的那一条，它改变了我的一生。

因为如此，王羲之得以成为王羲之。

顾恺之

也是疏狂也任真 ≫≫≫

顾恺之（348—409）吃甘蔗，与别人很是不同。

人家都是从最甜的地方下嘴，咔咔咔吃到后来没滋味，扔了！顾恺之不。他从尾巴梢吃起，一路啃上来。

有好奇心重的问他："顾恺之，你吃甘蔗的方法怎么跟别人不一样？是个什么道理？"

顾恺之眨眨眼，慢条斯理地说："从尾到头，越吃越甜，这叫——渐入佳境。"

我小时候初读这典故，心思都在分辨甘蔗的头尾上，长大后重读，觉得顾恺之这个人，有点意思。

他是东晋人，字长康，小字虎头，因此又有人叫他"顾虎头"。我很喜欢这个小字，读来有股憨气，和顾恺之的性格很是合衬。人家说他有"三绝"：画绝、才绝、痴绝。

画绝自不必说，《女史箴图》《洛神赋图》《列女仁智图》举世闻名，笔法连绵，如春蚕吐丝，但又不觉沉重密繁，反而飘飘若云，形神兼备；笔下《论画》《魏晋胜流画赞》《画云台山记》三则，是中国现存较早的比较完整的画论著作，见解精辟。顾恺之还是第一个提出"传神论"的人，认为画人物时可以不求形似，但一定要有"神"。这些对后世人物画、山水画的影响都很大。

才绝，顾恺之写文，观察入微，高奇精细。譬如有则《冰赋》，所存句子不多，但管中窥豹，可见精妙。其中"义刚有折，照壶则虚……转若惊电，照若澄月，积如累空，泮若堕节"几句，将结水成冰的"灵化"，冰的色、形、质表现得淋漓尽致，澄澈空明，晶莹湛湛。

一 桓温幕僚

至于痴绝，是说他顾恺之迟钝木讷，却又十分骄矜自大。东晋权臣桓温却说："顾恺之这个人，痴黠各半，痴自然是痴，但聪明也是真聪明，两厢合在一起，正好!"——这大约是对顾恺之最贴心的评价了。

顾恺之十九岁时就入了桓温军府。那是兴宁二年（364 年），顾恺之刚在建康（今江苏南京）瓦棺寺画了著名的《维摩诘》壁画，光彩耀耀，名动一时。桓温当然也听说了这件事，很为顾恺之才气倾倒，便请他到自己府上做了大司马参军。

不多久便是秋天，桓温在江津（今湖北江陵县南）设宴，见天光渐落，晚霞铺陈，他突然起了兴致，问在座众人："大家看看远处的江陵城，有什么感受? 说得好的，有赏。"

顾恺之不假思索，脱口而出："遥望城层，丹楼如霞"，短短八字，块垒勾画，将那彤彤一片难得景致呈在眼前。桓温立刻赐了他两个婢女。

九年后，桓温去世，顾恺之极其伤心，跑到坟头赋诗，"山崩溟海竭，鱼鸟将何依"! 山崩地裂，海水枯竭，鱼鸟再没有可以栖息依凭的地方了。

人家见他伤心，又不晓得他到底多伤心，便问："顾恺之，你这样看重桓公，还到他坟头写诗怀念，那你哭了没有?"

顾恺之眼睛一红，老实回答："鼻如广莫长风，眼如悬河决溜"——眼泪跟大河决堤似的止不住，鼻子扇息，跟北方大漠冬天刮风似的呜呜作响！

这样深情吊唁，换了别人，其实不算特别出奇。古往今来的悼亡，比顾恺之惊天动地的，多的是。只是若主角换成顾恺之和桓温，就有些别样意味了。

桓温是东晋中期炙手可热的权臣，深为朝廷忌惮，在暮年更是起了谋逆之心，屡次上表催促朝廷给自己加九锡，打算篡位。这事被他的政敌谢安等人一拖再拖，终于不了了之，桓温含恨去世，他手下的幕僚或者不再过问世事，或者改站谢安一方。唯有顾恺之，明目张胆上坟不说，还写下"山崩溟海竭，鱼鸟将何依"这样的诗文，叫人不得不佩服他的勇气与痴情。

他大概就是这样拧的人，喜欢就是真喜欢，人家再不爱，他也喜欢；讨厌呢也是真讨厌，天下人都说好，他也要一脸嫌弃地对着干。

就像谢安，他是桓温的政敌，从某种程度上说，桓温"壮志未酬"就是因为谢安"从中作梗"。所以就算后来谢安位高权重，声名响亮，许多士人都要看他脸色行事，顾恺之也是不屑，且从来不避讳将这些不屑表达出来。

当时士人间很流行作"洛下书生咏"——因谢安有鼻炎，说话时总带几分鼻音，大家赞他音色风雅，纷纷学他。学不像的，还要掩鼻，人为制造这音色重浊的雅声。有人好事，明知顾恺之看不惯谢安，还请他学学这洛下书生咏。

顾恺之翻个白眼，嘴巴一撇："我闲得没事？学这老婢声！"

字面上的说法，老婢是年老女仆，可意思再深，就是骂人的话了。

后世说起魏晋南北朝，都说名士风流，特立独行，蔑视礼法。但细读史册，从众者不知多少。很多人把"标新立异"当作一种风潮，只想突出个性罢了。像顾恺之这样喜桓温、厌谢安，不管世人风评如何，心中自有论断的纯粹，依然少有。

桓温说顾恺之"痴黠各半"，大概是说他虽经世事，却依然怀抱赤子之心吧。

二 虎头痴绝

这赤子在当时闹的笑话可不少。

桓温的儿子桓玄有次逗他，凑近顾恺之耳旁，神神秘秘地说："你知道为什么夏天能听见蝉叫，却看不见蝉么？因为它们有这个。"说着，递了片细长柳叶过来，声音放得更低了："蝉翳叶！蝉只要爬上去，立刻和叶子融为一体，所以咱们根本找不到它在哪儿。"

桓玄一本正经："要是人把这叶子放在自己前面，别人就看不到他了。我好不容易才得了一片，专程拿来送你，怎么样，够意思吧？"

顾恺之眼睛发亮，将叶子拿过来挡住了自己的脸。

桓玄假装法术生效，再看不见他，迷茫地四处张望，问："顾恺之？顾恺之？你在哪儿？"

顾恺之大乐，觉得自己真是拿了个宝器，回家后便将这柳叶子郑重珍藏起来。

还有一次，他跟谢瞻在月下咏诗。两人坐得远，顾恺之每吟咏一次，谢瞻便远远地赞他一回。顾恺之得到鼓励，越发精神，也不管现在已经是夜半时分，别人要睡觉，他却越念越大声了。

眼见月亮高悬，清辉明彻，谢瞻眼皮越来越重，到底扛不住了，又不好打搅顾恺之雅兴，便偷偷叫了个捶脚人代替自己，继续称赞顾恺之——反正隔得远，看不清！顾恺之果然没发觉什么异常，以为坐着的仍是谢瞻，兴致勃勃地念了个通宵。

再后来他作殷仲堪的参军，有一次放假回家，殷仲堪借他布帆船，让他顺流直下，速度快些。没想到行至半路，到了一个叫"破冢"的地方时，狂风骤起，很多东西都摧折损坏了。顾恺之检点一圈儿，高高兴兴地给殷仲堪写信报告：

这地方叫"破冢"，没想到我这回遇险，果然破冢而出（死里逃生）！不过，你放心，行人安稳，布帆无恙！

大风暴唬人，他还有兴致跟人说"破冢"传奇，布帆无恙。殷仲堪收到信，作何感想？

这个顾恺之！

陶渊明

陶渊明，很多人读书时便知道了。

《桃花源记》《归去来兮辞》《五柳先生传》，谁不晓得这是个"采菊东篱下，悠然见南山"的隐士？他也是中国第一位田园诗人，"古今隐逸诗人之宗"，还是个不为五斗米折腰的狂士。我起初也这么以为，后来读陶渊明传记——陶渊明很得史家青睐，传记足足四篇，《晋书》《宋书》《南史》里有，萧梁太子编《昭明文选》时又写过一篇——才知道陶渊明这人，居然也有过匡扶天下的雄心壮志，居然是个正正经经的儒门学生。

一 有济世志

虽然后世将这儒门学生叫作陶渊明，但他真正的名字是什么，谁也说不清。有人说他名潜，字渊明；有人说名渊明，字元亮；还有人说名潜，字元亮……粗略算来，足足十多个说法。他活了多长时间也不知道，七十六、六十三、六十一、五十六、五十一……谜团似的，各不相同。

比较确定的信息是，陶渊明的曾祖父叫陶侃①，寒门出身，后来却在魏晋南北朝那个门阀为先的时代，被封为长沙郡公，朝廷倚重，百姓爱戴，很是风光了一把。

曾祖父积极入世、成就功名的行为，对陶渊明影响很大。他在《命子》诗里盛赞陶侃功业，希望自己也能像陶侃那样，在报国济世、振兴门户后功成身退。因有这份理想，陶渊明少年时很喜欢读儒家经典，以"修身、齐家、治国、平天下"为己任，以期将来济世弘道，帮助朝廷驱逐戎狄，自由自在踏上故土河山——"谁言行游近，张掖至幽州"，东晋时候，张掖和幽州都已被胡人所占，举目见日，不见中原。

只是，理想很美好，现实却残酷。陶渊明梦想一展宏图，大施作为，但朝中局势，比他想象中的糟糕许多。

二 心中不平

太元十八年（393 年），快三十岁的陶渊明第一次踏上仕途，出任江州祭酒。祭酒这个职位很重要，兵戎、治安、田租、户口、祭祀、农桑、水利……什么都管，事务繁多。《宋书》上说，陶渊明"不堪吏职"，觉得这些公务事项太繁琐，辞职回去了。

这样说陶渊明，未免有些小气，好像人家耐不得烦，只想做些宏图伟业似的。真正原因是什么，其实很值得探究。

陶渊明当时的上司，江州刺史王凝之是个狂热的五斗米道教徒。他非常反对儒家学问，曾向朝廷弹劾大兴儒学的同僚。这已和陶渊明的信仰背道而驰，加上王凝之在政事上没什么建树，遇到问

---

① 陶侃少有大志，很早就立定心意，要为国为家作贡献。他忍得苦，最初别人因门第轻视他，他不以为忤；又执着，不达目的绝不轻易罢休，六十多岁时仍坚持锻炼身体，希望有朝一日能带兵出征，收复中原故土；任期内，勤于政务，严禁虚谈废务、喝酒赌博，唯恐浪费半寸光阴。

题只会慌慌张张地请鬼求仙——这样的人，和想建功立业、大济苍生的陶渊明，显然不是同路人，陶渊明辞职，情理之中。即便后来王凝之还征辟过他，请陶渊明再入自己军府，陶渊明断然拒绝了。

第一次出仕的结果，不尽如人意，但陶渊明没有气馁。谁年轻时没遇到过什么挫折？前路依然充满希望。所以，陶渊明仍旧意气勃发，斗志高昂地写下不少豪情壮诗，其中一首《山海经》说"刑天舞干戚，猛志固常在"——刑天和黄帝争夺皇位的时候，黄帝把他的头都砍了，刑天还能以双乳为目，肚脐为口，继续战斗。

托物言志，他写刑天刚猛不屈，未必不是写陶渊明自己的宁死不折。路途纵然崎岖坎坷，但我仍会披荆斩棘，绝不畏惧路上遭遇的任何苦难。所以，从王凝之处离职后，陶渊明回归故里，等待再次出仕的机会。

然而，就在他等待契机的时候，隆安三年（399 年），孙恩在会稽等地起义。孙恩手下的起义军，都是被朝廷逼迫很久，实在不堪忍受的人。他们起义，并不全为争权夺利，或江山易主，主要是为泄愤。平时世家子弟怎么欺辱他们，现在他们都要一一追讨回来。在这样愤怒的情绪下，这些起义军不问其他，只看你出身是不是世家。若是，杀杀杀！

譬如陶渊明从前的上司王凝之，就因出身魏晋高门琅琊王氏而被杀。起义当然要镇压，何况是这样纯为报复的起义？朝廷想阻止，可惜心有余而力不足。从孙恩号召大家起义，到数万人响应，只用了十多天时间，后来起义军还直逼东晋首都建康（今江苏南京），势如破竹。与他们形成鲜明对比的，是东晋朝廷节节败退，根本束手无措。

幸好江州刺史桓玄——这时的江州刺史已换了人，不再是王凝之——主动上表，请兵平定了这次叛乱。

桓玄风神疏朗，豪雄过人，在当时名声响亮；加上他借几次平叛的势头，火并了好些州郡刺史的兵力，占领全国三分之二的地盘，很多人都把桓玄看作能拯救晋室危机的人物。胸怀济世大志的陶渊明，当然也不例外。

更何况，陶家和桓家算世交，陶渊明的外祖父孟嘉，曾是桓玄父亲桓温的幕僚，所以陶渊明最开始投奔桓玄时，很受器重。桓玄上疏朝廷，请求讨伐孙恩的文章，就是陶渊明亲手所写。桓玄还让他去吴国（今江苏苏州），联络自己的族兄桓谦。

然而这样的蜜月期并不持久。那时的东晋，已呈日薄西山之势，谁都没办法挽回颓势。桓玄一代俊杰，有兵有钱，有地有才，当然不甘心把自己的一生，捆绑在这注定要亡的朝廷上。他后来盘算另起新朝，并不让人感觉意外。

这在深受儒学影响，讲究忠君不二的陶渊明看来，简直是大逆不道，罪该万死！他心中极其激愤，恨不得马上将这图谋篡位的小人罢黜免官。然而，他再是不满，也只是桓玄军府中一介无足轻重的参军，连稍微重大的决策都无法参与，他能做些什么？就在陶渊明满心苦闷之时，隆安五年（401 年）冬天，他母亲孟氏去世。陶渊明趁机回浔阳奔丧，离开了桓玄。

还没等陶渊明服满丧期①，桓玄便已翻天。元兴元年（402 年），桓玄攻入建康，自任侍中、丞相，总揽朝政，为篡位做准备。陶渊明在家中"寝迹衡门下，邈与世相绝。顾盼莫谁知，荆扉昼常闭"，断绝交游，深居简出，一边服丧，一边静候讨伐逆臣的机会。两年后，也就是元兴三年（404 年），陶渊明才服完丧，就迫不及待地投奔了北府军②将领刘裕，与他一起诛讨桓玄。

本以为这次总算跟对了人，谁知刘裕③竟是第二个桓玄！他也

---

① 魏晋南北朝时的丧制，是"王肃祥禅二十六月仪"，第二十六个月，守丧期满，除服，不必真的守"三年之丧"。

② 北府军，详见"谢玄篇"。

③ 桓玄建立大楚，但经不住各方围剿，兵败被杀。刘裕后来却实实在在地取代了东晋江山，开创南朝第一个国家刘宋，是为宋武帝。

对东晋江山虎视眈眈，打算功成之后，将天下收入囊中。陶渊明觉察到刘裕这份野心，再次对时局失望。

元兴三年（404年，）担任刘裕镇军参军①的他，写了一首《始作镇军参军经曲阿作》，矛盾颓丧，一览无余：我小时候家里穷，但能安贫乐道，刻苦研读儒家学问，期待长大后"修身、齐家、治国、平天下"。后来得到一些机会，我奋发而起，想有所作为，却不料仕途险阻，极尽艰难，和我从前想的景象全然不同。眼看天高任鸟飞，海阔凭鱼跃，多自由啊！和他们比起来，我生而为人，却一直囿于困局，连鸟鱼都不如！罢罢罢，我心里虽仍有建功立业的志向，但如果时局实在没办法让我施展抱负，我还不如归去田园，也落一番清净自在。

这样的心思一旦冒头，很难再压下去。不多久，陶渊明从刘裕府辞职，后来几经辗转，于义熙元年（405年）担任了八十多天的彭泽县令后，彻底归隐。

从近三十岁时第一次出仕，到现在四十多岁，十三年间，陶渊明五仕五出，每位上司，他都饱含期待，但每位上司，都叫他无比失望；而曾经那份胸襟理想，雄心壮志，也一直不得施展。可奈何？

无可奈何！

十三年坎坷，终于让陶渊明认清自己生不逢时的命运，纵然"少年罕人事，游好在《六经》"，从小研习儒家经典，但当他怀抱一种天真的理想主义热情出仕为官，屡屡碰壁后，他终于知道，无论怎样振袖，自己一生，也不可能有什么出色作为了。

梦，终于醒了。

他的猛志，终于消散了。

---

① 陶渊明担任谁的参军，学术界有刘裕、刘牢之、冯该等不同说法，今从大多数学者认可的"刘裕说"。

他也终于知道，自己未来的路，应该通往何方了。

所以，在那篇著名的《归去来兮辞》里，陶渊明说，归去来兮！田园将芜胡不归？悟已往之不谏，知来者之可追；实迷途其未远，觉今是而昨非。

他不是没有遗憾。在《归去来兮辞》的序言中，他也直言，"于是怅然慷慨，深愧平生之志"。我有过深愧。十三年来，为求温饱，我违背自己的本意，出仕做官——然而再看他少年时的理想，岂非还有另一层愧意？我惭愧，"修身、齐家、治国、平天下"的志向再也无法实现；我惭愧，无颜面对列祖列宗；我惭愧，终究无法像曾祖父那样，出将入相，平定天下了。

无可奈何！

然而，世道如此，又有何憾！我已误落尘网三十年，如今跌宕走遍，难道还要再蹉跎？不如归去，复得返自然！

在矛盾中挣扎良久，终于想通后，陶渊明全面接纳了自我。他承认自己的失败，也承认自己一生，无法用剑消散不平。然而，心中大不平，剑已不能消；胸中小不平，酒可以消之——

他后来写了一组诗，很有名，诗名简单直白，就叫《饮酒》。其中一首，是陶渊明跟来劝自己做官的人说：你说的话我不太认同，不过，有朋自远方来，不亦乐乎？既然你千里迢迢过来，那我们可以一起喝点酒，聊聊天。态度亲切，语言温润。

这时的他，已不会像年轻时那样刚猛率直，一言不合就要和人一拍两散；也渐渐失却那种硬质的理想主义色彩，学会妥协，学会接受人生中避无可避的无法自主。

这时的他，是久在樊笼里，复得返自然，所以可以采菊东篱下，悠然见南山；可以这样坚定但不尖锐，以一种洒落自得的态度，看待人间名利得失；可以在听到不同意见时，笑一笑，对别人说，来，喝点酒吧。

品中国古代文人

祸乱朝纲

王衍
王敦

而今掩卷怀百感，岂因成败论英雄

王 衍

清谈误国泣乡关 »»»

辛弃疾有首《水龙吟·甲辰岁寿韩南涧尚书》很有名。上阕是：

> 渡江天马南来，几人真是经纶手。长安父老，新亭风景，可怜依旧。夷甫诸人，神州沈陆，几曾回首。算平戎万里，功名本是，真儒事、君知否。

大意是说，西晋时候（266—316），朝臣崇尚清谈，因此国破家亡，被迫偏安江东。这清谈的祸首，名叫王衍（256—311），字夷甫，出身魏晋名门琅琊王氏。

琅琊王氏历史很古，祖先可以追溯到周灵王时的太子晋（前567—前549）。到王衍生活的西晋，近千年时间，琅琊王氏谱上出过不少名人，大秦将军王翦、王贲，二十四孝中卧冰求鲤的王祥，都是王家人。

王祥是王衍的伯祖父，在东汉末年战乱纷纷、人命危浅的年代，他居然成功活到了八十五岁，不能不算个奇迹。临终前，王祥总结了自己得以善终的秘诀，并将它作为家训传递给子孙后代，要他们严格遵守：信、德、孝、悌、让——非常儒家，只是少了一个字，"忠"。

这也怪不得王祥。东汉末年群雄并起，今天顶头上司兴致高昂，说要翻云覆雨，明天就化作一抔黄土，死无葬身之地。如果讲忠诚、讲殉节，几条命都不够！还不如做个变通，好歹可以保全家族。后来的王家子弟，果然恪守这五条家训，审时度势，机变进取，成为魏晋南北朝时最有声望的家族，"自开辟以来，未有爵位蝉联、文才相继如王氏之盛也"。

一 审时度势

家风如此，王衍行事，当然会受到影响。

他早年在纵横术上花了很多工夫，十四岁时专门去拜访过名德尊贵的权臣羊祜，陈说时弊，条理明晰。跟羊祜辩论时，这小少年半分下风不落，让围观之人惊叹不已。不过，王衍虽有纵横才干，但这种游说人君、策划机谋的本事，于西晋已不再适用。

那时流行的是清谈玄学①，且因司马家对名士下手极狠——声望很高，但不肯出仕为官的嵇康被杀，和了一辈子稀泥的阮籍终究逃不过，被迫为司马昭写下《劝进文》，不久郁郁而终——名士们为了保命，虽也清谈，但这时的清谈，已和最初大相径庭：任诞颓靡、不切实际，离政治很远了。王衍深谙家风精髓，发现这样的世道趋势后，行事跟着变化，打算借清谈玄学之名，追求富贵权势。

泰始八年（272 年）边关动乱，尚书卢钦推荐"好论纵横之术"的王衍为辽东太守，希望他定疆安边，十七岁的王衍断然拒

---

① 清谈源自东汉末年的"清议"。东汉末年朝廷不堪，士大夫们关心国事，无论在朝在野，都会发些议论。这些儒家正道的议论，被叫作"清议"，后在魏晋年间衍变，讨论内容变成《老》《庄》《易》"三玄"，从此"清议"便成了儒道兼合的"清谈"。后世大多把清谈和玄学联系在一起，觉得魏晋朝臣每天只知道讨论关乎人生意义的抽象理论，对实事毫不关心。其实不然。清谈滥觞于清议，也是某种政治观点，他们认为天地万物生于无，所以应以无为治天下。其代表人物即为何晏、夏侯玄等人，详见"何晏篇"。

绝。此后，他更是闭口不提人间事，相谈唯有玄虚言，从崇尚经世治国的少年，逐渐变成后世熟悉的、那个终日清谈玄学的"祸国者"。

但王衍大概不会十分在乎后世的风评。如他所料，清谈的确为自己带来了极大助力。他原本就容貌俊秀，皮肤白皙，手上拿一支玉柄麈尾，根本分不清哪是玉柄，哪是王衍的手——这在崇尚形貌外表的魏晋人看来，王衍姿貌，宛若天人。何况王衍人又聪明，"明悟若神"，反应敏捷，谈论玄学时义理不当，能立刻纠正，成功实现逻辑自洽①。这种率性自得的风姿神采，令许多人倾倒。没过多久，王衍便崭露头角，成为众人争相追捧的对象了。《晋书》中说，因为王衍，天下"矜高浮诞，遂成风俗"，不是没有道理。

二 不择手段

声名既起，又有家世支撑，王衍在仕途上自然平步青云，累居显职，还娶了郭豫的女儿为妻——郭豫是广城君郭槐的兄弟，而郭槐的两个女儿，其中一个，便是此时掌控朝中大权的皇后贾南风。

因为这样的家世背景，所以即便王衍厌烦郭氏，觉得她贪财又粗鲁，依然强忍下来，只在小事上表达不满。譬如他嫌郭氏贪鄙，开口闭口都不提"钱"字。郭氏觉察到他的嫌弃，故意跟他对着干，命家仆趁王衍睡着时，把钱堆在他床边，扎扎实实绕了一圈。第二天早上王衍起来，没处抬脚，被困在里面。郭氏以为他终于技穷，要说"钱"了，正想笑他，谁知王衍慢吞吞开了口："来人，把这玩意儿拿走！"依然没把那铜臭十足的"钱"字儿说出口。

夫妻俩相嫌至此也就罢了，王衍还经常拿郭氏没办法，要假借

---

① 后来人不屑，说王衍不顾事实，乱作评论，还因此有了个成语，叫"信口雌黄"。

她害怕的幽州刺史李阳之名，加以恐吓："不但我说这样不行，李阳也说不行"，郭氏这才稍有收敛。这段婚姻显然不能称为美满，甚至称得上互相折磨。如果早几年，王衍还是那个好论纵横的少年——羊祜说几句不同意见，他拂衣而起；嫌弃国舅杨骏名声不好，装疯拒婚；族中宴饮，问人家事情办得如何，人家举起食盒扔他脸上，他没有发怒，默然无语地盥洗完毕，整理好仪容，施施然离开。唯牛车上扔下一句："你看我的眼光，仍在牛背之上罢。"泄露他心底的骄傲。

如果他还是那个清高至极的少年，必定不会接受这样的婚姻。

可惜，现在的王衍，已经长大了。

好在，这些难熬的忍受并不是没有回报，并且回报还非常丰厚。凭借婚姻支持，原本就名声大振的王衍，不但很快步入中央，后来还将自己的女儿王惠风，嫁给了愍怀太子司马遹。

只可惜，司马遹并非贾后亲生，关系本就不大亲厚，加上贾后弄权，必然与太子冲突更多。就拿迎娶太子妃这事来说，司马遹最开始想娶的，其实是王衍的长女王景风，但贾后作主，让司马遹改娶王衍的小女儿王惠风，王景风呢，最后则嫁给了自己的侄儿。虽然都是王家女，但此人非彼人，司马遹心里当然不会舒坦。类似的事还有很多，日子渐久，两人关系进一步恶化，都想找机会除掉对方。

元康九年（299 年）十二月，贾后先下手为强，假借晋惠帝司马衷身体不适，命司马遹觐见。司马遹入宫后，被灌至大醉，贾后让人拿出早写好的谋逆文书，让司马遹照着抄了一遍。因当时他酒醉昏昏，许多字颠倒不成，贾后还专门让人小心填补一番。造假完成后，贾后又将文书拿上朝，让皇帝和王公大臣们在现场一一过目。

醉时笔迹肯定和清醒时写的有差别，何况还有许多笔墨是别人填补，朝臣们不会不知道，但他们慑于贾后威势，都不敢说话反驳。唯司空张华据理力争，才让贾后勉强妥协，免去司马遹死罪，将他废为庶人，送到金墉城中关了起来。

太子深感冤枉，写信给王惠风，跟她详细说了自己被贾后诬蔑的过程，有意让王惠风，或者其实是自己的岳父王衍出头，帮自己辨明真相，洗去冤屈。然而这时候，王衍做了件让人不齿的事。

他把司马遹给王惠风的信藏了起来，并且赶紧上表朝廷，求皇上开恩，让王惠风和司马遹离婚，生怕这"罪臣"、这"庶民"给自家引来什么灾祸——后来的司马遹，在金墉城里被杀，年仅二十三岁。如果王衍当时能鼓起勇气公布信件，太子的结局，必然会被改写；又或者，王衍做不到雪中送炭，至少可以不落井下石，不要那么匆忙地想和太子撇清关系。

可惜的是，王衍都没做到。

他在名利场已经待了太久，贪恋权势、醉心富贵，哪里舍得再与人妄谈仁、妄谈义，妄谈这些没有任何实际用处的"道德"呢？现在的王衍，正想尽办法，甚至不择手段地为自己开脱，想证明自己没有背叛郭家、没有背叛贾后①。

但他没有料到，世事无常，赵王司马伦等知道太子被废后，起兵攻入洛阳，废杀贾后。贾后一死，王衍顿时失势，有关部门趁机上表，请求将这立场不明、乘人之危的小人禁锢终身，永远不得再入官场。朝廷本来同意，谁知，抵不过王衍运气太好。他早年曾给过司马伦的爱将一些恩惠，如今这爱将还他人情，禁锢终身这事，就此不了了之。

不过，从太子被废到自己差点断绝仕途，王衍深感时局危急，这不是站一个队，就能保全自身那么简单。他开始装疯，砍伤自己

---

① 与父亲的绝情相比，王惠风显然更重情义。她"号哭而归，行路为之流涕"。后来洛阳城破，胡人将王惠风赐给属下时，王惠风唰的一声拔出长刀，架在自己脖子上，声称自己是"太尉公女，皇太子妃，义不为逆胡所辱"，因此被杀。

的侍女，从而推却司马伦的邀请；齐王入朝，百官行跪拜礼，王衍做了个长揖了事，后来更是借口生病，不再过问世事；到成都王执政时，王衍行事依然如故。

识时务者如他，当然知道如今局势纷乱，兵燹四起，哪个王爷都坐不了长久天下——现在的西晋，跟东汉末年似的，你方唱罢我登场——司马伦起兵后，"八王之乱"开始，赵王、齐王、成都王相继执政，兄弟火并，死伤无数。自己若明确表态，恐怕第二天，就死无葬身之地了！于是，他在乱局中和稀泥、捣糨糊，从不真正依附于某个宗室藩王，唯求保全自己。

三 清谈误国

就这样，直到光熙元年（306年），王衍才有了动作。当时东海王司马越迎惠帝司马衷回到洛阳，八王之乱总算告一段落。然而，短短六年光景，中原已经元气大伤。士人凋零几半，百姓死伤无数，北方胡人进入中原，虎视眈眈地打算灭掉西晋。

王衍心思急转，暗道司马越虽结束了八王之乱，看似权倾天下，可司马氏的天下，现在还坐不坐得稳？如果坐不稳，那接下来，又会是谁家天下？

他斟酌良久，推荐了自己的弟弟王澄担任荆州刺史，族弟王敦为青州刺史，作为"三窟之计"——这事在《晋书》中只记了一半，史臣还有评价：这王衍，果然是个真小人！国难当头，只为门户私计，毫无忠君之念！但考稽其他史书，要说王衍不为自己家族打算，绝不可能，但说他完全没有考虑晋家天下，也不确切。他谋划的，其实是进图霸业、退守社稷的两全之策。

所以，当外寇频频来犯，洛阳城中人心惶恐时，王衍卖掉牛车，沉静表态："无论发生什么，洛阳在，王衍在；洛阳亡，王衍亡！我绝不会离开，逃往他方！"总算叫众人稍安下心。他也的确言行一致，一直在洛阳死守，虽然此时，早已于事无补。

永嘉五年（311 年），局势越来越糟，司马越忧惧而死，西晋顿时群龙无首。王衍是天下瞩目的大名士，又一直位居高官，众人纷纷推他为元帅，让他匡定国策。谁知王衍居然惊慌失措地连连推拒，一会儿说自己从来没有做官的欲望，只是机缘巧合，才久在官场，才做到现在这样的高位；一会儿又说自己才能浅薄，哪里胜任得了现在的困局呢！

他不肯负责，大家也不好逼他太过，只好让襄阳王司马范统帅全局，领众人回司马越的封国东海。谁知道跋涉途中，突然杀出个石勒，将众人拦截在苦县宁平城。石勒早听说过王衍的名声，反正一时半会儿这群晋人都走不了，便兴致勃勃地请王衍过来，询问晋家旧事。

去，大概是死；不去，大概还是会死。王衍眼睛一闭，便去了。谁知过去一见，他和石勒竟然相谈甚欢，不知不觉，时间早已过去。关于这件事，《晋书》是这样记载的：王衍和石勒聊了很久，见石勒态度亲和，觉得自己还有活命的机会，便卖了个机灵，劝石勒称尊号，做皇帝。他自己呢，因有"劝进"之功，再不济，也能算开国功臣吧？谁知石勒这人，非比寻常，根本不会为这些虚名动心。非但不动心，石勒还立马脸色一变，怒斥王衍："你入仕登朝这么多年，身居重任，名扬四海，现在居然敢说自己从没参与过政事，简直一派胡言！如今天下丧乱，罪过岂非正在你身上！"便让人将王衍押出去，将他杀了。

这段描述，让后世对王衍印象更差，觉得他的确是个为了自保、宁可丧权辱国的真小人，除了清谈——这清谈还误了国！没有任何实际政才。然而，事实如何，很值得玩味。

细究史书，石勒当时的确动了杀心，可他让人把王衍押出去后，曾问过自己的幕僚："我行走天下，也算见过一些世面，却从来没见过王衍这样优秀的人。你说，我到底要不要杀他？"

253

石勒是中国历史上唯一一个奴隶皇帝，不认识字，但胸襟博大，勤政务实。如果王衍真的只会清谈玄学，不理国事，石勒何以对他推崇至此？可见，王衍并非真的全然醉心玄学，他对时事依然有极精准的把握，就像他辗转于八王之间，王爷一个个死去，王衍依旧安然无恙；也像他早年出任元城（今河北大名东）县令，貌似终日清谈，其实将公务经营得井井有条。

因为如此，石勒才更要杀他。

就像石勒幕僚所说，"王衍嘴巴上说得好听，劝您称尊号、做皇帝。但有句话说得好，非我族类，其心必异，何况王衍还是西晋三公。难道您还真想指望他为我们效力？像王衍这样的人，留着也是祸患，杀了，反而叫人安心"。

也是在听了这话之后，石勒才终于决定杀掉王衍。但他内心深处，依然对王衍赞赏有加，所以让人在夜半时推墙压死王衍，好歹留个全尸，也算成全他对王衍的一份欣赏。

这一切，在《晋书》中都被含糊遮掩。王衍一生，除了清谈误国，其他记载并不算多，而且很多地方都模糊不清，似有遮掩。曾有的过往，泰半湮没在历史的尘埃中，所见只是满地劫灰，如后人对他的论断、评价。

譬如《晋书·王衍传》的结尾便说，王衍临死前，曾有过痛悔："我们虽不如古人，但如果不崇尚浮虚，齐心合力，匡正天下，也许就不会到今天这样的地步了吧！"——仿佛西晋灭亡的所有过错，都在王衍。

这样无疑是不公平的。

清谈玄学是当时主流，王衍受家风影响，自然会紧跟时代步伐，为自己、为家族谋求最大利益，换作别人，也会如此。只是，王衍机关算尽太聪明，在名利场中蒙蔽了双眼，以至于后来早已忘记了良心、底线——多行不义必自毙，结局如此，也是王衍咎由自取。

而那个曾经瑶林琼树般的少年，继承父亲大笔财产后，因亲戚朋友纷纷借钱但不愿追讨，以至家资罄尽，只好搬到洛阳西边田园中去住的事，再没人提起了。

王 敦

何以成败论英雄 >>>>

我一直很喜欢王敦。

从前读《世说新语·豪爽篇》，刘义庆写他：晋武帝让大家谈技论艺，别人或多或少都知道些，唯王敦无话可说。他见别人侃侃而谈，心里自然不很痛快，脸色也越来越难看。晋武帝问他："可会些什么？"王敦恶声恶气："别的不会，只懂打鼓！"

晋武帝便叫人拿鼓给他。原本满座窃窃私语，都等着看他笑话，谁知王敦"振袖而起，扬槌奋击，音节谐捷，神气豪上，傍若无人"，顿时叫在场众人折服，叹他雄爽。

晋人品评向来精准，雄爽二字真是将王敦风仪尽现纸上，我爱他胸有万千气象的英雄气概，也难怪说出"既不能流芳后世，不足复遗臭万载邪"的桓温经过他的墓前，要连赞他几声可儿，可儿（美好的人啊）！

虽然我觉得王大将军可算千古第一可人，在《晋书》里，他却和桓温一道被归在逆臣传中——从某种意义上来说，这两人也算物以类聚、人以群分了。

一 倔强少年

王敦（266—324），字处仲，琅琊临沂（今山东临沂北）人。

说是出自魏晋第一高门琅琊王氏，但王敦在少年时，很被朝中名士权贵看轻。《晋书》写他"少有奇人之目"，当是溢美。像《世说新语》里，就记载了不少王敦早年被嘲弄的事。

譬如大家嫌这小少年说话带口音，明里暗里叫他乡巴佬。后来他和晋武帝女儿襄城公主成亲，侍女们服侍他洗澡，王敦见这金灿灿的盘子里豆粒分明，装水的琉璃碗晶莹剔透，便自顾自伸手，将豆子与水一股脑儿混在一块儿，咕噜一声全吞了。侍女们捂嘴偷偷笑：果然是个乡巴佬！洗澡用的澡豆当饭吃！洗澡已被人嘲弄，王敦上厕所，见旁边搁着枣，伸手拿去吃了，出去后又被人家笑话——那是用来塞鼻子防臭的干枣，除了乡巴佬，谁吃呀！

总之那时候，上至王公贵族，下到婢女随从，都笑王敦。其他人被笑，大概会就此怯退，唯唯诺诺，王敦不。他生性好强，别人越要看他笑话，他越要奋起，争一口气。哪怕你来头再大，也要好好让你知道，什么是真英雄、真豪杰。

《世说新语》讲他振袖而起，扬槌奋击是一则；他去参加宴会，主人命美人行酒令，客人不喝，就杀美人。许多人顾念美人性命，被迫一杯杯灌下肚，王敦只是冷笑。他痛恨这样没来由的威胁，因此到自己时，无论美人如何劝说，哪怕"悲惧失色，而敦傲然不视"，始终不肯喝。

这些事，都只是寻常生活中的意气相争。王敦冒险送愍怀太子，才是他不畏权威的最好诠释。

元康九年（299 年），皇后贾南风废太子司马遹，将他从洛阳赶去许昌，特意下令东宫属官不准送行。王敦当时担任太子舍人，却置若罔闻，和几个同僚跑到江边与司马遹道别，大哭了一场。朝野上下纷纷称赞王敦他们讲义气，但讲义气的结果，就是王敦几人全进了监狱，说要治罪，要流放。好在后来有人劝贾南风注意舆论，王敦几人才被免罪，释放出狱。

从这点看，王敦与自己的族兄王衍、堂弟王导，甚至整个琅琊王氏的家风都很不相同——比起顺势而为，按捺隐忍，他更愿意彰显自己的个性，并且恩怨分明，有自己认准的一套道义。他觉得对的，哪怕冒天下之大不韪，也会去做；他觉得不好的——譬如谈技论艺，就算人人吹捧称赞，也是不屑。这是他的优点，也是他的可爱之处。但生在魏晋南北朝那个时代，作为一个政治家，拥有这样的个性，无疑是王敦致命的缺点，也是造成他后来悲剧的一个重要原因。

永康元年（300年），在贾南风废杀司马遹后没多久，八王之乱正式爆发，一直到光熙元年（306年），东海王司马越送晋惠帝回洛阳，局势才稍微安定。近七年时间，百姓死亡无数，王敦也身不由己，辗转于宗室之间，仓促自保，直到此时，才总算能说一句，性命暂且无忧了！

可还没等他喘过气，时局又生变故。

永嘉元年（307年）三月，王敦在族兄王衍的推荐下出任青州（今山东淄博东）刺史，不到十个月，又被司马越召回洛阳，改任中书监。中书监能入主中枢，参与机要，是魏晋时非常重要的实权职位。不过，王敦在这个时候担任中书监，可不是什么好事。

当时晋惠帝司马衷已死——有人说他是被掌权的司马越毒死的——晋怀帝司马炽是个有为之君，想把权力从司马越手中夺回来。两派斗得厉害，局势异常凶险，王敦回洛阳，有没有命回来还得两说。于是，临行之前，王敦散尽府中财宝，把襄城公主的侍婢全配给了军中将士，自己"单车还洛"，很有些风萧萧兮易水寒，壮士一去兮不复还的决绝。

不过，返回洛阳后，王敦才发现局势没自己想象中那么严重。权威决断依然在司马越手中，司马炽想收回皇权，心有余而力不足。永嘉三年（309年），司马越率兵入洛，杀掉司马炽的亲信，很快平息了这场几乎没有任何反抗的政治风波。而后，司马越将王敦任命为扬州刺史。

司马越的心腹潘滔立刻表示反对。

扬州以前是三国时孙吴的政治中心，地方豪族势力很大，向来易动难安。王敦个性太强，"若不噬人，亦当为人所噬"，要是去了扬州，和那边的豪杰勾结，反咬一口，我们根本制不住！

司马越却不这么看。他和王敦是一类人。看似出身高贵，其实并不能从家世中讨到什么便宜；因为不能从中讨到好处，他们只能靠真才实学，为自己搏出一片天地。这不是治世时的艰辛，却是乱世时的幸运。有才干，善识人，会带兵，能打仗，他们无时无刻不审视着局面，静候属于自己的时机，一旦时机到来，便振袖奋起，撷取自己想要的一切——荣耀、地位、名声、财富……甚至皇位，不达目的，绝不罢休。

这样的人，去地方豪族势力盘根错节的扬州，不是最好？治一治他们，让他们知道什么叫朝廷权威，为自己将来一统九州奠定基础。所以，司马越没有听从潘滔的意见，依然让王敦去了扬州。

事实证明，司马越和潘滔，都高看了此时的王敦。

王敦到扬州后，江东豪杰非但不买他的账，还差点把他给杀了。永嘉四年（310 年），王敦和吴兴钱镠一起返回洛阳，在路上听到胡人逼近洛阳的消息。钱镠不敢再走，但扛不住朝廷多次催促——去洛阳会被胡人打死，如果叛变，大概还有一线生机！不过，自己身边还有个碍事的"监视者"王敦，钱镠一不做二不休，打算杀王敦灭口。好在王敦发现及时，逃到建康（今江苏南京），才勉强躲过一劫。

祸兮福所倚，福兮祸所伏，这次贴近死亡的危机，让王敦开始认真思考起自己的未来。从光熙元年（306 年）到现在，整整过了四年，洛阳朝廷依然没有片刻安稳，依然在为权力斗个你死我活，根本不愿直视现在的"皇帝"。皇帝也好，"东海王司马越"也罢，其实连州郡军事都已无法调动。王敦思考良久，最终决定留在建康，与堂弟王导一起辅佐琅琊王司马睿，共谋江东大事。

二 匡扶江东

尽管《晋书·王敦传》中轻描淡写地说，"（晋元）帝初镇江东，威名未著，敦与从弟导等同心翼戴，以隆中兴"，但"同心翼戴"四个字，包含了太多欲图中兴的艰辛。

王导和司马睿在永嘉元年（307年）时便已来到江东。只可惜司马睿说是晋宣帝司马懿的曾孙，但他和皇帝一脉关系疏远。何况司马氏的王爷太多了，司马睿不算特别拔尖，因此到建康后，"吴人不附，居月余，士庶莫有至者"，谁都没把他放在眼里，地位相当尴尬。

好在，现在来了个王敦。

如今的王敦，已不再是当年那个被人嘲讽为乡巴佬的少年。现在的他，正是四十五岁的壮年，精通《左氏春秋》，善谈玄理；布衣蔬食，生活简朴，有"高师朗素"的美名；经历过八王之乱，于生死间磨砺出雄朗锋芒，的确如王导所说，"威风已振，宜有以匡济者"。

于是，趁着三月上巳节人多拥挤时，司马睿"乘肩舆，具威仪"，亲自参与禊事，王敦、王导等人随从其后。纪瞻、顾荣等江东望族见了，莫不惊惧，纷纷在道旁叩拜，由此司马睿威名始建，"渐相崇奉，君臣之礼始定"。

这是《晋书》中的记载，言语稍显夸张。那时的局势，其实已和三年前很不相同。江东士族们已调整好心态，"准备接受从北方来的强藩，只要他们有足够的名分和权威而又尊重南士的利益"。①所以，即便没有王敦，司马睿和王导也能在江东慢慢立足。只是王敦的威望，的确让他们得以更快落脚，而"王与马、共天下"为核

---

① 田余庆先生《东晋门阀政治》语。

心的东晋门阀政治，也就此拉开序幕。

接下来七年时间，司马越病逝，胡人石勒在苦县宁平城射杀十万王侯公卿，洛阳沦陷，晋怀帝司马炽、晋愍帝司马邺相继被杀，西晋灭亡。琅琊王司马睿在江东登基，摇身一变，成为东晋的开国皇帝，晋元帝。

相比于局势的动荡，王敦的生活单一、枯燥，并且凶险。他讨华轶、破杜弢、平杜曾，除了打仗就是打仗，他将质疑江东政权的人一一剪除。如果没有王敦平定建康上游，得保一方平安，就算有江东士族支持，司马睿也很难如此顺利地在几年时间内登基为帝。

他对江东朝廷助力甚多，对司马睿帮扶甚大，却不知此时的帝王，已不再是那个需要他庇护立威的琅琊王了。他不再甘心与琅琊王氏"共天下"，不愿再被江东世家摆布，他想收回权力，做一个真正的、可以自主的皇帝。

于是，登基后的司马睿，启用刁协、刘隗等出身寒素之人，行刻碎之政，抑制世家大族。譬如居丧嫁女、结婚不合规矩，这些事都会成为刁协弹劾世家大族的理由。世家大族随心所欲惯了，现在总在这些"小事细节"上跌跟头，日子久了，大家也就看出皇帝的心思了——这是准备过河拆桥？便纷纷冷笑，极其不满。王导好不容易拉拢他们，让司马氏勉强有一立锥之地，江东人民暂有安定，哪里愿意此前辛苦白费？便又百般劝导开解，以免江东生出什么乱子。

王导辛苦奔走，谁知司马睿最想针对的，便是他琅琊王氏。刁协弹劾王家子弟，极其勤快，譬如王敦兄长王含，"劾奏文致甚苦"。至于王导，那就更是弹劾名单上的常客了。偏司马睿还要故作姿态，每次等王导上疏检讨、引咎辞职后，又要"大度"地宽恕他，表示不会追究。

王敦虽然性格强势、极其护短，但起初为了大局，依然强忍下去。

太兴二年（319 年）司马睿想将王导从执掌诏命机密的中书监，调任到徒有虚名的太子太傅上。此事虽因王导上表请辞、表示不满而作罢，但王敦十分生气。他起初对皇帝态度还算温和，上疏为王导辩解，说他颇具王佐之才，"性慎密，尤能忍事，善于斟酌，有文章才义……"而自己呢，"非敢苟私亲亲，惟欲忠于社稷"。

平心而论，王敦这篇上疏，动之以情，晓之以理，对王导的评价，也十分客观公允，然而这份上疏，却让司马睿更加忌讳。

他连夜召自己的叔父，谯王司马承进宫，与他商议对策。司马承顺承帝心，十分愤慨："陛下当初没早点遏制王敦的势力，才造成了今天这样的局面！臣觉得，王敦狼子野心，将来一定会成为朝廷心腹大患！"刘隗更在一边煽风点火，让司马睿赶紧派心腹出镇地方，以防王敦——他们都忘了，当初司马睿在江东无法立足的时候，是谁替他们笼络安定了对他们不屑一顾的世家大族。

飞鸟尽，良弓藏；狡兔死，走狗烹。现在的司马睿，哪里还会记得琅琊王氏半分好处？

太兴三年（320 年），司马睿让司马承出镇湘州，防备王敦。太兴四年（321 年）七月，在王敦与朝廷关系已十分紧张的情况下，司马睿拜王导为司空，想再次夺他权力，又派刘隗、戴渊出镇豫州、并州、青州、徐州等地①，明为"讨胡"，其实是再次防备拥兵荆州的王敦。

王敦写信给刘隗：如今大贼未灭，中原鼎沸，希望足下能以大局为重，共静海内。否则，"天下永无望矣"。刘隗傲然作答："鱼相忘于江湖，人相忘于道术。竭股肱之力，效之以忠贞，吾之志也。"

---

① 戴渊出镇豫州一事，令原豫州刺史祖逖十分不满。他用尽一生心血经营边疆，终于换来十余年和平，然而现在，这一切全要交由戴渊接管。祖逖"意甚怏怏"，又知道司马睿这次军事任命是为了防备王敦，北伐就此不遂，不久悲愤去世。详见"祖逖篇"。

好，你刘隗是效之以忠贞，那我琅琊王氏算什么？佞臣吗？是可忍孰不可忍！

三 愤而反叛

永昌元年（322 年），忍无可忍的王敦在武昌起兵。他上疏司马睿，强烈要求杀掉刘隗。这一次，王敦的上疏不再温文，而是带着十足威胁——只要你杀刘隗，我马上退兵！兹事体大，"愿陛下深垂三思，则四海乂安，社稷永固矣"！兵至芜湖，王敦再次上表，又将司马睿另一个心腹，刁协怒骂了一通。

司马睿气得发抖，声称要亲率六军，诛讨王敦，谁能取王敦项上人头，就封谁为五千户侯。只可惜，他之前得罪了很多世家，如今王敦反叛，大多数人保持中立，说一句皇上不是尧舜，当然会有过失，做臣子的怎可举兵相胁云云，口头谴责一下王敦了事，没有丝毫动作。

眼看形势不好，司马睿急召戴渊、刘隗入卫京师。刘隗回建邺后，与刁协一起力劝司马睿尽诛琅琊王氏。但一来，司马睿只是恼恨臣强主弱的局面，想夺回权力，并没有想过对王家痛下杀手；二来，有人劝他，琅琊王氏有功于社稷，若陛下尽诛王氏，必让天下人寒心。将来还有谁愿意为您效力呢？

是这个道理！司马睿立刻放弃诛杀琅琊王氏的念头，将王导任命为前锋大都督，要他大义灭亲，讨伐王敦。

然而，还没等王导出兵，王敦便已攻入建康。他放任士兵到处劫掠，仿佛无声的抗议与示威。司马睿极其丧气，脱下戎装对左右说："如果王敦想要这个位置，早点说不就好了？何必将百姓拖累到这样的地步呢！"又遣使跟王敦递话：如果你不忘晋室，那就息兵吧！这样天下或可安定，否则，"朕当归琅琊以避贤路"。

几句话，便将前因后果轻轻巧巧撇得干净，仿佛王敦是觊觎帝位，才起兵向内的。然而联系前因后果，就知道王敦这次起兵，的确是不满刘隗、刁协干预朝政，小则损害琅琊王氏的利益，大则动摇江东豪族拥立之心，绝无不臣之意。如今司马睿勉强服软，王敦自然也顺台阶而下，选择了退兵。

但事情远远没有结束。

这次变乱，让王敦开始思考：晋元帝这一脉是不是真的值得琅琊王氏拥护？他指责王导当初不听自己的话，坚持拥护司马睿，以至现在差点身死族灭。这种"几至覆族"的后怕，没有随着战事的结束终结，反而成为王敦心中一个挥之不去的阴影。

更何况，王敦清楚地知道，即使很多人与自己的立场相同，但出于各种考量，他们现在对自己的定义，无非"乱臣贼子"四字。譬如有人死前经过太庙，大呼"贼臣王敦，倾覆社稷，枉杀忠臣，神祇有灵，当速杀之"！王敦族弟王彬，怒斥他屠戮忠良，欲谋不轨，祸及门户。也因如此，看似取得全面胜利的他，没有丝毫胜利的喜悦，反而十分感慨：我如今起兵向内，虽然的确是想清君侧，但不免会被后世当作逆臣，再也没有建功立业、盛名远扬的机会了。

他不觉得自己做错了什么，只是深深为自己的命运感到憾恨，为将来史册中留下的污点而可惜。

带着些破罐破摔的意味，王敦渐渐和从前不一样了。他的脾气越发暴虐易怒，"四方贡献多入其府，将相岳牧皆出其门"。他手下有人想将武昌城西地作为军营，地方官劝谏："这块地是百姓用来种菜的，你夺走了，百姓种什么，吃什么？"这话传到王敦耳朵里，他气得暴跳如雷："如果我没来，会有武昌这个地方？这里的土地，难道不全都是我的？"吓得人家不敢再说。①

他还让朝廷征召自己入朝——细考史书，王敦未必是自己想做

①　后在幕僚委婉地进谏下，王敦还是将地还给了百姓。

皇帝，但司马睿一脉，他是再也不想拥护了。我曾南征北战，出生入死，为你平定天下；我曾尽心尽力，排除万难，扶你为帝；我曾再三地容忍退让，想息事宁人，但最后，我得到了什么？无穷无尽的猜忌。这样的皇帝，我为什么还要拥护？入建康城时，王敦就想废黜太子司马绍，只因群臣反对而作罢。

他当时尚有几分顾忌，如今名声已毁，便无所谓了。

面对王敦的逼压，晋明帝司马绍从善如流。他和父亲司马睿不同，心思缜密，深谙权术，并不打算和兵力强盛的王敦直面相抗，便明面上从善如流，只在暗地里谋划削弱王敦势力。双方互相提防，局势相当紧张。

太宁二年（324 年）六月，王敦中了司马绍精心布下的圈套，兵力布防全被泄露。他勃然大怒，号称要把间谍抓回来，拔掉他的舌头。然而此时的王敦，无疑心有余而力不足了——他已经病到心腹钱凤直接问他后事如何的地步了。

王敦知道自己若是病死，手下人必定成不了大事，便给了钱凤三条建议："释兵散众，归身朝廷，保全门户，上计也；退还武昌，收兵自守，贡献不废，中计也；及吾尚存，悉众而下，万一侥幸，下计也。"

可惜的是，王敦所谓的下计，被钱凤认为是上上之策，居然选择带兵攻入朝廷——此时司马绍先发制人，诈称王敦已死，王敦军顿时溃散，节节败退。王敦怒不可遏，想挣扎着起来挂帅亲征。但是他的身体，已不再允许了。

这时候，王敦终于清楚地意识到，大势已去，不可挽回，只好给养子王应留下遗言，说自己死后，"先立朝廷百官，然后营葬事"。不久，王敦去世，时年五十八岁。

王应的确没有发丧。

他所做的，是用席子将王敦的尸体草草裹住，在外边涂上蜡，埋在厅堂下面，又在厅堂里与部下日夜纵酒淫乐。不久，王敦军队全被击溃，王敦的尸体被挖出来，"焚其衣冠，踞而斩之"，挂在城南朱雀桁上示众。若不是后来朝廷许可，甚至都没人敢为他收尸。

王敦一代英雄豪杰，泉下得知，不知作何感想！

东晋初这一段历史，我反复阅读多次，深为王敦惋惜。

起兵向内后的他，暴虐恣肆，与那个酒醉后一边吟诵"骥伏枥，志在千里；烈士暮年，壮心不已"，一边用如意击节唾壶，漫不经心的男人已不再重合。我无法在有限的史料里揣测他的真实心意。或者时光与政治真的改变了太多东西，也或者一步错，步步错，一失足成千古恨。

真相如何，谁知道呢？我能做的，不过是千百年后读史之时，感朝政之炎凉，笑人主之猜防，哀为臣之局促，惜英雄之末路。而已。

关于魏晋风度

一、宁做我

惯常人们提起魏晋，都说它风流。

既然和风流有关，那美男子、漂亮的女孩子，当然必不可少。《世说新语》记人记事，有《容止篇》专门写人的外貌风度。譬如"嵇康身长七尺八寸，风姿特秀"，"裴令公有俊容仪，脱冠冕，粗服乱头皆好"。还有潘岳，"妙有姿容，好神情"，出门逛街时被妇人们手拉手围住，只为看他一眼。相比起来，才华出众、写下《三都赋》的左思，只因长得绝丑，就被"群妪齐共乱唾之"，可见魏晋南北朝时的人对外表容止有多看重。

但光有外表还不行，"绣花枕头一包草"，谁看得起你？魏晋南北朝时真正被人称道的名士们，无不内外兼备，既有出众的好容颜，还要有超脱自得的风度。

何谓超脱自得的风度？

一来，是遇到事情处变不惊，譬如出身颍川庾氏的庾翼，给妻子和岳母表演马术时不小心坠马，却能"意色自若"，毫不惊慌。他的哥哥庾亮，在苏峻之乱乘小船逃难时遇到乱兵，舵工中箭，应弦而倒，船上众人面如死灰，唯庾亮容色不变，毫不畏惧——即便下一刻，他可能就会面临死无葬身之地的下场！

除了死生从容，超脱自得的风度还表现在坦然面对自己的言行举止上，即便为人所轻，也不会因为别人的评价而改变分毫。最有名的，大概就是竹林七贤之一的阮籍，醉了便睡在卖酒的邻家妇人旁的故事了。而他的侄孙阮孚喜欢鞋子，别人到他家拜访，见阮孚"自吹火蜡屐"，非但不以爱鞋为耻，还跟对方说："不知道人这一生，能穿多少双鞋呢？"时人都觉得这是名士风范的最好体现。

无论是对外表的看重，还是面对死生存亡时的从容不迫，抑或是不拘礼法、任情任性，其本质都是对"我"、对自身的看重。当时有句话，叫"我与我周旋久、宁做我"，即是说顺应自己的本心行事，不被外界的评价左右。

成为炙手可热的治国能臣固然是一种选择，但归隐山林、纵酒放歌，也没有什么错；富贵于我如浮云诚然是品行高洁的一种体现，但爱财吝啬，也不代表我的行为真正可鄙。只要忠实于内心，俯仰无愧天地，那么，这些行为就都是可以被谅解，可以被接受的。也因此，做出这些举动时，犯不上难堪或者尴尬，坦然自若，正是最好的应对方式。

这些想法，和魏晋之前的汉代人大不相同。而究其原因，与魏晋的社会环境脱离不了关系。

二、向死而生

东汉末年到魏晋年间，天灾很多，山崩、地震、狂风、水灾、旱灾、蝗灾，还有瘟疫。

魏晋南北朝是历史上著名的寒冷期，常常爆发伤寒疫病。譬如建安二十二年（217 年）大疫，光建安七子中，就有徐幹、陈琳、应玚、刘桢四人染病去世。六年后，魏文帝黄初四年（223 年）三月，宛（今河南南阳）、许（今河南许昌东）再次大疫，死者高达74 万人。不过百年，东晋初（公元 322—323）全国又有大疫，死亡之人，竟占了全国总人数的十之二三。在这样的情况下，"家家有僵尸之痛，室室有号泣之哀，或阖门而殪，或覆族而丧"，出门无所见，白骨蔽平原。

而比天灾更可怕的，是人祸。东汉末年外戚、宦官相继登场，尤其宦官当政，引起士大夫们普遍不满。

延熹九年（166年），东汉第一次党锢之祸爆发，李膺、陈寔、范滂等名士被捕，在狱中遭受酷刑，坚贞不屈。这一次的党锢之祸，最后以朝廷妥协为结局。

然而好景不长，建宁二年（168年），汉灵帝即位不久，第二次党锢之祸爆发，结局异常惨烈："司空虞放、太仆杜密、长乐少府李膺、司隶校尉朱寓、颍川太守巴肃、沛相荀昱、河内太守魏朗、山阳太守翟超、任城相刘儒、太尉掾范滂等百余人，皆死狱中。"年过八旬的名士陈蕃因寡不敌众，被关到北寺狱，即日被杀；张俭一路逃亡，凡有收留他的，皆遭重诛，宗亲灭门……

熹平五年（176年），永昌太守曹鸾上书为诸人鸣冤，朝廷没有任何抚恤之意，还变本加厉地残害诸党人的故吏父子兄弟。一直到中平元年（184年），黄巾起义，朝廷为了避免党人与黄巾军相互勾结，才解除了对他们的禁锢。

儒家有言，"修身、齐家、治国、平天下"，然而在那个时代，忠君爱国的下场，却是以自己甚至亲朋好友的生命为代价，那么，忠君爱国，是否就成了一个残酷的笑话？

东汉党人中坚之一的范滂，在第一次党锢之祸的时候，还能说出"身死之日，愿埋滂于首阳山侧，上不负皇天，下不愧夷、齐"这样不惧死生的慷慨之言。然而建宁二年，身死之时，范滂却对自己的儿子说："吾欲使汝为恶，则恶不可为；使汝为善，则我不为恶"——我想让你去做坏事，但想一想，恶到底还是不能作的；可是如果让你做善事，岂非又是在劝你步入歧途，最后落得与我一样的下场么？

这样的迷茫，不独范滂才有。加上人们对时局怀抱不满，再看到士人们如此凄惨的下场，心中更是不平，便相继起兵，纷纷反抗东汉朝廷。这样的反抗，代价极其惨重。无数百姓死在战乱之中——镇压黄巾起义时，东汉朝廷"获首三万级，赴河死者五万许人""首获十万余人，筑京观于城南"；董卓被杀后，他的部下到陈留、颍川等地，"杀略男女，所过无复遗类"，"死者以万数"……

这些史册上冰冷的数字，每一个，都是活生生的人，眼看身边人死于病、死于乱、死于饥、死于寒……也许此刻笑着与你同行的家人、朋友，下一秒就成了一抔黄土，怎不令人触目惊心？怎不令人深感世事无常？在这几十年，甚至只有十几年、几年的短促人生里，我们能抓住些什么？

在无止境的战乱、瘟疫、旱灾水灾面前，魏晋人说，"人生处一世，去若朝露晞"，我们什么都抓不住，浮生不过一场幻梦，富贵名利，转眼皆空。但如果人生真的只是这样向死而生，人活着就是为了死，那人生而为人的意义究竟何在？如果这个人人都无法逃脱的死是注定的结局，那这一场生，对人来说，到底意味着什么？

也许，仅仅意味着一次体验，一次经历而已。我不必去刻意寻求结果，因为人世追寻的所有结果，都逃不过死亡；我选择活在当下，因为只有生之鲜活，才是我唯一能真正感受到的东西。所以，我选择尽心尽力过好每一刻，忠实于自己内心最真实的诉求，这样生活，至少生尽兴、死无憾。

就这样，在因汉末经学瓶颈以及天灾人祸带来的人生反思中，魏晋南北朝时的人提出了闻名后世的口号——"越名教而任自然"。

三、越名教而任自然

后世提起"越名教而任自然"，大多认为魏晋人对儒家礼法嗤之以鼻，视规则如无物。毕竟，那个时候不守礼法的人实在太多了——譬如竹林七贤之一的阮咸，喝酒"时有群猪来饮，直接去上，便共饮之"，令许多礼法之士洞心骇耳。然而，真正的"越名教而任自然"，越的乃是汉代儒学，而非孔子提出的儒门学问。

汉代儒学融合了谶纬、阴阳五行，"兼复附以妖言"，有时十分荒诞不经。譬如李寻曾对汉哀帝说，"陛下久疾，变异屡数，天所以谴告人也，宜急改元易号，乃得延年益寿，皇子生，灾异息矣"，认为皇帝久病、天灾频繁，乃是上天对汉哀帝的警告，需要通过更号改元为"陈圣刘太平皇帝"来平息灾祸，延年益寿。这种牵强附会而来的解释，在汉末天灾频频爆发之时，根本无法自圆其说，被人们反对，也是情理之中的事了。

另一方面，汉末儒学不仅在理论上要求人们必须遵守道德规范，还会把这些道德规范当作选拔官员的标准。按当时说法，名教是上天旨意，用名教的道德标准选出来的人，必是好官。可从逻辑上说，道德理念与谋求仕进、名利富贵联系起来，几个人过得了这关？所以当时奇怪的事很多。

譬如东汉的"孝子"赵宣，为了给父母守孝，在墓道里一住就是二十多年。人们赞他孝顺至极，后来才知道，他儿子都已生了几个。王吉"去妇因探邻舍枣"，只是因为邻居家枣树枝伸进自家院子，妻子将枣摘下来吃了，便要休妻。这些"遵循礼法"的行为，虚伪至极，当然会被人们厌弃。

人们开始追求自然、简单、真诚，想要突破礼教的束缚，不被虚名所累，达到随心自在的状态。这才是"越名教而任自然"的真正含义。

既然人们追求的是突破礼教束缚，那么汉末时门生与举主（即举荐人）之间的"故主之义"，汉儒提倡的"君君臣臣父父子子"，诸如此类的规则，自然也就不存在了——何况此时的确君不君、臣不臣。董卓入京后，强迫汉少帝"饮药而死，时年十八"。汉献帝一生颠沛流离，被杨奉、董承、曹操等人当作物品一般争来抢去。董卓的部下李傕还在盛暑之时囚禁过汉献帝。饮食少缺，汉献帝放下帝王尊严，求他给米给肉，李傕"乃与腐牛骨，皆臭不可食"，根本不把这有名无实的少年天子放在眼里。皇帝尚且如此，何况跟随他的臣属？人们爱惜性命，当然不愿轻易献上自己的忠诚。至此，"忠君之念已亡，保家之念弥切"，士人们开始轻国重家，政治观念也发生了变化。

譬如嵇康就在《答难养生论》中说，天子治理国家，以万物为心，"穆然以无事为业，坦尔以天下为公"，并不干涉许多。阮籍则走得更远，"无君而庶物定，无臣而万事理"，认为国家若无君主，一定会比现在更加安稳，云云。当时很多人都抱有和他们一样的看法，认为应该废除君主制度，建立无君无臣、人人平等的社会。

在这样的思潮影响下，以何晏、王弼等人为首的士人，开始解玄析易，清谈玄学的雏形由此诞生了。

四、清谈玄机

《晋书》中曾记载过东晋权臣桓温对清谈玄学的批评——"遂使神州陆沈，百年丘墟，王夷甫诸人不得不任其责！"若不是西晋这些所谓名士醉心清谈，怎么会有永嘉之乱、中原沦丧这些事发生？后来人读史，结合桓温的评价，不免也和他一样，对清谈玄学抱着极负面的评价，觉得魏晋朝臣每天只知道讨论关乎人生意义的抽象理论，对实事毫不关心。其实不然。

清谈源自东汉末年的"清议"。东汉末年朝廷不堪，士大夫们关心国事，无论在朝在野，都会发些议论。这些儒家正道的议论，被叫作"清议"，后在魏晋年间经王弼、何晏等人衍变，讨论的内容变成《老》《庄》《易》"三玄"，从此"清议"便成了儒道兼融的"清谈"。

究何晏初心，他思考"三玄"，不仅仅是为了思考人为什么而活，还为了能提出切合时弊的政治举措，用意相当务实。何晏从"三玄"中得到启发，认为天地万物生于无，所以人君要顺应自然，无为而治。魏明帝曹叡去世后，何晏联合当时的年轻士人进行了改革，譬如明确权职与责任人，把州、郡、县三级政府精简为州、县两级等等。

只可惜，何晏他们的改革方案，令以司马懿为首的世家大族极为不满。正始十年（249年）正月初六，司马懿趁曹爽等人陪曹芳祭拜高平陵时，发动政变，"同日斩戮，名士减半"。何晏身为主事人物，自然不能幸免。在那之后，嘉平三年（251年），太尉王凌起兵，事败被杀，夷三族。

嘉平六年（254年），因为打算从司马氏手中夺权，备受士人推崇的名士夏侯玄被杀，夷三族。皇帝曹芳被废，司马氏迎高贵乡公曹髦为帝。

正元二年（255年），镇东将军毋丘俭等人在淮南起兵，毋丘俭兵败被杀，夷三族。这一年，司马师去世，他弟弟司马昭掌朝中大权。

甘露二年（257年），司马昭平定淮南第三叛，杀诸葛诞，夷其三族，手下"愿为诸葛公死"的数百名将士，全部被杀。

甘露五年（260年），高贵乡公曹髦不满"司马昭之心，路人皆知"，密谋宫廷政变——这一次，作为皇帝的曹髦，居然被司马昭的人活活刺死。

景元三年（262年），在士人中拥有相当号召力、阮籍的好友嵇康，因为高调反对司马氏被杀，三千太学生为之请命，司马昭不许。

元康元年（291年），晋惠帝皇后贾南风先借楚王司马玮之手除掉外戚杨骏，旋即司马玮被杀。

元康九年（299年），贾南风废太子，第二年，太子被杀。赵王司马伦等宗王起兵，杀贾南风。王戎的女婿，也在这场变乱中身亡。八王之乱开始。

永宁元年（301 年），司马伦废惠帝自立，司马氏其他宗王再次起兵，杀司马伦。而后兄弟阋墙，各方混战，死伤无数，整整持续了七年。

五十年间，目之所及，杀戮为多，少有安定，不能不让朝中士人胆战心惊。这时候，"清谈"终于成了后世眼中的那种"清谈"，玄学也不再和政治挂钩，人们对时局心存恐慌，甚于东汉末年到曹魏那一段时间，因此"任自然"，开始往另一个极端方向走去。

五、将无同

东晋葛洪曾在《抱朴子》中愤愤提到过这种情况：现在社会上很多人"蓬发乱鬓，横挟不带，或以亵衣以接人，或裸袒而箕踞"，衣冠不整，甚至裸体出行，极尽伤风败俗之能事，实在不堪。王隐也在《晋书》里说，"王澄、谢鲲、胡毋辅之徒……去巾帻，脱衣服，露丑恶，同禽兽。甚者名之为通，次者名之为达也"，非要脱光衣服袒露身体，才能称得上是"通达"。

显然，在这群"通达"之人里，有的是"何以解忧，唯有杜康"，他们利用蔑视礼法的行为来逃避政治。譬如东吴名士顾荣，在八王之乱时"惧及祸，终日昏酣，不综府事"，借醉酒来逃避现实。另一些人则不同。他们对"越名教而任自然"有着极端的理解，认为六经礼律与人之本性必定无法共存，一切儒家提倡的人伦关系、所有世人遵守的道德规范，都是需要摒弃的糟粕。

但人情与礼法真的不能共存吗？如果一味强调"任自然"，甚至为了表示自己不屑礼法而刻意做出一些"自然"之举——比如王恭曾说，"名士不必须奇才，但使常得无事，痛饮酒，熟读《离骚》，便可称名士"，这样的行为，和遵守礼法又有什么区别呢？在这样的境况下，自然岂非和礼法一样，都成了束缚人们行为的牢笼，成了特立于他人的一个标签？若真如此，"自然"的意义又在哪里呢？

或者正如阮瞻与王衍的对话所说——"老庄与圣教同异？"儒与道、名教与自然、入世求仕与避世不仕之间，有什么区别呢？"将无同"。或者殊途同归，在本质上，它们并没有什么区别吧。汉末戴良的母亲去世，他的兄长伯鸾"居庐啜粥，非礼不行"，戴良自己则"食肉饮酒"，不守礼法。但他们都因为母亲去世而感到伤心，"二人俱有毁容"。从这样的角度看，礼法与人情，其实并非全然对立的矛盾，反而更像一枚硬币的两面，缺一不可。

这是东晋时的人们得出的结论，所以他们提倡"礼缘人情，恩由义断"，将自然与名教合二为一，"玄学家往往深通礼制，而礼学专家则往往兼注三玄"，在礼法与人情之间，找到了一个平衡点。

至此，他们开始坦然面对自己内心的欲望——活在现实社会，人不可能"绝五谷、去滋味、寡情欲、抑富贵"，尤其处在家重于国的魏晋时代，个人怎么可能全然摒弃家族伦理，纯为自己而活呢？就好像向秀在《庄子注》中表达的观点：绝对的自由是不存在的，人生在世，必然要面临许多无法自主的无可奈何。既然这些无可奈何必然存在，那人要做的，就是转变对"自由"的认知，坦然接受自己天生的局限，不去追求本性中没有或者做不到的事。

事实上，只有拥有一定的物质条件、达到社会要求的某些标准之后，一个人才能迈入更高的阶段，实现真正的精神自由，去追求自己梦寐以求的东西。

到这个时候，从东汉末年到东晋，整整一百多年时间，在经历了无止境的杀戮、朝不保夕的惶恐、不知安身立命之所在的惊慌之后，魏晋人终于找到了生命意义之所在——听从自己内心的声音，不绝对抗拒外在社会赋予的种种，一切顺其自然，随遇而安。这样就好。